Thorsten Knobbe

Gipfelstürmer

Topberater zeigen den Weg zum beruflichen Erfolg

Bibliografische Information der Deutschen Nationalbibliothek
Die Deutsche Nationalbibliothek verzeichnet diese Publikation
in der Deutschen Nationalbibliografie; detaillierte bibliografische
Daten sind im Internet über http://dnb.dnb.de abrufbar

ISBN
Paperback: 978-3-7451-0085-3
Hardcover: 978-3-7451-0086-0
e-Book: 978-3-7451-0087-7

© 2018 Thorsten Knobbe

Business Insights by Haufe
Ein Imprint der Haufe-Lexware GmbH & Co. KG, Freiburg

3 Antworten, die das Buch gibt

1: Lässt sich eine Karriere, insbesondere im Topmanagement, wirklich planen?

Beruflichen Erfolg kann man weder planen noch erzwingen, auch gibt es keine Patentrezepte, selbst wenn dies bisweilen in Karriereratgebern suggeriert wird. Manche Chancen bieten sich nie, andere nur einmal. Allerdings lässt sich mithilfe der richtigen Strategien und durch das Vermeiden gravierender Fehler die Erfolgswahrscheinlichkeit sehr wohl erhöhen. Entscheidend ist das systematische Erarbeiten und Nutzen von Chancen (siehe Seite 7).

2: Welches ist das wichtigste Erfolgsprinzip, das es aus Sicht eines Personalberaters zu beachten gilt?

Wer wirklich ganz nach oben kommen und dort auch bleiben möchte, muss seine Position im komplexen Zusammenspiel mit seiner Umwelt verstehen. Die Erfolgreichen lassen sich nicht treiben, sondern schaffen es, in kritischer Distanz zu sich selbst und den Geschehnissen um sie herum regelmäßig neue Erkenntnisse zu gewinnen und ihr Handeln entsprechend zu justieren (siehe Seite 33).

3: Welche Kardinalfehler sollte man als Gipfelstürmer unbedingt vermeiden?

Wer aus rein selbstbezogenen Motiven handelt, sich in den Vordergrund spielen möchte oder opportunistisch einem Modecredo von Beratern folgt und nicht mit dem Herzen dabei ist, wird nur selten weit kommen oder dort bleiben. Wer neben der Diplomatie die Wertschöpfung aus dem Blick verliert, wird früher oder später ebenfalls scheitern. Zu schnell manövriert man sich so in die Ecke des notorischen Querulanten oder autistischen Einzelkämpfers. Egon Zehnder liefert in seinem Essay *Mut zur Unpopularität* den entscheidenden Hinweis (siehe Seite 43): „Wer sich einer wertvollen Sache unterordnet, beweist seine Autorität und Führungsfähigkeit."

Vorbemerkung

Dieses Buch sollte ursprünglich einen etwas anderen Inhalt haben. Zu dem kompletten ersten Teil wurde ich angeregt durch ein Gespräch mit Dr. Egon P. S. Zehnder, dem international bekannten Personalberater. Ich wollte ihm zu seinen Essays mit dem Thema Der Weg zur Spitze ein paar Fragen bezüglich ihrer heutigen Gültigkeit stellen. Allerdings äußert sich Herr Zehnder seit seinem Ausscheiden aus dem von ihm gegründeten Unternehmen Egon Zehnder prinzipiell nicht mehr öffentlich. Deshalb entschied ich mich – einerseits gezwungenermaßen, aber auch und gerade durch Herrn Zehnders Plazet – ausgewählte Gedanken selbst in die Gegenwart weiterzuführen, die sogar für bereits erfolgreiche Manager sehr erkenntnisreich sein können. Auch der zweite (jedoch zuerst geschriebene) Buchteil wurde, sozusagen im Nachhinein, vom gedanklichen Gerüst der Essays stellenweise beeinflusst und von mir bearbeitet.

Daher gilt mein ganz besonderer und herzlicher Dank Herrn Dr. Egon Zehnder, der durch seine Großzügigkeit dieses Buch mit ermöglicht hat. Denn Herr Dr. Zehnder hat es mir nicht nur freigestellt, jedwedes Zitat aus seinen in dieser Buchform nicht für die Öffentlichkeit bestimmten Bänden zu verwenden, sondern meine Textbearbeitung mit Wohlwollen betrachtet und mich dadurch moralisch unterstützt.

Weiterer Dank gebührt meinen folgenden Kollegen und Alumni von der TK Leaderspoint Group, die durch den regen Austausch mit mir über Trends und Fallbeispiele ebenfalls zum Gelingen des Buchs beigetragen haben: Michael Haase, Donna Hastings, Claudia Kaiser, Claudia Peuser, Sandra Vöpel, Jürgen Zweerings.

Darüber hinaus möchte ich meinem Lektor Andreas Ehrlich, dem und dem gesamten Team vom Haufe Verlag danken, dem ich seit Jahren vertrauensvoll verbunden bin.

Mein größter Dank aber gilt meiner Frau Christina-Maria, die mich aufgrund meines Berufs oft entbehren muss und umso mehr in der Entstehungsphase dieses Buchs auf mich verzichtet hat. Sie hat das Projekt dennoch mit viel Geduld begleitet, mich stets dabei unterstützt und mir viele wertvolle Impulse geliefert. Danke!

Vorwort: Inwieweit lässt sich beruflicher Erfolg systematisieren?

Sie erfahren in diesem Buch, liebe Leserinnen und Leser, wie Sie beruflich erfolgreicher werden oder Ihren bereits erreichten Erfolg sichern können. Beruflichen Erfolg kann man nicht erzwingen, auch gibt es keine Patentrezepte, selbst wenn dies in vielen Ratgebern suggeriert wird. Manche Chancen bieten sich nie, manche nur einmal. Es ist leider eine Lüge, dass alles möglich sei, wenn man nur wolle. Karrieren kann man nicht auf dem Reißbrett planen!

Aber man kann Kardinalfehler vermeiden und Strategien sowie Taktiken anwenden, welche die Erfolgswahrscheinlichkeit erhöhen. Und genau darum geht es in diesem Buch – um das systematische Erarbeiten und Nutzen von Chancen. Denn die Zeiten, in denen man sich über die eine oder andere berufliche Phase treiben lassen konnte, sind sowohl für Einsteiger als auch Manager vorbei.

Die Jahre, womöglich Jahrzehnte nach der großen Krise 2008 wurden und werden von nie gekannten Herausforderungen für Unternehmer wie Manager – und natürlich auch für junge Nachwuchskräfte – geprägt. Eine Zeitenwende hat begonnen. Die konjunkturellen und wohl auch die gesellschaftlichen Verhältnisse werden extremer. Auf Megaboom folgt Megakrise, ja selbst von diesem oder jenem möglichen Staatsbankrott innerhalb der EU wurde jüngst nicht mehr nur hinter vorgehaltener Hand gesprochen. Unverantwortliches Handeln wird stärker gebrandmarkt denn je, dennoch lässt eine Einigung bezüglich international einheitlicher Ethikrichtlinien nach wie vor auf sich warten. Die Globalisierung stößt an ihre Grenzen. Das hat Konsequenzen, von denen der per Volksentscheid bestimmte Austritt Großbritanniens aus der EU („Brexit") ein krasser Auswuchs, aber beileibe nicht der einzige ist. Dabei stellen die Machtverschiebungen zwischen einzelnen Ländern und Regionen, die Verknappung von Rohstoffen, die fortschreitende Digitalisierung sowie der – weltweit gesehen – kaum zu stillende Bedarf an hoch talentierten Nachwuchsmanagern nur die offensichtlichsten Herausforderungen dar. In diesem komplexen Spannungsfeld muss der Einzelne bestehen.

Manche vielversprechenden Karrieren scheitern bereits am Anfang aufgrund vermeidbarer Fehler, ohne dass die Betroffenen es merken. Doch wurde mancher Fauxpas erst einmal begangen, ist eine glanzvolle Zukunft in der Riege der Führungskräfte – der Kader, wie sie in der Schweiz heißen – kaum noch denkbar. Ich muss leider immer mal wieder solche Fälle hautnah verfolgen. Auch sind viele hoffnungsvolle Jungkader für den absoluten Gipfelsturm nicht geeignet. Sie finden ihren Platz, ebenso wie ihre Zufriedenheit, dann im mittleren Management. Doch ist es wichtig, dies rechtzeitig zu erkennen und die Weichen entsprechend zu stellen. Topmanager stehen ohnehin im Wind, und der wird ihnen auch zukünftig in starken Böen ins Gesicht wehen. Sie wissen um die Wichtigkeit eines guten Rates, der Entscheidungsstärke und der eigenen Fortüne.

Ich möchte Sie, liebe Leserinnen und Leser, in jene Mechanismen, Regeln und Gesetzmäßigkeiten der erfolgreichen Karriere einweihen, die meine Kollegen und ich tagtäglich in der Praxis beobachten. Natürlich spitze ich an manchen Stellen bewusst zu, damit das jeweils dahinterliegende Muster deutlicher wird. Klartext dürfen Sie an jeder Stelle dieses Buches erwarten, einfache Wahrheiten nicht immer, denn der Weg nach oben ist kompliziert und oft beschwerlich. Aber auch dauerhaft an der Spitze zu bleiben ist nicht minder anspruchsvoll.

Dabei glaube ich entgegen manch anderen Karriereberatern, dass sich die Mechanismen unserer Arbeitswelt in den kommenden Jahren nicht für jeden komplett ändern werden. Bereits jetzt ist die klassische, womöglich lebenslange Konzernkarriere oder gar Kaminkarriere bei Spitzenleuten eher die Ausnahme als die Regel. Dennoch gehe ich nicht davon aus, dass die meisten Angestellten von heute die Freiberufler oder das Arbeitsprekariat mit drei Jobs pro Kopf von morgen sind. Um einen gewissen Wohlstand zu erhalten, muss eine Gesellschaft Wertschöpfung betreiben, also letztlich etwas produzieren. Und moderne Entwicklungs- und Produktionsmethoden, ebenso wie komplexe interne oder externe Dienstleistungen, benötigen nun einmal hoch qualifizierte Arbeitskräfte. Das aber sind keine Wandlungskünstler, die sich immer wieder völlig neu erfinden, sondern Spezialisten, die im besten Sinne ihr Handwerk, ja ihre Wissenschaft verstehen.

Mag sein, dass unsere Arbeitswelt im Moment einen gefährlichen Trend zum Outsourcing und zur Freisetzung wichtigen menschlichen Wertschöpfungspotenzials folgt (man verzeihe mir den technokratischen Ausdruck, er trifft aber die Denke vieler Berater ganz gut). Mag sein, dass in der betriebswirtschaftlichen Glorifizierung solcher Paradigmen sogar eine große Gefahr für den volkswirtschaftlichen Nutzen liegt. Vom unkontrollierten Einsatz diverser Geschäftsmodelle rund um die Digitalisierung einschließlich Künstlicher Intelligenz (KI) und Automatisierung ganz zu schweigen. Am Ende wird man sich besinnen und erkennen, dass man nicht alles und jeden auslagern und flexibilisieren kann. Dazu zwei Beispiele: Selbst milliardenschwere Stars aus dem Silicon Valley wie Uber mussten jüngst erkennen, dass bestimmte Gesetze in Europa einzuhalten sind. Ebenso zeigen erste Erfahrungen mit KI, dass Algorithmen bis auf weiteres nicht überall den Menschen ersetzen können und Roboter manchmal schlicht zu teurer sind. Maschinen verbrauchen Ressourcen und Energie, diese banale Erkenntnis geht in Betrachtungen erstaunlich oft unter.

Dieses Buch besteht aus zwei Teilen. Teil I enthält autorisierte Zitate des weltweit wohl renommiertesten Personalberaters Egon P. S. Zehnder aus seiner Buchreihe *Der Weg zur Spitze*. Seine Gedanken zu wichtigen Erfolgsgrundsätzen habe ich im Rückgriff auf meine eigenen Erfahrungen in die Gegenwart geführt. Teil II enthält Antworten auf die häufigsten Fragen, die meinem Team und mir immer wieder gestellt werden, sowie handfeste Tipps für Ihren beruflichen Erfolg. Dabei habe ich die Fragen in zehn Hauptkategorien eingeteilt.

Wenn Sie bereits zum Topmanager aufgestiegen oder Unternehmer sind, interessieren Sie wahrscheinlich eher die Gedanken von Egon Zehnder und ihre Betrachtung im aktuellen Licht. Aber vielleicht möchten Sie ja auch den einen oder anderen Erfolgstipp aus dem zweiten Teil des Buchs wieder auffrischen. In jedem Fall werden Sie über wichtige aktuelle Denk- und Handlungsmuster informiert, welche die Karriere fördern, und erfahren darüber hinaus Einiges über die Erwartungen Ihrer Mitarbeiter.

Als ich meine Beratungstätigkeit 1999 nebenberuflich startete, war nicht abzusehen, dass daraus einmal eine hauptberufliche Aktivität werden würde. Bis heute haben meine Kollegen und ich Tausende Klienten – Berufseinsteiger, Nachwuchsführungskräfte, Manager und Topmanager – in beruflichen Fragen beraten und begleiten dürfen. Unsere Erfahrung bestätigt uns immer wieder, dass es keine einheitliche Karrieresystematik gibt. Wichtig ist das Erkennen von persönlichen Meilensteinen, an denen sich Chance und Risiko verdichten, denn die hier getroffenen Entscheidungen beeinflussen die Karriere maßgeblich.

Und auch wenn ich ebenfalls Unternehmen unterstütze, lasse ich es mir nicht nehmen, weiterhin Privatklienten zu begleiten. Ich möchte den engen, vertrauensvollen Austausch mit ihnen sowie die Erörterung und Umsetzung von ganz persönlichen Erfolgsstrategien nicht missen.

Inhaltsverzeichnis

Für Nachdenker und Vorausdenker

Dieses Buch greift bewusst auf praktische Erfahrungen und nur sehr begrenzt auf anderes Buchwissen oder Artikel aus der Wirtschaftspresse zurück. Es soll Ihnen als Quintessenz unseres langjährigen Wirkens Tipps aus und Einblicke in die Praxis geben, die nicht in jedem Ratgeber zu lesen sind. Andere Quellen sind da eigentlich überflüssig – mit einer gewichtigen Ausnahme, die kurioserweise das Ergebnis eines Zufallsfundes ist.

Zurück in die Zukunft: Die Erfolgskolumnen von Egon P. S. Zehnder

Als Sachbuchliebhaber stöbere ich gelegentlich in Antiquariats-katalogen. Dabei stieß ich im Jahr 2009 auf eine Buchserie namens Der Weg zur Spitze des Autors Egon Zehnder, datiert auf die Jahre 1981 bis 1985.

Ich war überaus erstaunt, denn erstens konnte es sich bei dem Autor wohl nur um jenen promovierten Juristen, Harvard-MBA und renommierten Gründer der gleichnamigen Personalberatung Egon Zehnder handeln, die ihrerseits einen inzwischen legendären Ruf genießt. Zweitens war mir nicht bewusst, dass Egon Zehnder jemals Bücher zum Thema Karriereberatung publiziert hat.

Als die bestellten Bücher eintrafen, stellte sich heraus, dass diese nie für den Buchhandel bestimmt waren. Es gab weder eine ISBN, noch war ein Verlag zu erkennen. Einzig das persönliche Copyright von Egon Zehnder aus Zürich war zu finden sowie ein kurzer Begleittext. Die Bücher beinhalten eine Sammlung von Aufsätzen, die damals in loser Folge als Kolumne in der Frankfurter Allgemeinen Zeitung (FAZ) erschienen waren. Die Buchserie war wahrscheinlich als Geschenk für ausgewählte Geschäftspartner gedacht. Sofern man damals zu den Lesern der FAZ gehörte, hatte man die Chance, Zehnders Thesen öffentlich zu lesen. Seitdem nicht mehr. Auch die Rubrik, in der sie erschienen waren („Blick durch die Wirtschaft"), gibt es heute nicht mehr.

Mich faszinierte schon beim Überfliegen der Texte, dass viele Essays ungeheuer aktuell wirken. Zehnders Ausführungen heben sich auch deshalb vom Einerlei vieler Erfolgsberater ab, weil es ihm nicht nur um den

Erfolg im Berufsleben, sondern darüber hinaus auch um existenzielle Fragestellungen geht. Hier hatte jemand keine reißerisch aufgemachten Plattitüden, sondern anspruchsvolle, zeitlose Einsichten publiziert. Und dennoch schienen sie ihre Wirkung nicht verfehlt zu haben. Im Gegenteil: In den begleitenden Vorwortpassagen wird die „zahlreiche und durchaus unterschiedliche Resonanz" erwähnt. Ebenso ist vom Ziel der „kritischen Auseinandersetzung mit dem einen oder anderen Thema" die Rede. Man darf also klare Positionierungen erwarten.

Natürlich sind manche Artikel vor dem Hintergrund des damaligen politischen und gesellschaftlichen Klimas zu verstehen (Kalter Krieg, Antiamerikanismus, Angst vor Japan als übermächtige Industrienation etc.). Diese zeitgebundenen Artikel sollen uns hier nicht interessieren, die meisten anderen dafür umso mehr. In sprachlicher Hinsicht übrigens kann man durchweg nicht von leichter Kost, sondern eher von philosophischer Diktion sprechen. Heute würde man solche Ausführungen wohl höchstens noch im Feuilleton finden. Denn man muss erstens mitdenken und zweitens nachdenken, um Zehnders Thesen nachzuvollziehen.

Und genau hier liegt der große Wert der Ausführungen. Wer schnelle Rezepte und Allzwecktipps erwartet, wird enttäuscht. Vielmehr wird deutlich, dass der Weg zu dauerhaftem Erfolg nur über das Nachdenken und das In-Beziehung-Setzen größerer Zusammenhänge – wirtschaftlicher, gesellschaftlicher und politischer – mit dem eigenen Handeln führt. Wer wirklich ganz nach oben kommen und dort auch bleiben möchte, muss seine Position im komplexen Zusammenspiel mit seiner Umwelt verstehen und noch dazu Fortüne haben.

Im Zeitalter der mobilen digitalen Informationsversorgung, der fast überall schnell verfügbaren Informationshäppchen und der leicht konsumierbaren, meist pauschalisierenden Erfolgstipps muss diese Erkenntnis den viel beschäftigten Manager kalt erwischen. Zugleich ist diese Entschleunigung ein Aufruf an unsere Reflexions- und Selbststeuerungsfähigkeit. Die nach dieser Lesart wirklich Erfolgreichen lassen sich nicht treiben, sondern schaffen es, in kritischer Distanz zu sich selbst und den Geschehnissen um sie herum regelmäßig neue Erkenntnisse zu gewinnen und ihr Handeln entsprechend zu justieren.

Was hat uns Egon Zehnder zu sagen?

Abgesehen von den zweifellos wertvollen Gedanken in den Essays: Was macht den Gründer einer Personalberatung zu einem so glaubwürdigen Zeugen in unserer Sache?

Zunächst ist die Rolle des Personalberaters von der des Karriereberaters zu unterscheiden. Zwar sehen sich manche Karriereberater gern als Erfolgsmacher, aber hier ist eine Präzisierung angesagt. Karriereberater sind sozusagen die Anwälte des Arbeitnehmers – der im Spiel um den Aufstieg die Rolle des Kandidaten übernimmt – und begleiten diesen auf dem Weg zu mehr Erfolg. Natürlich können Karriereberater dabei Blockaden lösen, den Kandidaten mit wertvollen Informationen über bestimmte Märkte oder mit wichtigen Verhaltensregeln versorgen, Situationen trainieren und ihm vor allem ein ehrliches, förderliches Feedback geben. Das ist ihre Stärke. Gute Karriereberater unterstützen den Erfolg des Kandidaten – des Managers –, weil sie die Mechanismen des Marktes und des beruflichen Aufstiegs verstehen und zum Kandidaten ein uneingeschränktes Vertrauensverhältnis aufgebaut haben. Gerade Kandidaten, die gewisse Machtspiele oder Karrieremechanismen noch nicht durchschauen, können oftmals erst mithilfe eines Karriereberaters ihr volles Potenzial entfalten. Das ist unbestritten ein wichtiges Verdienst und diese Leistung soll hier keinesfalls geschmälert werden!

Personalberater hingegen arbeiten ausschließlich für die zweite Partei in diesem Spiel, nämlich das auftraggebende Unternehmen. Nicht der Kandidat ist ihr Klient – obwohl sie diesen ansprechen, interviewen und eventuell dem Unternehmen vorstellen, ihn also in gewisser Weise temporär und manchmal auch wiederholt betreuen. Die Personalberater, die echte Toppositionen zu besetzen helfen, bewegen sich im Zentrum der Macht und können unmittelbar Einfluss auf wichtige Personalentscheidungen nehmen. Sie kennen im Gegensatz zum Karriereberater genau die Gründe, warum die Bewerbung eines Kandidaten, den sie dem Unternehmen im Rahmen des Stellenbesetzungsprozesses vorgeschlagen haben, zum Erfolg geführt hat oder eben nicht. Zudem können sie ganze Karrierewege langjährig betreuter Kandidaten verfolgen und Beförderungen oder Karriereknicke durch Hintergrundinformationen – die vielleicht selbst dem Kandidaten verborgen waren – erklären. Allerdings sind Personalberater meist zur Diskretion verpflichtet. Sie sind sozusagen die Anwälte des Unternehmens, nicht die des Kandidaten. Dafür bleiben ihnen viele innere Beweggründe und die tatsächliche Haltung ihrer Kandidaten oft verborgen. Sie müssen sich auf ein relativ schnelles

Urteil verlassen, und dabei unterlaufen ihnen natürlich auch Fehleinschätzungen. Es ist zudem im Allgemeinen nicht ihr Ziel, den Kandidaten langfristig zu coachen. Personalberater sind kurzfristige Erfolgskatalysatoren, die eine konkrete Chance bieten, aber keine dauerhaften Entwickler von Menschen und ihren Fähigkeiten.

Herausragend jedoch bleibt die breite, sich über alle Branchen erstreckende Erfahrung der Personalberater großer Beratungsunternehmen und ihr regelmäßiger Blick hinter die Kulissen beziehungsweise in den Kreis der höchsten Entscheidungsträger.

Egon Zehnder und seine Partner: geheime Macht im Weltformat

Bedeutungsschwer kommt hinzu, dass das von Egon Zehnder gegründete Unternehmen Egon Zehnder (EZ) nicht irgendeine beliebige Personalberatungsgesellschaft ist. Die manchmal rigiden Aussagen in den Essays sind in ihrer Glaubwürdigkeit besser einzuordnen, wenn man einige Hintergründe über das Unternehmen kennt. Denn EZ ist das wahrscheinlich weltweit renommierteste Unternehmen seiner Zunft und inzwischen die größte partnergeführte Personalberatung überhaupt, die das Topsegment der Führungshierarchie fokussiert. Was also fördert eine intensive Recherche über jene wegweisende Beratungsgesellschaft einer geheimnisumwitterten Branche zutage?

Gegründet 1964 in Zürich, erstreckt sich EZ mittlerweile über den gesamten Globus. Ihnen sagt der Name nichts? Durchaus zu entschuldigen, denn EZ pflegt nur in Ausnahmefällen eine Stellenanzeige zu schalten. Man spricht Kandidaten direkt an und bevorzugt auch sonst einen überaus leisen Auftritt. Das Unternehmen besetzt ausschließlich Positionen im Toplevelbereich und berät Unternehmenslenker wie Aufsichtsräte in speziellen strategischen Führungsfragen. Damit beeinflusst EZ unmittelbar sowie mittelbar die Art, wie viele Unternehmen und Behörden weltweit gelenkt werden. Vielleicht wurde auch Ihr Chef oder Aufsichtsrat – egal, ob in der Schweiz, Deutschland, den USA, Brasilien oder China – von EZ vorgeschlagen. Oder Sie hatten doch selbst schon das Vergnügen eines Kontakts mit EZ, dann wissen Sie natürlich, worum es geht.

Dieses einflussstarke Betätigungsfeld und die große Reichweite sind natürlich nicht immer unumstritten und so manchem Betrachter oder Kandidaten nicht geheuer. Doch können Bauchentscheidungen und Schnellschüsse, die ohne professionelle Personalberatung an der Tagesordnung wären, wirklich eine Alternative sein? Wer sagt denn, dass Aufsichtsräte oder Personalmanager a priori gute Personalentscheider sind? Wie soll ein Unternehmen nur mit Bordmitteln weltweit den besten Kandidaten finden? Jedenfalls schätze ich den richtungsweisenden Einfluss der Personalberatung EZ durch die Entscheidungshilfe in Toppersonalfragen höher ein als jenen der einschlägig bekannten Strategieberatungsunternehmen.

Darüber hinaus muss Zehnder nicht nur als Berater, sondern auch als Unternehmer eine Ausnahmeerscheinung gewesen sein. Er hat die Regeln in dem von amerikanischen Personalberatungsunternehmen dominierten Markt neu bestimmt. Während man in Europa früher – wenn überhaupt – vor allem das Headhunting, das schnelle Makeln von mehr oder weniger brillanten Köpfen, kannte, spricht man bei EZ von einer *Profession*. Man geht nach einer eigenen Methodik vor. Abgerechnet wird nach einem festen Honorar, abhängig vom Aufwand und nicht vom Jahresgehalt des Kandidaten. Dass dieses Honorar gleichwohl auskömmlich ist, darf man annehmen. EZ hat außerdem, gerade bei großen Unternehmen mit vielen Talenten, auch die Listung von internen Kandidaten hoffähig gemacht. Dadurch können Gesellschafter oder Aufsichtsräte selbst Topmanagementpositionen intern besetzen, ohne in den Verdacht der Günstlingswirtschaft zu geraten.

Die interne Organisation von EZ ist ebenfalls sehr speziell. Nur Berufserfahrene mit einschlägiger akademischer Ausbildung kommen überhaupt als Berater in Betracht und werden von zahlreichen Partnern einem langwierigen Interviewmarathon unterzogen. Wer danach an Bord gehen darf, muss sich erst einmal – eigene Erfahrung hin oder her – eine gewisse Zeit als angestellter Berater bewähren. Ein rasches Einkaufen in die Partnerschaft ist also nicht möglich, wechselwillige Kollegen von der Konkurrenz werden gar nicht erst vorgelassen. Und auch in anderer Hinsicht geht man den Sonderweg: Entgegen den Usancen der Ego-und-Bonus-Branche Beratung wird bei EZ nicht nach individueller Leistung, sondern nach Seniorität bezahlt. Das funktioniert ungefähr so: Wer lange an Deck bleibt wird Partner und erhält einen Anteil am Unternehmen, der für alle Partner gleich ist. Zudem verdient er die folgenden 15

Jahre jedes Jahr mehr. Der Nachteil dieses Systems ist aus Sicht hungriger Jungberater die Umverteilung der Einkünfte nach oben. Der Vorteil liegt darin, dass kein Berater Kandidaten oder Aufträge hortet, während sein Kollege, der vielleicht viel schneller liefern könnte, verhungert (es würde ihm ja finanziell nichts nützen). Langfristige Leistung ist bei EZ also Pflicht, honoriert werden Treue und Erfahrung. Aber funktioniert dieser eigenwillige Ansatz? Offenbar unvergleichlich gut! Ist er zudem nachhaltig? Einiges spricht dafür. Es gehen nur wenige Berater (eher schnell) und es bleiben viele, oft Jahrzehnte. Mit diesen kuriosen Regeln hat es EZ nicht nur in den exklusiven Kreis der internationalen Top-Personalberatungen geschafft, sondern gilt mittlerweile auch als die prestigeträchtigste unter ihnen.

Kritiker mögen also das Gewerbe an sich etwas obskur finden, unzweifelhaft hingegen ist der außerordentliche unternehmerische Erfolg des einstmaligen europäischen Außenseiters EZ. Auch wenn das Unternehmen für viele begabte Berater keine Option ist, weil sie sich diesem traditionellen egalitären Geist nicht unterwerfen wollen, ist durch die Solidität des Konzepts weiterer Erfolg zu erwarten. Für seine unternehmerische Leistung wurde Egon Zehnder übrigens von der Harvard University mit dem Alumni-Preis ausgezeichnet, der nur sehr selten und nur für absolut herausragende Leistungen verliehen wird.

Wozu aber nun diese Betrachtung, warum ist sie für das Verständnis wichtig? Die Erfolgsregeln aus den Essays Der *Weg zur Spitze* stammen von jemandem, der nicht nur sein Beraterhandwerk versteht, sondern die Welt gesehen und mit seinem Konzept nachhaltig erobert hat. Von jemandem, dessen Prinzipien sich im eigenen Unternehmen aufs Beste bewährt haben und noch immer bewähren, obwohl sie den Branchenusancen entgegenstehen. Das verleiht diesen Erfolgsregeln eine außergewöhnliche, wenn nicht einzigartige Glaubwürdigkeit!

Telefonat und Treffen mit Egon Zehnder

Natürlich wäre es schön, wenn uns Egon Zehnder seine Einsichten und Gedanken im aktuellen Kontext mitteilen würde. Ich hätte es doch ein bisschen als Anmaßung oder wenigstens zweifelhafte Instrumentalisierung empfunden, wenn ich seine Thesen ungefragt bearbeitet hätte. Zwar gab es ein privates Telefonat zwischen Egon Zehnder und mir, in dem ich ihn als einen absolut alerten und dynamischen, dabei vollkommen unprätentiösen Gesprächspartner erlebt habe, dem man seinen Ruhestand keinesfalls anmerkt. Aber zum eigentlichen Thema wollte er leider kein einziges Wort verlieren (und hat es auch nicht). Egon Zehnder hält sich an das von ihm selbst aufgestellte Gesetz: Er gibt seit seinem Ausscheiden als aktiver Partner aus dem Unternehmen keinerlei Auskünfte mehr zu seinen Schriften und ebenso wenig zu aktuellen Geschehnissen, die uns hier interessieren könnten. Ohne Ausnahme. Schade natürlich, aber eine vorbildliche Geste gegenüber den derzeit aktiven Partnern von EZ, denen er offenbar nicht ins Tagesgeschäft funken möchte.

Glücklicherweise ging aus dem Gespräch gleichwohl seine Erlaubnis hervor, aus der Buchedition Der *Weg zur Spitze* zu zitieren – und mehr noch: die Essays weiterführend zu interpretieren. Egon Zehnder und ich sind folglich so verblieben, dass ich einige seiner Gedanken, die ich auswähle, aus meiner Sicht und ohne sein Dazutun in die Gegenwart führe. Für diesen Vertrauensbeweis schulde ich Egon Zehnder großen Dank, zugleich empfinde ich sein Plazet als außerordentliche Verpflichtung zur besten mir möglichen Qualität. Die vereinbarte Vorgehensweise ist außerdem der einzige praktikable Weg, Ihnen, liebe Leserinnen und Leser, wichtige Kernthesen aus seinem Werk im Lichte aktueller Geschehnisse und Relevanz vorzustellen. Also sei an dieser Stelle darauf hingewiesen, dass jedwede Interpretation der Thesen aus Der *Weg zur Spitze* nicht auf ein diesbezügliches Gespräch mit Egon Zehnder zurückgeht, sondern meiner eigenen Beratungserfahrung und Beobachtung entsprungen ist. Ebenso wenig übrigens hat das Unternehmen EZ meine Ausführungen vorab gelesen oder redigiert. Sie sind authentisch.

Nach der Veröffentlichung der ersten Auflage des Buches lud mich Egon Zehnder übrigens nach Zürich ein. Ich durfte ein äußerst vergnügliches und bereicherndes Mittagessen im Club Baur au Lac mit ihm verbringen. Einmal mehr hat sich herausgestellt, dass große und erfolgreiche Persönlichkeiten neben einem extremen Arbeitspensum auch viel Charisma vorzuweisen haben. Was mich im Gespräch aber vielleicht am meisten beeindruckt hat, war die Tatsache, dass Egon Zehnder auch in der Hochphase der Unternehmensentwicklung sich noch systematisch Zeit für seine 5 Kinder genommen hatte. Die Devise hieß: Arbeit nur bis Samstagmittag, kein Verstecken hinter der Wochenendzeitung (also heute Computer oder Smartphone) und Geschäftsreisen nur ab Dienstag. Ein Fanal zum richtigen Umgang miteinander in der digitalen und konvergierenden Welt.

Der Erfolg beginnt mit dem Gespür für sensible Themen

Wer heute auf gehobener und höchster Managementebene erfolgreich werden oder bleiben möchte, muss wissen, was Gesellschaft und Medien bewegt. Beides hat Konsequenzen für die Wirtschaft und den eigenen Erfolg. Hier ist Sensibilität als die Voraussetzung für den souveränen Auftritt gefragt. Daher stelle ich einige wichtige Themen vor und setze sie zugleich in Beziehung mit den Gedanken aus den Essays.

Moral, Ethik und Werte

Die folgenden Essays habe ich ausgewählt, weil ich davon ausgehe, dass sie für Sie die größte Aktualität und Relevanz bieten. Gerade in den letzten Jahren wurde angesichts weltweiter krisenhafter Ereignisse die Frage nach der Moral in der Ökonomie immer lauter gestellt. Auch Egon Zehnder griff in seinen Essays moralische und ethische Fragen auf. Daher bedarf es vorab einiger Begriffsklärungen. Ich verwende die Worte „Wert", „Werthaltung" und „Moral" beziehungsweise „Moralität" nicht synonym. Wenn etwas einen Wert beinhaltet oder ein Manager bestimmte Werte verfolgt, so sagt das für mich noch nichts über die moralische Evaluation aus. Moral und Moralität stehen für mich im Sinne einer angewandten Ethik für die sogenannten guten Sitten. Sie entspringen einem Werteverständnis, das etwa Betrug, Gaunerei, eine unrechtmäßige oder völlig unverhältnismäßige Bereicherung und Vorteilsnahme oder auch rein egoistische Handlungsmotive ablehnt. In diesem Sinne verwende ich moralisch und ethisch bedeutungsgleich. Insofern kann ein Manager für mich durchaus einem festen Wertekanon folgen und dabei völlig unmoralisch handeln. Inwieweit sich dies mit Egon Zehnders damaligem Verständnis deckt, vermag ich an dieser Stelle – aus bekannten Gründen – nicht zu sagen.

Teils schlimme öffentliche Prügel haben in den letzten Jahren insbesondere Topmanager und Banker bezogen. Manche wahrscheinlich zu Recht. Aber für die folgenden Ausführungen, die durchaus auch kritische Betrachtungen enthalten, gilt: Es gibt nicht *die* Manager und *den* Erfolg. Selbst wenn ganze Branchen in Verruf geraten, hüte man sich vor Pauschalurteilen. Immer ist der genaue Blick, die differenzierte Betrachtung gefragt. Dieses Buch ist daher in seiner facettenreichen Beleuchtung der Verhältnisse auch ein Plädoyer *für* Topmanager und *für* das Einschlagen einer Führungskarriere.

Nachhaltigkeit

Der Begriff der Nachhaltigkeit erfuhr zum Wechsel des Jahrzehnts einen Popularitätsschub. Wenngleich vielfältig auslegbar, umschreibt er in wirtschaftlicher Hinsicht relativ klar, wie ein Unternehmen erfolgreich zu führen ist. Nachhaltigkeit bedeutet in diesem Zusammenhang vor allem Langfristigkeit und Dauerhaftigkeit. Es ist der Gegenentwurf zum Quartalsdenken und zur Kultur der Boni für schnelle Erfolge. Damit einher geht die Schonung der benötigten Ressourcen jedweder Art, sodass im Idealfall immer nur so viel verbraucht wird, wie sich auf natürliche oder menschgetriebene Weise regenerieren kann. In engster Auslegung ist Nachhaltigkeit ein Ewigkeitsmodell. Aber auch bei gemäßigter Betrachtung fällt auf, dass das Management vieler Unternehmen seit Beginn dieses Jahrtausends alles andere als nachhaltig gewirtschaftet hat. Insofern wurde und wird es öffentlich an den Pranger gestellt. Kein Zweifel, Nachhaltigkeit ist bereits heute einer der wichtigsten Gradmesser für gute Unternehmensführung.

Corporate Governance

Auch für dieses Schlagwort existiert keine einheitliche Definition. Grob umrissen, beschreibt es die Gesamtheit aller Regeln zur Führung eines Unternehmens sowie deren Überwachung. Obwohl in diesem Sinne zunächst wertneutral, wird Corporate Governance in den Medien und im Fachdiskurs meist positiv besetzt verwendet. Ein Unternehmen, das eine formelle Corporate-Governance-Regelung etabliert hat – sei es durch den Aufsichtsrat, die Eigentümer oder das Management –, wird meist als gut geführt dargestellt. Das Zustandekommen und die Qualität von Entscheidungen wird an den existierenden Corporate-Governance-Regeln gemessen. Transparenz, eine adäquate Partizipierung der beteiligten Interessengruppen sowie Nachhaltigkeit sind typische Bestandteile von Corporate-Governance-Regeln. Fast überflüssig zu erwähnen, dass vielfältige Auswüchse vor und in der jüngsten Krise auch auf schlechte oder nicht vorhandene Corporate-Governance-Regelungen zurückzuführen sind. Unternehmenslenker, die zukünftig in der Öffentlichkeit und vor den Anteilseignern überzeugen möchten, müssen sich daher gewissenhaft um die Etablierung und Einhaltung von Corporate-Governance-Regeln kümmern.

Compliance

Eng mit der Corporate Governance verwandt ist die Compliance. Compliance meint die Befolgung von unternehmensinternen Regeln und Richtlinien, die eine gute Unternehmensführung ermöglichen sollen. Bis vor zirka zehn Jahren war das im deutschsprachigen Raum nach meiner Beobachtung kein explizites Thema, allenfalls ein implizites. Doch das wird sich schon bald ändern, weil die Regeln der Unternehmensführung nun öffentlich diskutiert werden. Entsprechend werden viele Unternehmen in naher Zukunft gezwungen sein, beispielsweise einen expliziten Verhaltenskodex für ihre Mitarbeiter zu etablieren. Andernfalls laufen sie Gefahr, bei Fehltritten in feinere juristische Mühlen als gewohnt zu geraten.

Wenn ein Unternehmen über Corporate-Governance-Regeln verfügt, ist klar, woran sich die Compliance neben dem Gesetz zu orientieren hat. Ein Verhaltenskodex oder sonstige Regelungen der Geschäftsgebaren sind in diesem Sinne Teil der Corporate Governance. Compliance ist hier auch deshalb ein wichtiges Stichwort, weil in der Vergangenheit wichtige Akteure gerade keine Compliance gezeigt haben – selbst wenn detaillierte Verhaltensregeln in ihren Firmen existierten. Das hat die Öffentlichkeit, die Justiz und nicht zuletzt die Anteilseigner wachgerüttelt. Heute wird Compliance daher groß geschrieben und viele Konzerne haben mittlerweile das Ressort des Chief Compliance Officer geschaffen. In diesen Unternehmen existiert damit eine offizielle Instanz zur Kontrolle und Steuerung der Compliance. Zugleich haben Mitarbeiter eine Anlaufstelle, wenn sie Verstöße melden oder sich in konkreten Fällen schlichtweg rückversichern möchten. Insofern muss sich jeder Unternehmenslenker die Frage stellen, ob ein Chief Compliance Officer nicht auch für sein Unternehmen eine zukunftsorientierte, für den dauerhaften Erfolg essenzielle Ergänzung darstellt.

Anerkennung und Gehalt

„Die Veröffentlichung über die Millioneneinkommen höchster Führungskräfte in amerikanischen Wirtschaftszeitungen haben die Gemüter erregt. ‚Kann ein oberster Chef so viel wert sein? Soll die Arbeit eines

Managers so hoch bezahlt werden?' lauten die Fragen. Dass es sich dabei meistens um rhetorische Fragen handelt, lässt sich auf Grund von Ton und Formulierung des Problems erkennen. Adjektive wie ,überrissen, asozial, gefährlich, obszön' gehören üblicherweise zu den Schlagzeilen im Zusammenhang mit Sex, Gewalt, Brutalität und ähnlichem. Nun wird dieses Vokabular für Einkommen, Tantieme, Boni oder Bezüge herangezogen. "

Eine brandaktuelle Betrachtung? Nun, diese Aussagen stammen aus dem Essay *Der Wert des Chefs* von Egon Zehnder aus dem Jahr 1985! Offenbar ist auch die aktuelle Diskussion über die Gehälter der Chefs ein Beispiel dafür, dass sich die Geschichte manchmal eben doch wiederholt.

Das Wirken und Verhalten von Topmanagern wird in der öffentlichen Diskussion seit einiger Zeit allzu oft mit zwei Untugenden in Verbindung gebracht: falsche Eitelkeiten und eine daraus resultierende ungerechte, weil deutlich zu hohe, Entlohnung. Die Diskussion über die sogenannte Gier der Manager erachte ich zwar als wichtig, wenn es um konkrete Geldsummen oder Bemessungsgrundlagen geht, in unserem Sinne jedoch für unerquicklich und daher in diesem Buch für obsolet. Jede Topmanagerin, jeder Topmanager möchte Anerkennung erfahren und angemessen, also sehr gut, entlohnt werden – was immer das im Einzelfall auch bedeutet. Diesen Komplex wollen wir hier nicht absolut, sondern allenfalls relativ diskutieren. Die beiden Konstanten der persönlichen Anerkennung und geldwerten Zuwendung sind natürliche Bedürfnisse des arbeitenden Menschen, daher erachte ich sie, bei allem Appell an weitere Werte, als unantastbar.

Egon Zehnder übrigens sieht es durch die Brille des Marktliberalen, zumindest bezüglich der Topmanagementgehälter: „Von der Arbeit eines obersten Unternehmensführers betroffen sind ja die Firma als solche und die Aktionäre. Ihnen, damit der Generalversammlung, respektive dem von dieser gewählten Verwaltungsrat, ist es zu überlassen, die Bezüge des obersten Chefs zu quantifizieren." So richtig das im juristischen Sinne wohl ist, geht die Gleichung natürlich nur dann auf, wenn der Verwaltungs- beziehungsweise Aufsichtsrat unabhängig und verantwortungsvoll agiert. Das jedoch war in jüngster Vergangenheit leider in einigen Fällen zu bezweifeln. Plakativ gesagt: Wenn die Höhe des Vorstandsgehalts notwendige Investitionen in die Überlebensfähigkeit der Firma verhindert, darf am Konzept gezweifelt werden. Erhellend ist in diesem Zusammenhang auch die Ausführung Egon Zehnders, wonach die

Kritiker der hohen Gehälter fälschlicherweise davon ausgingen, „alle Dienstleistungen und Produkte hätten einen quantifizierbaren Wert. Und gerade dies trifft eben nicht zu. Wir sind zwar bereit, für Wein mehr Geld als für Wasser zu bezahlen, nicht jedoch weil Wein einen größeren inneren Wert besitzt, sondern, neben vielen anderen Gründen, weil es schwieriger ist, Wein auf den Markt zu bringen. Wasser ist lebensnotwendig, aber sein Preis widerspiegelt ökonomischen, nicht inneren oder moralischen Wert. Ebenso verhält es sich mit Unternehmenschefs." Egon Zehnder weiter: „Staatliche Formeln oder Regulative dringen von außerhalb ein und sind künstlich starr und trügerisch." Ein Glaubenssatz, der heute zumindest laut überdacht wird. Ob zu unser aller Wohl oder Wehe und mit welcher Auswirkung auf die Erfolgsregeln für Manager wird man sehen.

Ein paar Worte an Unternehmenslenker

Manche Erfolgsprinzipien mögen für Sie nur noch eingeschränkt gelten, weil Sie es bereits bis an die Spitze geschafft haben. Dann aber erwächst aus den folgenden Kerngedanken für Sie eine besondere Verantwortung. Nachdem Sie alle denkbaren Karrierestufen durchlaufen haben, ist es nun Ihre Aufgabe, das erfolgbringende Klima in Ihrem Unternehmen zu erhalten oder ein solches zu schaffen. Sie können vielfach nicht mehr direkt eingreifen, bestimmen dafür aber die Strategie und geben Orientierung. Als Lenker sind Sie zumindest empfundenes Vorbild in nahezu jeder Hinsicht, egal, ob Sie wollen oder nicht. Ihr Führungsteam – und oft genug das ganze Unternehmen – blickt auf Sie, bewertet Ihr Handeln, Ihr Auftreten und erwartet Signale.

Denken Sie daran, dass viele Ihrer Führungskräfte und Mitarbeiter sich möglicherweise in den hier diskutierten karrierekritischen Situationen befinden und für sich Entscheidungen treffen müssen. Und die Karriereentscheidungen Ihrer Mitarbeiter wirken sich auch auf das Unternehmen aus. Nicht immer direkt, nicht immer offensichtlich und nicht immer mit Signalwirkung, aber die persönlichen Karrierewege sind untrennbar mit dem Erfolg oder Misserfolg von Unternehmen verbunden, bestimmen diesen letztlich sogar. Natürlich ist mir bewusst, dass der Personalbereich als formale Institution in vielen Unternehmen kein herausragendes Ansehen genießt, aber die funktionalen Führungsaufgaben im Linienmanagement können nicht hoch genug bewertet werden. Hier ist jede Führungskraft in jedem Bereich aufgerufen, hier sind auch Sie an der Spitze gefordert.

Zeitlose Erfolgsprinzipien, neu bedacht

Im harten Wettbewerb und insbesondere in einer Zeitenwende werden Sie als Topmanager nur mit den richtigen, gut ausgebildeten und von ihrer Aufgabe überzeugten Führungskräften und Mitarbeitern bestehen können. Daher möchte ich Ihnen die folgenden Beiträge besonders ans Herz legen und Sie bitten, sie insbesondere unter diesem Aspekt zu betrachten. Aber auch für alle, die noch nicht ganz oben angekommen sind, halten die Gedanken Egon Zehnders wertvolle Einsichten bereit.

Mut als Merkmal des guten Managers – Krisen krönen Karrieren

Mit „Mut wird der Manager schöpferisch", so Egon Zehnder und tritt aus der Masse heraus. Er überwindet die Trägheit der Masse und seine Angst vor dem Ungewissen, er stellt sich der Aufnahme neuer Informationen und leitet daraus eine – seine(!) – Schlussfolgerung ab. Das Ergebnis ist ein neues Handeln, ist Kreativität, die hoffentlich zu neuer Wertschöpfung führt.

Was aber passiert in Krisenzeiten? Schockiert hat die Wirtschaftswelt zuletzt die 2008 ausgebrochene globale Finanz- und Wirtschaftskrise, die als schlimmste Krise der Nachkriegszeit gilt. Hat hier – neben der offensichtlichen Gier – ein falscher Mut, ein Übermut gewütet? Hätte der wahrhaftig mutige Manager den Abgrund kommen sehen und gegen die Masse, gegen den tatsächlichen oder vermeintlichen Druck der Kapitalmärkte Maßnahmen ergreifen müssen? Hätte er diese Chance – etwa als CEO einer börsennotierten Bankgesellschaft – überhaupt gehabt? Egon Zehnder dazu: „Ist Mut zum Entscheid noch aktuell in einer Situation, die zur Anonymisierung der Verantwortung, zu einem kollektiven Mit-Bestimmen tendiert? Ist Mut nicht mehr Prädikat, sondern schon Schwäche?" Und was wäre dann ein verlässliches Korrektiv für den Mutigen, das sein Abgleiten in die übermäßige Risikobereitschaft verhindert?

Zugegeben, unsere Wirtschaft ist komplex – und das nicht nur durch globale oder globalisierte Zusammenhänge. Man muss nicht gleich eine Weltwirtschaftskrise als Gradmesser für bewiesenen, fehlenden oder falschen Mut heranziehen. Es reicht beispielsweise, den raschen Technologiefortschritt, die in vielen Bereichen zunehmend flatterhaften

Kundenwünsche oder die ständig knapper werdenden Ressourcen zu betrachten. Allein diese Phänomene stellen Manager vor Herausforderungen, die sie nur durch mutige Entscheidungen bewältigen können, wollen sie ihre Unternehmen nicht in eine Krise manövrieren.

Mut zu zeigen wird heute für Topmanager schnell zu einer multidimensionalen Herkulesaufgabe, deren Implikationen und Konsequenzen sich nicht immer präzise abschätzen lassen. Auch befinden sich die Akteure oft in einem Netz von Abhängigkeiten, die den Einzelnen nach außen deutlich mächtiger erscheinen lassen, als er tatsächlich ist. Gerade in unserem dynamischen Zeitalter wird von Managern eine nie gekannte Entscheidungsdichte erwartet. Was heute gilt, muss vielleicht schon morgen modifiziert werden. Dabei lässt sich jedoch die Konsequenz einer Entscheidung auch mit den besten Risikomanagement-Systemen nicht immer voraussehen. Die Gefahr von Fehlentscheidungen steigt. Auch ehemalige Bastionen der Konstanz – und damit vermeintlich gemütliche Arbeitsumgebungen für Topentscheider – wie die Schweiz und Deutschland haben in den vergangenen Jahren Federn gelassen. Die Unternehmenswelten dort haben sich verändert, sind dynamischer und hektischer geworden. Viele Vorstandsposten sind zum Schleudersitz geworden, die Verweildauer von Vorständen ist in den letzten Jahren kontinuierlich gesunken.

Um den notwendigen unternehmerischen Mut zu zeigen, braucht man aber nicht nur die Charaktereigenschaft Mut an sich, sondern man muss auch den Handlungsbedarf erkennen. Mir scheint, dass genau dieses Erkennen heute die große Herausforderung ist. Sicherlich haben schon im letzten Boom viele Manager nicht den Mut gezeigt, den sie angesichts der heraufziehenden Krise hätten zeigen müssen. Andererseits stellt sich die Frage, ob wirklich immer Mutlosigkeit allein die Ursache für Minderleistungen war oder vielmehr auch die fehlende Erkenntnis. Meiner Beobachtung nach hat gerade dieser Aspekt oft – nicht immer – zu dramatischen Verwerfungen geführt. Informationen und Einschätzungen von Beratern und sogenannten Experten wurden fehlgedeutet oder allzu gutgläubig angenommen. Doch Vorsatz kann in diesen Fällen nicht unterstellt werden. Sind damit die betroffenen Manager exkulpiert? Vielleicht in einer rein menschlichen Bewertung der Sachlage (keiner ist unfehlbar), nicht jedoch in einer professionellen Betrachtungsweise.

Zu einem gewissen, oft sogar hohen Grad sind Manager und vor allem Topmanager auf eine aktuelle, passgenaue und inhaltlich richtige Informationsversorgung durch andere angewiesen. Sie „sehen" gleichsam durch ein verlängertes Sinnesorgan, dessen Funktionsfähigkeit durch die zunehmende Komplexität unserer globalen Welt fraglos auf eine harte Probe gestellt wird. Deshalb muss sich ein Topmanager in existenziellen Zweifelsfällen ein persönliches Bild der Lage vor Ort verschaffen. Wer sich schwertut, mit der naturgemäß trägen Masse (etwa der Belegschaft) in direkten Kontakt zu treten und diese durch Impulse zu bearbeiten (etwa weil eine wichtige Kursänderung ansteht), gehört nicht zu den Mutigen. Immer wieder reagiert mancher Unternehmenslenker zu zögerlich, gerade wenn es negative Ereignisse zu vermelden oder zu erklären gilt. Dieser Trägheit gehen nicht selten Unterlassungen, auch in der operativen Führungsriege, voraus. Man hat die Dinge ein Stück weit laufen lassen und ist dadurch erst in diese missliche Lage geraten.

Unternehmerischen Mut zu zeigen, schafft daher nur, wer seine Informationsversorgung nebst den daraus erwachsenden Erkenntnissen und Handlungsmöglichkeiten regelmäßig hinterfragt – selbst wenn er mit seinen Zweifeln allein gegen das „Geheul der Genossen", der Kollegen und Mitarbeiter, steht. Wenn gegengesteuert, mit harten Veränderungsmaßnahmen und neuen Denkmustern reagiert werden muss, dann zeigt der handelnde Manager Mut und schafft sich die Basis für weitere mutige Taten. Dieser Mut, seine Erkenntnis zu schärfen und gegen die Masse, die „dem Mut mit so viel Misstrauen begegnet", mit Wort und Tat zu verteidigen, ist ein wichtiger Baustein zur Verhinderung von Krisen. Viele, auch nicht prominente Manager, haben ihn gezeigt, wie ich aus eigener Erfahrung weiß.

Mut zu zeigen erfordert also Engagement und das Verlassen der eigenen Komfortzone. Doch nicht jeder Manager ist ohne zwingenden Anlass dafür zu begeistern. Egon Zehnder dazu: „Der Schritt vom Sicheren zum Unsicheren fordert Mut; fördert durch das Erfolgserlebnis des schöpferischen Eingriffs das Selbstvertrauen. Wie untrennbar Mut mit dem Schöpferischen verbunden ist, wird in der unternehmerischen Innovation deutlich. Fehlt er nämlich, so steht Imitation der Innovation gegenüber." Bedenklich wird dies meines Erachtens besonders dann, wenn Topkader von dieser Einstellung betroffen sind. Noch immer findet man Unternehmen, die durch eine einzigartige Marktstellung oder besondere Marktgegebenheiten ihren Managern ein überdurchschnittlich bequemes Leben ermöglichen. Hier gedeiht langfristig kein typischer Unternehmergeist, hier sucht man die wirklich Mutigen meist vergebens. Wer mühelos von Erfolg zu Erfolg eilt, lernt nicht, Widerstände zu überwinden oder existenzielle Entscheidungen zu treffen. Und derjenige lernt auch nicht, echte Verantwortung zu übernehmen. Teile der Finanzbranche befanden und befinden sich übrigens in einem solchen Schonraum, wie ich ihn hier beschreibe. Wenn der Staat für alle Verfehlungen bürgt, welchen Akteur kümmert da das durch ihn verursachte Risiko?

Zudem wird dadurch meist der Blick für Risiken vernebelt. Herannahende Krisen werden zu spät erkannt, weil man sich unangreifbar fühlt, Konsequenzen nicht einschätzen kann oder nicht über die richtigen Werkzeuge zur Bewältigung der Probleme verfügt. Im Ernstfall zeigt man dann kleinteiligen Aktionismus, neigt zu Befreiungsschlägen in Holzhackermanier oder geht ein letztes Mal nach gewohntem Muster aufs Ganze. Gesellt sich in diesen Situationen noch Beratungsresistenz dazu, wird aus dem, was die Beteiligten subjektiv vielleicht als Mut empfinden, objektiv Sturheit, Tollkühnheit oder Panik.

Hatte die gescholtenen Manager also im Vorfeld der jüngsten Krise der Mut verlassen oder mussten sie im vorangegangenen Boom schlichtweg zu lange keinen beweisen – hatten sie es verlernt, mutig zu sein? Meine persönliche Einschätzung ist, dass es immer gleich viele Mutige unter den Managern gegeben hat und geben wird. Die Übermütigen, Trägen oder Opportunisten fallen im Boom, wenn alles wie von selbst zu klappen scheint, einfach nicht auf. Erst in der Krise trennt sich die Spreu vom Weizen. Egon Zehnder dazu in seinem Essay über Manager in Krisenzeiten: „Der Unterschied zwischen Boom und Krise besteht nicht in einer qualitativen Verschiebung der Probleme, sondern im Grad der Verschärfung der Probleme. Die Krise ist Zerrspiegel und Zeitraffer zugleich. Fehler und Tugenden treten gröber und schneller hervor." Insofern ragen die Mutigen in Krisenzeiten automatisch aus der Masse heraus. „In der Krise schlägt die Stunde der Wahrheit für die Führungskraft – für jede Führungskraft. Mit anderen Worten: Es gibt keine Krisenmanager. Es gibt nur gute und weniger gute Führungskräfte." Man kann in diesem Sinne auch sagen: Es schlägt die Stunde der Mutigen, die beherzt alle erforderlichen Maßnahmen ergreifen. Denn „Mut, so darf man zusammenfassen, ist ein Merkmal des guten Managers."

Das lässt nur einen Schluss zu: Wenn Wirtschaften in einem – wie im konkreten Fall auch immer gearteten – Schonraum stattfindet, erhalten die weniger Mutigen eine deutlich größere Chance, nach oben zu gelangen und Einfluss zu gewinnen. Doch fehlt ihnen eine wesentliche Eigenschaft, die einen wirklich guten Manager ausmacht. Konsequent interpretiert gilt auch der Umkehrschluss: Manager ohne das richtige Maß an Mut sind keine guten Manager. Auch so erklärt sich das für viele Außenstehende unfassbare Verhalten mancher Manager vor und während der jüngsten Krise. Denn hier haben sich Mutige nicht in Übermütige oder Mitläufer verwandelt, sondern die Übermütigen und Mitläufer wurden als solche enttarnt. Dementsprechend konnten sie weder am Siedepunkt der Krise noch vorher zur Verhinderung des Schlimmsten beitragen, weil sie nie wirklich mutig waren.

Will man es den Übermütigen und Mutlosen zukünftig erschweren, an wichtige Schaltstellen zu gelangen, muss man für einen Ausleseprozess sorgen. Und dieser kann im Großen wie im Kleinen nur über ein Klima und ein klares Regelwerk erfolgen, das einen fairen Wettbewerb schafft, der von Weitblick und langfristigem Denken statt von kurzfristiger Gewinnmaximierung geprägt ist. Haben Sie die Möglichkeit, in Ihrem Umfeld diese Regeln zu etablieren? Wenn ja, nur zu! Gehören Sie zu den Mutigen? Ich wünsche es Ihnen. Gehen Sie weiter voran und lassen Sie sich nicht beirren!

Übrigens haben kurz vor und auch während der Krise manche einen ganz besonderen Mut bewiesen: durch die Entscheidung, die aktuelle Position aufzugeben und für zweifelhaftes Geschäftsgebaren nicht mehr den Kopf hinzuhalten. Ein Rücktritt verlangt Größe und kostet für den Moment unglaubliche Überwindung. Doch wenn alles durchdacht und folgerichtig vollzogen wurde, zahlt sich dieser Mut am Ende aus. Sei es durch Anerkennung, Selbstachtung oder sogar neue, bessere Karrierechancen. Unter diesen Umständen bedeutet ein scheinbarer Rückschritt in Wirklichkeit ein Voranschreiten. Mut zeigt sich eben auch darin, punktuelle Unannehmlichkeiten in Kauf zu nehmen, um langfristig Erfolg zu erzielen.

Aber welches ist das Korrektiv für übermäßige Risikobereitschaft in diesem Spannungsfeld? Mein Vorschlag: Es ist die Fähigkeit, mögliche Entscheidungen in denkbare Szenarien münden zu lassen. Wer sich im sogenannten Worst Case-Szenario noch immer im Spiegel betrachten kann, wer noch immer genügend Werte für das Unternehmen gesichert hat, wer also seinen Mut mit Verantwortung und Ratio koppelt, der wird niemals als Hasardeur enden und sich immer glaubwürdig für seine Entscheidungen rechtfertigen können.

Manager mit Privatleben: Was bedeutet die Work-Life-Balance für den Erfolg?

Egon Zehnder hat sich in einem Essay ausschließlich mit dem Privatleben der Manager befasst. Die Kernaussage verstehe ich so, dass auffallend viele gute Manager, vielleicht sogar alle, ihre Persönlichkeit immer als Summe ihrer Eigenschaften, Erkenntnisse und Werthaltungen verstehen, also nicht zwischen privatem und beruflichem Bereich unterscheiden. Im Gegenteil, sie lassen ihre Persönlichkeit gleichmäßig in ihr berufliches Handeln und ihr Privatleben einfließen. Sowohl im Beruf als auch privat sind sie wahrhaftig.

Daraus schlussfolgert Egon Zehnder, dass das Privatleben des Managers nicht nur wichtig, sondern notwendig für den beruflichen Erfolg ist und bewusst gelebt werden muss. Kommt es zu kurz, entsteht unweigerlich ein Ungleichgewicht. Allerdings geht es ihm gerade nicht um Systematisierung und Schubladisierung: „Aus dieser Sicht ist es nicht erstaunlich, dass die beklagenswerte Zersplitterung, die sich unter anderem bereits in der Abspaltung von Macht und Verantwortung, im Triumph der Einzelinteressen über Gesamtinteressen zeigt, auch in der Gegenüberstellung des Berufs- und Privatlebens seinen schlechten Niederschlag gefunden hat."

Die unabdingbare Brücke zwischen Berufs- und Privatleben entwickelt sich nach meiner Lesart von Egon Zehnders Essay über beide Dimensionen zu einer Einheit und prägt beide Dimensionen. Egon Zehnder wörtlich über erfolgreiche Manager: „Ihre Leistungsfreude kommt deshalb nicht entweder im Berufsleben oder im Privatleben zum Ausdruck, sondern sowohl im Berufs- als auch im Privatleben. Denn für sie gibt es nur ein Leben: das eigene!"

Jahrzehnte später ist der Begriff der Work-Life-Balance in aller Munde und er ist Egon Zehnders Ausführungen verdächtig ähnlich. Gerade Berufseinsteiger fragen heute nicht selten, wie viel Zeit der angestrebte Job ihnen denn für das Privatleben lässt, wenngleich eine so frühe Freizeitorientierung auf Unternehmensvertreter befremdlich wirken muss.

Doch betonen die Bewerber das Privatleben wirklich aus Vergnügungs-sucht? Oder sind sie vielleicht eher an einer gesunden Lebensführung interessiert? Jedenfalls ist das Privatleben ein Thema auch für Hoch-schulabsolventen, die doch eigentlich auf beruflichen Erfolg gepolt sein müssten. Oder nicht? Nach der Darstellung in Zeitschriften und Ratge-bern scheint das Privatleben der Berufstätigen im Sinne der Work-Life-Balance ausschließlich darauf abzuzielen, Zerstreuung zu ermöglichen und vor allem Distanz zum Beruf zu schaffen. Es wird also eine notwen-dige Teilung von Berufs- und Privatleben suggeriert. Das ist unter be-stimmten, hier noch zu diskutierenden Umständen legitim, jedoch wird selten auf die möglicherweise wohltuenden Zusammenhänge beider Di-mensionen eingegangen. So wird im Extremfall das Bild zweier parallel existierender Persönlichkeiten gezeichnet und womöglich für positiv be-funden. Erschwert man es aber dadurch nicht zumindest den unerfah-renen Nachwuchsmanagern, ihre Entwicklung ganzheitlich zu gestalten, ja überhaupt darüber nachzudenken? Führt man nicht gestandene Ma-nagerpersönlichkeiten, die bereit sind, ihre Situation zu reflektieren, in die Irre? Ich finde ja.

Wenn die strikte Trennung von Berufs- und Privatleben von bekannten Vordenkern betont werden muss, läuft etwas in die falsche Richtung. Gibt es denn eine gesunde und ungesunde Teilung von Privat- und Be-rufsleben? Ich denke schon, so viel sei zur Ehrenrettung der strikten Trennungsverfechter gesagt. Wenn etwa der Beruf auch im Privatleben eine permanente Verfügbarkeit einfordert, dann kann das für nichts und niemanden förderlich sein. Wer nicht abschaltet, brennt aus. Das ist seit Langem bekannt. Als Egon Zehnder seinen Essay 1981 schrieb, gab es weder E-Mail noch Mobiltelefon, auch hätten viele Leser den Begriff Burnout-Syndrom wohl nicht einordnen können – und doch wies er auf diese Problematik hin: „Wie wichtig der Ausgleich für den Manager ist, braucht ihm keiner zu sagen. Vielleicht ist es aber nicht unwichtig, wenn sich seine Umgebung der Bedeutung des Ausgleichs wieder klar wird."

Nun drehen sich Egon Zehnders Ausführungen auch um das Problem, dass man Managern den Ehrgeiz und die Energie, die sie nicht nur im Beruf, sondern auch im Privatleben zeigen, als aufgesetzte Show nach-tragen könnte: „Denn die zuweilen vernehmbare zynische Meinung, die diese ausgeglichene Lebensweise der Spitzenleute als ‚Selbstdarstellung der Macher' abzutun versucht, ist eine Stimme der Erpressung." Inso-fern ging es Egon Zehnder darum, diese Eigenschaften der Manager und Topkader als Wahrhaftigkeit zu deklarieren und ein offenbar seinerzeit in den Medien gepflegtes Missverständnis zu klären. Heute sehen Kritik und Problemlage etwas anders aus, weil der Beruf im multimedialen Zeitalter vielfach in das Privatleben übergreift – auch bei Spitzenkräften. Wenn aber der Mensch vor allem durch arbeitsbezogene Impulse sein Privatleben mit dem Beruf vereint und dies womöglich als erfolgversprechende, authentische Persönlichkeitsentwicklung betrachtet, dann liegt ein grandioses Missverständnis vor.

Doch wird von Managern ein Privatleben ohne regelmäßige Störungen durch den Beruf überhaupt noch in Betracht bezogen? Und werden freizeitorientierte Nachwuchskräfte nicht ganz schnell von der beruflichen Realität eingeholt? Ist das Berufsleben so fordernd geworden, dass man Manager und Nachwuchskräfte mehr oder weniger mit dem Holzhammer auf die Möglichkeit eines separierten Privatlebens hinweisen muss? Ist es inzwischen doch legitim, das Privatleben isoliert zu betrachten?

Die Antwort liegt für mich in einem vorübergehenden Paradoxon. Meiner Meinung nach sollte das Berufsleben das Privatleben nicht durch ständiges Dazwischenfunken stören. Und das nicht nur aus den erwähnten gesundheitlichen Gründen: So droht denen, die der Überlagerung der Welten indifferent begegnen, ein permanentes oder unausgewogenes Rollenspiel. Die Zerteilung der Persönlichkeit in hektisch aneinandergereihte private und berufliche Rollen ist durchaus eine Gefahr für den Erfolg: „Nur darf niemand, der sich im Laufe des Tages mehrmals in Einzelheiten zerlegen muss, um den vielfältigen Rollen gerecht zu werden, erwarten, dass er noch eine in sich gefestigte, abgerundete, nach außen strahlende Persönlichkeit ist." Authentizität sieht anders aus. Die beobachtbare Unausgewogenheit zeigt sich im Übergreifen von offenbar beruflich erworbenen Rollen oder Werthaltungen in das Privatleben: Manche Manager müssen in ungesundem Ehrgeiz immer die Ersten und die Gewinner sein (oder erwarten das von ihren Kindern), für sie ist das ganze Leben ein einziger Wettbewerb. Andere wollen ständig alles kontrollieren und wieder andere müssen stets als Problemlöser glänzen (auch wenn gar keine Probleme vorhanden sind). Alle rechtfertigen sich damit, dass sie diesem Vorgehen ihren beruflichen Erfolg zu verdanken haben beziehungsweise diesen nur so erreichen könnten und ihre Vorgehensweise dementsprechend auch für das Privatleben nützlich sei. Also traktieren sie sich und ihre Umwelt mit auf ihren Beruf zurückgehenden Verhaltensweisen und Werten, die sie unreflektiert für allgemeingültig halten. Auch hier ist etwas in eine Schieflage geraten.

Erst indem Manager ihr Privatleben (wieder) bewusster leben und Nachwuchskräfte gar nicht erst in ein falsches Fahrwasser geraten, finden sie stärker zu sich selbst und zu den für sie existenziellen Werten und Prioritäten. Sie müssen lernen, die berufsbezogenen Impulse zu steuern und den heute meist digitalen Dauereingriff des Berufs in das Privatleben einzudämmen. Das mag am besten über eine vorübergehende, konsequente Abgrenzung dieser beiden Bereiche voneinander gelingen. Womit für mich übrigens noch nichts über das Zeitverhältnis zwischen Arbeit und Freizeit ausgesagt ist, sondern nur etwas über die gelebte Intensität des Berufs- und Privatlebens!

Und welches ist das vorübergehende und damit letztlich vermeintliche Paradoxon? Erst wer – wieder oder erstmals – Souverän dieser beiden Lebenswelten ist, hat die nötige Zeit und Kraft dafür, sie miteinander zu versöhnen, eine kongruente Persönlichkeit auszubilden oder weiterzuentwickeln, zu reflektieren und stets wahrhaftig aufzutreten. Nicht der ständige Rollenspieler überzeugt langfristig, sondern derjenige, bei dem sich Beruf und Privatleben im Einklang befinden. Man lebt nur dann erfolgreich seine Werte beruflich wie privat, wenn diese behutsam aus einer ehrlichen, ganzheitlichen Überzeugung und Erkenntnis herausgewachsen sind. „So beweist die Erfahrung, dass sich die Gewohnheit der Prioritätenzuteilung in der Gestaltung aller Lebensbereiche bewährt. Sie schafft nicht nur für andere Vertrauen und Gewissheit auf Konstanz und Kontinuität, sondern macht für den Vielbeschäftigten sehr oft messbar mehr Zeit frei für außerberufliche Belange, für sich selbst und für seine Mitmenschen." Verbindende Brücken kann nur bauen, wer klare Ufer sieht. Die Work-Life-Balance nach diesem Verständnis ist also gerade nicht das Ziel, sondern der Start!

Integre Manager zwischen Geschäft, Compliance und Gewissen: Zahlt Treue sich aus?

Dem Unternehmen und vor allem sich selbst treu sein – diese Maxime gilt bei Egon Zehnder als weiterer zentraler Baustein des beruflichen Erfolgs. „Wer im Dienst einer Aufgabe seinen Verdienst erkennt, der beweist sowohl Treue zu sich selbst als auch zu anderen", so seine wörtliche Ausführung. Was aber ist zu tun, wenn die Aufgabe und das Umfeld nicht mehr mit den eigenen oder gesellschaftlich akzeptierten Grundsätzen zu vereinbaren sind? Nehmen wir als besonders eingängige Beispiele jahrelange Schmiergeldzahlungen, das Geschäftsgebaren gewisser Finanzinstitute, die mit dem Geld kleiner Leute leichtfertig spekulieren oder die persönliche Bereicherung mancher Topmanager, deren Unternehmen ins Taumeln geraten sind. Wie viel Treue kann und sollte man sich erlauben, wenn man in einem solchen Umfeld arbeitet?

Ich glaube, dass die Treue in Egon Zehnders Sinn heute genauso wichtig ist wie damals. Zu präzisieren sind allerdings die Bezugspunkte. Die übernommene Aufgabe muss nach den Erfahrungen der vergangenen Jahre zusätzlich und explizit einer moralischen Prüfung unterzogen werden – und daraus resultiert für mich eine Treue zu einer stets mit übernommenen, multidimensional zu betrachtenden *Verantwortung*. Konkret bedeutet das für die Führungskräfte und vor allem die Nachwuchsmanager, dass sie sich immer auch über das gesellschaftliche ethische Wertesystem Gedanken machen müssen. Wie ist die eigene Aufgabe einzuordnen, wo steht die Organisation, wo der öffentliche Wertekanon – und wo steht man selbst?

Die Sensibilisierung der Manager für ihre Werthaltungen wird in den nächsten Jahren enorm an Wichtigkeit gewinnen. In Zeiten, in denen viele Organisationen ruppig mit der Ressource Mensch umgehen, droht die Mitnahmementalität überhand zu nehmen. Wenn ich jeden Tag entlassen werden kann, weil mein Arbeitsplatz woandershin verlegt wird oder ich nicht mehr zur Strategie des Unternehmens passe, dann denke ich nur noch an mich selbst. Oder etwa nicht? Menschlich wäre diese Haltung verständlich und nicht wenige Manager haben sie in den letzten Jahren tatsächlich praktiziert. Auch dadurch ist unsere Wirtschaft ein Stück weit degeneriert und das Ansehen der Manager in der Öffentlichkeit stark ramponiert worden. Schwarze Schafe färben leider ab. Die zunehmend geforderte Nachhaltigkeit – man könnte in diesem Zusammenhang auch von einem Wirtschaften nach moralisch vertretbaren Regeln sprechen – sieht anders aus.

Manager stehen heute in einer besonderen Verantwortung. Sie können sich einer gewissen moralischen Kritik nicht entziehen, ob positiv oder negativ, ob sinnvoll oder nicht. Gut möglich, dass Egon Zehnder die moralische Dimension in seinem Essay über die Treue damals bereits in Betracht gezogen hatte, jedenfalls blitzt das Thema Moral respektive Ethik in den Essays immer wieder auf. Treue ist für ihn „ein Charakterzug", viel mehr als bloße Loyalität zu einem Unternehmen. Bei Letzterer bestehen für Egon Zehnder „kaum Zweifel am treuen Verhältnis zum anderen, die Treue zu sich selbst kann aber in Frage gestellt werden." Egon Zehnder stellt ein Erfolgscredo infrage: „Laufende Anpassung und Mobilität wird als Überlebensrezept empfohlen", und doch proklamiert er „Treue zu sich selbst" und „Treue zu bleibenden Werten". Unter diesen Werten sticht in meiner Interpretation, gerade angesichts der aktuellen Compliance-Diskussion, besonders die Integrität positiv hervor.

Integre Manager richten sich nicht nach Modetrends und sie stellen ihr eigenes, an moralischen Gesichtspunkten ausgerichtetes Wertesystem nicht unbesehen zur Disposition. Eine Treue zur Verantwortung kann also a priori nur jemand empfinden und leben, der sich integritätsgemäßen Werten verschrieben hat. Was aber bedeutet integer konkret? Gerade international agierende Manager stehen hier vor besonderen Aufgaben, verschiebt sich doch die moralische und auch juristische Beurteilung mancher Werthaltungen und Verhaltensweisen von Land zu Land. Auch ist die Integritätsforderung für mich kein vorübergehendes Phänomen der Globalisierung, sondern Bestandteil der Aufklärung in entwickelten Exportnationen wie Deutschland oder sehr international ausgerichteten Ländern wie der Schweiz. Lange Zeit konnten es sich auch Manager aus diesen Ländern ganz offiziell erlauben, gewisse Wertvorstellungen und Erwartungen der Geschäftspartner unbehelligt zu bedienen. Frei nach dem Motto: ‚When in Rome, do as the Romans do.' Aber hier zeigt sich ebenfalls die Zeitenwende. Nachhaltig erfolgreiche Manager müssen heute eine zunehmend spezifizierte Integrität an den Tag legen. Diese ist aber bis auf Weiteres – zumindest offiziell und nur in westlichen, demokratischen Industrienationen, wie Sarkasten einwerfen mögen – gerade nicht multipolar, sondern eng in den gesetzlichen und gesellschaftlich-moralischen Rahmen des Landes eingefasst, in dem die Firma ihren Hauptsitz hat. Welch eine Herausforderung für international agierende Manager!

Gleichwohl möchte ich hier nicht im Detail darüber diskutieren, ob und wo man Wirtschaft und Moral vereinigen kann. Natürlich ist es erfolgsfördernd, wenn Manager als Vorbild für Integrität und Verantwortungsbewusstsein wahrgenommen werden, denn nur so lässt sich das in der Ökonomie unverzichtbare Vertrauen aufbauen. Dabei geht es aber nicht darum, von Topmanagern zu verlangen, sich sozusagen aus sich selbst heraus, gemäß ihrer hohen Verantwortung, zu besseren, moralischeren Menschen zu entwickeln. Mit dem Erstarken ganz konkreter Compliance-Vorgaben werden schlicht neue Geschäfts-, Verhaltens- und damit Erfolgsregeln geschaffen, deren Einhaltung von Behörden und nicht zuletzt von der interessierten Öffentlichkeit verfolgt wird. Wer die Regeln nicht erkennt oder sich nicht an diese hält, wird zukünftig ein hohes Risiko des unternehmerischen und auch persönlichen Scheiterns eingehen. Freilich, Compliance-gerechtes Geschäft ist mühevoll und erfordert deutliche Erklärungen von Entscheidungen und Entwicklungen gegenüber den Share- und Stakeholdern. Die wirtschaftlichen Implikationen sind unter Umständen erheblich. Und wem kann man in dieser Gemengelage vertrauen?

Soweit vorhanden, finden Unternehmenslenker hoffentlich im Chief Compliance Officer einen vertrauensvollen Ansprechpartner. Aber sie werden sich immer auch auf ihren eigenen inneren Kompass verlassen müssen. Es gilt, die Folgen einer Entscheidung oder Handlung für die Betroffenen, das Unternehmen und auch sich selbst abzuwägen. Integrität erfordert nicht nur – ganz profan – die Kenntnis der juristischen Vorschriften eines Landes, sondern auch moralisches Feingefühl bezüglich der gesellschaftlichen Normen. Das erschwert schnelle Entscheidungen oder Patentlösungen. Die übernommene Verantwortung ist für Führungskräfte und besonders für Topmanager komplex und muss vielen Seiten gerecht werden.

Egon Zehnder dazu in seinem Essay *Ethik im Management*: „Es gibt im Management keine absolut gültigen ethischen Grundsätze. Die Frage nach dem Guten wird verschieden beantwortet, von Land zu Land, von Religion zu Religion, von Rasse zu Rasse, von Zeit zu Zeit und von Mensch zu Mensch." Und weiter: „Weil wir nie ganz sicher wissen können, was gut ist, müssen wir uns täglich umso mehr darum Gedanken machen. Dieses Bemühen ist keineswegs Theorie, sondern geübte Praxis. Denn

Ethik ist für die Unternehmensführung kein Sonntagsschulthema, sondern tägliche Wirklichkeit." Insofern muss man sich seine Integrität und die Treue zu selbiger beständig erarbeiten. Es ist ein Weg der Prüfungen und stets neu zu überdenkenden Entscheidungen. Aber er lohnt sich!

Besonders nach großen Krisen gewinnen moralische Werte, insbesondere die Integrität, an Popularität. Doch erfolgsrelevant ist die Integrität auf lange Sicht immer. Die Treue zu Werten, die beispielsweise das kurzfristige oder bedingungslose Gewinnstreben hochhalten, mag sich in der Tat schnell in barer Münze auszahlen. Die gelebte Treue zu moralischen Werten, zu Integrität und Verantwortung hingegen wird zwischenzeitliche Unbilden mit sich bringen und sich auch nicht immer rasch im Gehalt niederschlagen, aber sie führt letztlich zu Erfolg und Anerkennung. Die integren und zugleich als solche wahrgenommenen Manager gehen langfristig unbeschadet durch das Feuer.

Mut zur Unpopularität: Innovatoren, Querdenker, Querulanten

Egon Zehnder stärkt in einem seiner Aufsätze Querdenkern und Innovatoren besonders den Rücken. Und in der Tat sind Innovationsgeist und Unkonventionalität in der Managementliteratur und von Erfolgsberatern viel beschworene Werte. Doch so manchen meiner Klienten kommen angesichts der Praxis in vielen Konzernen und manchen patriarchalischen Familienunternehmen Zweifel. Machen am Ende des Tages nicht doch eher die angepassten und stromlinienförmigen Windkanal-Kader die steilere Karriere?

Zunächst Egon Zehnder in seinem Essay *Mut zur Unpopularität*: „Es besteht kein Zweifel, der Mut zur Unpopularität beginnt im eigenen Unternehmen: in Sitzungen, vor dem Aufsichtsrat, in der Geschäftsführung, vor den Betriebsräten. Aber er ist nicht nur Haus-Angelegenheit. Der Mut zur Unpopularität zählt sogar mehr vor der Öffentlichkeit, in den Medien und Parteien. Mut zur Unpopularität macht zur Zielscheibe. Er ist ein Risiko, das selten und meistens nur als Achtungserfolg belohnt wird. Die errungene Achtung, die wohl anerkennt, dass jemand bereit ist, allein zu stehen und sich zählen zu lassen, birgt ihre eigene Gefahr. Sie kann – böswillig – leicht als Geltungssucht oder Profilneurose ausgelegt werden. (...) Gerade weil der Mut zur Unpopularität Emotionen und Widerstand auslöst, verlangt er eine sachliche, objektive Darstellung.

Sein Ziel ist ein Prozess, der den Anlass gibt, den bisherigen Weg zu überprüfen, die getroffenen Entscheidungen im neuen Licht zu besehen, und schließlich ein Umdenken auslöst. Geduld, innere Standfestigkeit und eine dicke Haut, die den Anfeindungen standhält, ist unentbehrlich."

Egon Zehnders Aussagen möchte ich weiter differenzieren. Es gibt Unternehmen, die eher den Karrierefortschritt der Angepassten fördern, weil sie Andersdenkende in erster Linie als Sand im Getriebe sehen. Dabei handelt es sich oftmals um zentralistische oder behördenähnliche Konzerne, aber auch um Familienunternehmen, die ganz auf den Inhaber und dessen Meinung zugeschnitten sind. Die Frage ist, ob diese Unternehmen trotzdem fruchtbare Biotope für unkonventionelle Macher und Vordenker sein können – ich glaube nicht. Und auch meine Antwort auf die sich daran zwangsläufig anschließende Frage, wie zukunftsfähig diese Unternehmen sind, fällt eher negativ aus. Denn der allgemeine Blick in die jüngere Wirtschaftsgeschichte und mein eigener Blick hinter die Kulissen (meine Diskretionspflicht verbietet mir konkrete Beispiele) verheißen nichts Gutes. Sei's drum, möchte man den Innovatoren und Querdenkern in diesen Unternehmen zurufen – und ihnen zum Wechsel raten.

Davon abgesehen sind Querdenken und Innovationsgeist generell einer näheren Betrachtung zu unterziehen. Zunächst: Wer wird denn gemeinhin als Innovator betrachtet? Sicherlich alle Mitarbeiter, die als Spezialisten in den einschlägigen Unternehmensbereichen, insbesondere der Forschung und Entwicklung, arbeiten. Darüber hinaus ist im Prinzip jeder Mitarbeiter, der Prozesse oder Produkte ändern möchte, ein Innovator. Denkt er in Quantensprüngen, stellt er etwas Bestehendes grundsätzlich infrage und wird deshalb in einer eher konservativen, statischen Organisation oft als Querdenker betrachtet. Der Innovator mutiert also zum gefühlten oder tatsächlichen Revoluzzer. Andersherum betrachtet, ist der Querdenker in dieser Form der verschärfte Innovator.

Es gibt also Mitarbeiter, die qua Jobbeschreibung Innovatoren sind, und solche, die begleitend zu ihren eigentlichen Aufgaben Innovationen vorantreiben. Vor allem die Vertreter letzterer Spezies laufen leicht Gefahr, als vermeintliche Querulanten vor die Wand zu laufen. Sie sind für ihr Umfeld einfach unbequem, weil sie Dinge scheinbar ohne Not ändern möchten. Wenn ihre Innovationen das Kerngeschäft oder eine Kernkompetenz des Unternehmens berühren – also von hoher Relevanz sind und viel Spezialwissen erfordern –, dann neigen nicht wenige innovative Denker dazu, bei Ablehnung ihrer Vorschläge aus dem Unternehmen auszutreten und zur Konkurrenz abzuwandern. Hier treffen sie sich mit den verkannten Tüftlern aus dem Bereich Forschung und Entwicklung, denn deren Ideen betreffen fast immer die Kernprodukte oder -leistungen des Unternehmens und sind entsprechend wertvoll. Jobangebote für gute Tüftler gibt es reichlich.

Im ersten Fall ist der Wissensabgang für das betroffene Unternehmen ein Nadelstich, im zweiten kann er sich unter Umständen zur existenzbedrohenden Katastrophe ausweiten. Trotzdem muss ein Unternehmen immer abwägen, welche Ideen und Innovationen es im Wettbewerb voranbringen und welche nicht. Auch die finanzielle Situation spielt dabei natürlich eine Rolle, sodass die eine oder andere Idee zwangsläufig auf Eis gelegt oder begraben werden muss.

Insofern ist für mich die Botschaft an jene, die Unternehmenslenker werden wollen, klar. Die ausgeprägten, oft rastlosen Innovatoren werden nur in bestimmten Unternehmenskulturen an die Spitze kommen. Innovationsgeist muss paradoxerweise immer mit einer gehörigen Portion Realismus und Geduld gepaart sein, sonst wird man gerade in großen Organisationen scheitern. „Selbst wenn der Schritt angesichts der Bedeutung der Sache anerkannt wird, so richtet sich die Kritik gegen Art, Ort oder Zeitpunkt. Mit diesen Vorwürfen muss man rechnen, ihnen gelassen begegnen, Ort, Art und Zeitpunkt verständlich begründen, indem wiederum auf die Sache und die Gesamtzusammenhänge hingewiesen wird." Fingerspitzengefühl bei der Wahl des richtigen Zeitpunkts und rhetorisches Geschick sind also gefragt. Nur unter diesen Voraussetzungen und nur mit diesen Qualitäten machen Innovatoren Karriere. Das hat sich nicht geändert, was man sicherlich in vielen Fällen beklagen mag. Radikalinnovatoren mit starkem Missionsbedürfnis und Mut, eben Querdenker, werden daher oft Unternehmer. Und was bedeutet das für diejenigen, die bereits an der Spitze stehen? Natürlich müssen Topmanager Innovationen fördern, aber dazu brauchen sie nicht unbedingt selbst große Innovatoren zu sein. Problematisch wird es erst, wenn Unternehmenslenker kategorische, betonköpfige Besitzstandswahrer sind und ein innovatives Klima im Unternehmen systematisch unterdrücken. Das ist absolut unverzeihlich.

Ein gewaltiges Missverständnis, mit dem ich immer wieder einmal konfrontiert werde, muss hier allerdings ausgeräumt werden. Zwar gilt

Querdenken bei vielen Erfolgsberatern als wichtige Eigenschaft für den beruflichen Aufstieg, die Frage ist nur, zu welchem Zweck quergedacht wird. Und ob überhaupt quergedacht wird. Denn so manchen erfolgreichen *Quer*denker, der einen neuen Weg zu mehr Wertschöpfung gefunden hat, könnte man auch als *Geradeaus*denker oder *Voraus*denker bezeichnen: Er hat schlicht erkannt, welche neuen Impulse ein Unternehmen braucht, um zukünftig noch besser zu werden. Was kann man mit den entwickelten Technologien noch alles machen? Welche neuen Kundengruppen lassen sich mit vertretbarem Aufwand erschließen? Welches Produkt kann man durch ein neues, besseres ersetzen? Was passiert, wenn wir unsere Prozesse in den nächsten Jahren nicht ändern? Es ist gefährlich, sich als Querdenker zu stilisieren, nur weil es angeblich im Trend liegt querzudenken.

Da drängt sich die Frage auf, ob Querdenker und Innovatoren tatsächlich derselben Spezies angehören oder ob es einfach nur bestimmte Gemeinsamkeiten gibt? Zu den Querdenkern gehören für mich durchaus die erwähnten Radikalinnovatoren und noch viel häufiger die hoch innovativen Denker, die durch ein konservatives, starres Umfeld zwangsläufig als Querdenker positioniert werden. Aber ist wirklich jeder Querdenker automatisch ein Innovator, der Absolution verdient? Ich verneine das. Dazu außerdem Egon Zehnder: „Tatsächlich ist es eine dünne Linie, die den Querschläger, der grundsätzlich gegen alles meckert, vom wahren Unabhängigen trennt, der trotz Gruppendrucks seine eigene Anschauung wahrt und mit Maß, aber mit Kraft, und stets mit Loyalität, behauptet!" Nicht jede neue Idee oder unkonventionelle Denkweise lässt einen Manager zum richtungsweisenden Innovator werden. Insofern warne ich jeden davor, sich vorbehaltlos als Querdenker zu bezeichnen. Das kann in einem bestimmten Umfeld die Karriere auch behindern.

Wertschöpfung lautet in diesem Zusammenhang das Zauberwort. Wer diese mit seinem gefühlten oder tatsächlichen Querdenken nicht erbringt, wird nicht als Innovator wahrgenommen. Verbunden mit der entsprechenden Penetranz mutiert er sogar zum Querulanten. Betrachten müssen wir also letztlich die Motive derjenigen, die gern den Status quo infrage stellen und sich als querdenkende Innovatoren sehen. Wer aus rein selbstbezogenen Motiven handelt, sich in den Vordergrund spielen möchte oder opportunistisch einem Modecredo von Beratern folgt und nicht mit dem Herzen dabei ist, wird nicht weit kommen. Wer neben der Diplomatie die Wertschöpfung aus dem Blick verliert, wird früher oder später ebenfalls scheitern. Zu schnell manövriert man sich so in die Ecke des notorischen Querulanten oder autistischen Einzelkämpfers. Egon Zehnder liefert den entscheidenden Hinweis, denn nur „wer sich einer wertvollen Sache unterordnet, beweist seine Autorität und Führungsfähigkeit".

So betrachtet, machen also die Angepassten keine große Karriere, weil ihnen der Mut beziehungsweise der Sinn für wertschöpfendes Querdenken fehlt. Auch die Frage, ob nun aus einem Querdenker ein Innovator geworden ist oder umgekehrt (beides ist möglich), wird obsolet, wenn er Wertschöpfung erbringt und sein Umfeld überzeugen kann. Der Querdenker wie der Innovator ist nun legitimiert. Gerade „weil er es wagt, sich in einem kritischen Augenblick von der allgemeinen Auffassung zu lösen, gewinnt er das moralische Recht, für die langfristigen Interessen der Allgemeinheit zu sprechen". Insofern sind nicht nur die unmittelbaren Ziele und Konsequenzen des eigenen Handelns zu bestimmen und abzuwägen, sondern es gilt vor allem, die Sache und ihren Wert für das Unternehmen zu erkennen und zu bedienen! Unter dieser Bedingung handelt jeder Querdenker zielgerichtet, wird unzweifelhaft zum Innovator und kann langfristig trotz seines Andersdenkens Absolution und schließlich Anerkennung erwarten. Nebenbei bemerkt lässt sich durch diese Haltung auch die punktuelle Unpopularität, die wahrhaft mutiges Querdenken sehr oft mit sich bringt, besser ertragen. Dass in der Praxis wohl immer auch eigene Karrierevorteile im Blickfeld des Innovators liegen, ist nur natürlich und keineswegs hinderlich.

Der Unternehmer-Pilot in Turbulenzen: Informationsmanagement und Computerisierung

In seinem Aufsatz *Unternehmer-Pilot* diskutiert Egon Zehnder nahezu prophetisch die wohl größte Herausforderung der Entscheider – das „Entscheidungsgrundlagendefizit". Egon Zehnder dazu: „Im Grunde dreht sich unser Zivilisationsprozess zu einem wesentlichen Teil um den Transport materieller und geistiger Güter. In diesem Sinne ist Informationsfluss ebenfalls ein Transportproblem. Die Zunahme der Möglichkeiten zum Beschleunigen und Verteilen von Informationen hat indessen nicht nur eine kaum mehr überschaubare komplexe Welt geschaffen, sie hat auch zahlreiche Widersprüche entstehen lassen, deren Sprengkraft kaum zu unterschätzen ist."

Es sollte allen Managern und Nachwuchsmanagern zu denken geben, dass Egon Zehnder bereits 1984 Verhältnisse und Herausforderungen sah, die sich seitdem nur verschärft, nicht gelindert haben. So ist „die Informationsflut so groß, dass sie, wenn überhaupt, nur von wenigen und nur in Teilbereichen überblickt werden kann. Es ist eine bezeichnende Merkwürdigkeit der heutigen Entwicklung, dass das sogenannte Informationszeitalter vor allem einmal einen Informationsmangel geschaffen hat."

Was bedeutet das konkret für Entscheider? „Zwischen Wissen um Informationsmöglichkeiten und Informationsmangel finden sie sich zunehmend in einem Vakuum, geprägt von Übersichtsdefizit, Erfahrungsdefizit, Kommunikationsdefizit und Entscheidungsgrundlagendefizit." Also ist in dieser Schieflage eine – unter Umständen sogar gigantische – Verschwendung an Zeit, Chancen und Personal sowie ein immenses Risikopotenzial zu beklagen. Weiter heißt es über den Topmanager: „Gestützt auf Kurven, Statistiken, Erfahrungen aus zweiter Hand, Empfehlungen von Dritten und Zusammenfassungen von Fachgremien, entschließt er sich zu Handlungen, deren Auswirkungen ebenfalls erst durch die Interpretation anderer zur Wirklichkeit werden."

Schwere Kost? Durchaus. Zitiert aus einem gerade erst in der Wirtschaftspresse erschienenen Fachartikel? Keineswegs. Der Artikel erschien bekanntlich vor Jahrzehnten und ist doch topaktuell. Ich denke, die meisten Entscheider finden sich in Egon Zehnders Ausführungen wieder, jedenfalls kenne ich genügend Manager, die mir genau von diesen Nöten berichten.

Ich möchte Ihre Aufmerksamkeit auf ein Detail im ersten Satz des Essays lenken. Egon Zehnder spricht vom Transport „geistiger", aber auch „materieller" Güter. Zwar stehen in diesem Essay die geistigen Güter im Fokus, aber es lohnt sich, auch die Verhältnisse bei den materiellen Gütern näher zu betrachten. Vielleicht kann man daraus Erkenntnisse für ein besseres Informationsmanagement – denn nichts anderes ist die Handhabung geistiger Güter – ableiten.

Die Handhabung materieller Güter erfolgt im betrieblichen Umfeld durch das Material- oder Materialflussmanagement. Und hier sind moderne Unternehmen durchaus schon sehr weit in der Verschwendungsminimierung, also der Effizienz- und Effektivitätsmaximierung, vorangekommen. Deshalb zunächst ein paar Worte zu modernen Materialmanagement- und Fertigungsmethoden: Zumindest produzierende Unternehmen, die etwas auf sich halten, kommen ohne das sogenannte Lean Management beziehungsweise die Lean Production nicht mehr aus. Der Automobilhersteller Toyota (ich kenne das Unternehmen durch direkte Einblicke) war bekanntlich der Vorreiter. Alle modernen Produktionsmethoden und ihre individuellen Abwandlungen gehen mehr oder weniger auf das Toyota-System (welches seinerseits aus diversen Inspirationsquellen entstand) zurück. Zwar hat auch der japanische Autobauer vereinzelte Disaster erlebt, darunter die vermeintlich massenhafte Bremspedal-Fehlfunktion in den USA, aber ganz offensichtlich gibt es kein besseres Produktionssystem. So wird auch nur noch über individuelle Ausprägungen der Verschwendungsreduzierung diskutiert, nicht mehr über deren Notwendigkeit an sich, hier herrscht – praktizierter – Konsens.

Der rote Faden der modernen Industrialisierer lautet also Lean Management. Alles ist schlank und auf das Nötigste reduziert. Was aber in der Produktion und somit im Materialfluss heute selbstverständlich ist, gilt für die Entscheidungsprozesse eines Unternehmens noch lange nicht. Die Technokratisierung mit ihren schier unendlichen Möglichkeiten der Informationserfassung und -verarbeitung tut, wie ich finde, ihr Übriges: Sie versorgt Entscheider alles andere als schlank oder lean und vernebelt so oftmals den Blick, statt ihn zu schärfen.

Egon Zehnder befasst sich im *Unternehmer-Pilot* grundsätzlich mit der Entscheidungsproblematik. Sein Lösungsansatz ist, dass der Topmanager gerade durch seine Übersicht und relative Entfernung zum Geschehen an Entscheidungskompetenz gewinnt. Wie ein Pilot sich auf seine Instrumente verlässt, muss der Entscheider seinem Berichtswesen vertrauen. Damit das gelingt, setzt Egon Zehnder die Beschaffung der richtigen und relevanten Informationen voraus – doch ist das wirklich selbstverständlich? Eine rhetorische Frage angesichts der vorgenannten Erkenntnisse.

Zu diesem Thema passt noch ein zweiter Aufsatz mit dem Titel *Führen mit Computer?*, den Egon Zehnder der damals aufkommenden Computerisierung und verstärkten Automatisierung gewidmet hat. Viel kann Egon Zehnder den Computern nicht abgewinnen, nennt sie bezeichnenderweise „die blechernen Fachidioten" – ich darf allerdings anmerken, dass meine Korrespondenz mit Herrn Zehnder in den Jahren 2009 und

2010 fast ausschließlich per E-Mail stattfand! Und immerhin, für ihn nehmen die „Kollegen Computer und Roboter dem Menschen gefährliche, unbequeme, lärmige und repetitive Arbeitsgänge ab. Wir arbeitenden Menschen können dadurch unsere unersetzlichen Fähigkeiten – Kreativität und Motivation – besser einsetzen."

Fragt sich aus heutiger Sicht nur, wo die Grenzen liegen, und zwar im beruflichen wie auch privaten Umfeld. Längst werden die meisten berufstätigen Menschen nicht nur im Beruf von der nahezu jederzeit und überall verfügbaren digitalisierten Informationsbeschaffung und Informationsvermittlung bestimmt.

Wenn ich beide Aufsätze von Egon Zehnder in diesen Zusammenhang setze und konsequent in die Gegenwart übertrage, so komme ich zu folgendem Schluss: Kollege Computer ist inzwischen zu mächtig geworden, das menschliche Hirn wird als kreative Denkfabrik zu oft abgeschaltet oder fungiert nur noch als koordinierende Durchgangsstation der digital erfassten Daten. Reflektorische Auszeit? Fehlanzeige! Pilot im Sichtflug? Eher im Blindflug! Und spätestens seit die mobilen Endgeräte zum Massenphänomen geworden sind, herrscht digitaler Dauerbeschuss. Aber warum fällt es Managern so schwer, vielleicht sogar immer schwerer, die Informationsversorgung auf das Wesentliche zu reduzieren und den gordischen Knoten zu zerschlagen?

Ich vermute, das liegt nicht zuletzt am Herdentrieb. Was scheinbar alle haben oder machen, muss man selbst auch haben oder machen. Der erfolgreiche Manager von heute hat seine E-Mails eben mobil zu bearbeiten. Und am Ende des Tages ist er so mitgerissen, dass er gar nicht mehr merkt, wie fremdbestimmt er eigentlich ist. Wenn alle einem Trend folgen, sieht sich der Einzelne schnell im Zugzwang. Plötzlich wird die Ablehnung einer neuen Entwicklung zur Mutprobe. Überdies tut ein Informationsüberfluss ja selten körperlich weh (außer bei akuten Augen- oder Kopfschmerzen), führt also nicht zu unmittelbarem Unwohlsein. Vielmehr schleicht sich Schritt für Schritt und nahezu unbemerkt etwas ein, das den Menschen und Manager schließlich gefangen nimmt.

Darüber hinaus verführt die Technik auch zur Komplexität. Was können Softwaresysteme nicht alles für Kennzahlen und Daten verarbeiten! Wie leicht berauscht man sich an der Technik! Nach dem Motto „Viel hilft viel" glauben nicht wenige Manager irrational an umso mehr Sicherheit, je mehr Daten sie erfassen.

Der dritte Grund schließlich ist: Informationen sind immateriell und nicht so leicht fassbar wie Materialflüsse. Selbst ein leidlich geschultes Auge erkennt eine ungeschickt angelegte Produktionsstraße, aber keine ineffizienten oder gar ineffektiven Entscheidungswege – auch wenn die davon ausgehende Verschwendung und Risikoentwicklung dramatisch ist. Um die Informationsflut auf das Wesentliche zu reduzieren, muss der Manager erst einmal seinen tatsächlichen Informationsbedarf präzisieren und alle, zumeist intransparenten, Informationsprozesse sichtbar machen. Dann erst hat er überhaupt eine Grundlage für Verbesserungen und kann wertschöpfende von wertlosen Informationen unterscheiden, dann erst hat er den Dschungel wenigstens halbwegs durchschritten. Zugegeben, diese Aufgabe gleicht besonders in einer komplexen Unternehmenslandschaft einer Herkulesaufgabe, die ein Manager allein schon aus Zeitgründen kaum leisten kann. Zu fordernd ist sein Tagesgeschäft. Um hier etwas zu verbessern, wird er umfangreiche, eventuell sogar externe Unterstützung benötigen, damit er nicht die falschen Äste in den Prozessen beschneidet oder die falschen Informationsträger aus den Prozessen herausnimmt. Schnelle, einfache Änderungen sind nur schwer möglich.

Also lautet meine wahrscheinlich wenig überraschende Folgerung für Gipfelstürmer: mehr Entschlossenheit zeigen, um sich dem digitalen Dauerbeschuss und den falschen Statussymbolen zu entziehen. Gönnen Sie sich Auszeiten und denken Sie wieder einmal über Themen nach, die Ihnen wichtig sind, ohne jede Minute von einer E-Mail, SMS oder einem Anruf gestört zu werden. Konzentrieren Sie sich auf das Wesentliche und bedenken Sie wichtige Entscheidungen in Klausur. Reduzieren Sie die Informationskomplexität zumindest in Ihrem unmittelbaren Umfeld, also dort, wo Sie Einfluss haben. Fangen Sie im Kleinen an. Meetings etwa, in denen alle persönlichen digitalen Kommunikations-Spielzeuge ausgeschaltet bleiben, verlaufen meist effektiver und enden schneller. Man ist nicht mehr abgelenkt. Wann waren in einer von Ihnen geleiteten Besprechung zum letzten Mal alle Teilnehmer solchermaßen bei der Sache? Wenn Sie das unternehmensweite Informationsmanagement allein nicht zügig ändern können, dann aber Ihr persönliches!

Egon Zehnder übrigens schließt seinen Gedankenkreis zum Thema Computer mit einer Art Bonmot. Er ist damit seiner Zeit auch heute noch einiges voraus und mahnt zugleich die Eigenleistung von uns Menschen an: „Gewiefte Füchse warten auf jene Tischcomputer, mit denen man endlich reden kann, wie einem der Schnabel gewachsen ist." Das bloße Reden mag inzwischen bei bestimmten Anwendungen leidlich funktionieren – aber intelligente, kreative Antworten bleiben aus und daher weiterhin uns selbst überlassen!

Führung mit Fairness – Regeln für Mächtige

Ich beobachte seit Jahren eine zunehmende Verrohung der Sitten: rückwirkende Kündigung von Vereinbarungen, überhartes Nachverhandeln von Preisen, umfangreiche Verträge mit hohen Pönalen als Grundlage auch für kleinere Geschäfte, kurzfristig zu unterschreibende Änderungsverträge mit schlechteren Konditionen für ganze Belegschaften, ungeniertes Abkupfern (nicht nur durch die stets verdächtigten chinesischen Akteure) ... Diese Liste ließe sich problemlos weiterführen. Man kann sich des Eindrucks nicht erwehren, dass es in der Wirtschaft zunehmend an Fairness mangelt.

Und da der Liberalismus in Teilen der Ökonomie bis zum Finanzcrash Hochkonjunktur gefeiert hat, gewinnt die Frage der Fairness zusätzlich an Bedeutung: Was ist beim Wirtschaften fair und was nicht? Wenn man sich an die Spielregeln hält, das Spiel aber neben dem eigenen nur das Wohl weniger zum Ziel hat – handelt man dann unfair? Zumindest wäre ein solches Spiel moralisch fragwürdig und auch nicht sonderlich intelligent. Denn deutlich ungleich verteilter Wohlstand und eine Gesellschaft, die nach strikt sozialdarwinistischen Mechanismen funktioniert, sind ungesund und nicht von Dauer, so jedenfalls lautet das kritische Echo vieler Journalisten und Ökonomen zum jüngsten Geschehen.

Werfen wir einen Blick auf jene Akteure, welche die Akzente vor Ort setzen und damit quasi den Ausgangspunkt markieren: die Führungskräfte. Egon Zehnder geht es in seinem Essay *Führung mit Fairness* zunächst um eine „praktische Wirklichkeit", in der sich die Führungskraft bewegt: Fairness ist für ihn kein „utopisches Ideal", sondern ein Mittel, um „das fruchtlose Gerangel um juristische Spitzfindigkeiten und das peinliche Sezieren menschlicher Eigenschaften" zu vermeiden. Stattdessen stützt sich die „Fairness auf Kodex oder Etikette, auf ungeschriebene, anerkannte Verhaltensweisen". Fairness ist für Egon Zehnder die „Gerechtigkeit der kleinen Schritte". Wer also Fairness fördern will, muss damit bereits im Kleinen anfangen, jeder Impuls zählt! In diesem

Sinne muss man Fairness als selbstverständliches Element des moralischen Handelns auffassen.

Genau hier aber liegt zugleich das Problem. Diese ungeschriebenen und anerkannten Verhaltensweisen, auf die Egon Zehnder verweist, sind spätestens seit dem Jahrtausendwechsel merklich ins Wanken geraten. Der ehrbare Kaufmann droht zur Folklore oder gar verspotteten Karikatur zu verkommen, es scheint die individuelle Vorteilsnahme auf dem Vormarsch. Was sich im Großen zeigt, färbt auf das Kleine ab. So manche Führungskraft sagt mir im vertraulichen Gespräch, dass sie ihr Team nicht mehr glaubwürdig nach fairen Maßstäben leiten könne, weil das ganze Umfeld nicht mehr stimme. Fair bedeutet hier kooperativ, ja vertrauensvoll, und beschreibt einen Führungsstil, unter dem nicht jeder die Schwächen des anderen ausnutzt, sondern man gemeinsam auf ein Ziel hinarbeitet. Erfolg wird durch gemeinsame Anstrengung erreicht. Doch dieser Führungsstil der Erfolgsermöglichung wird offenbar zunehmend unterminiert. Dabei ist es gerade die Aufgabe einer guten Führungskraft, dafür zu sorgen, dass jeder im Team sein Leistungsvermögen und seine persönlichen Fähigkeiten voll entfalten kann.

Egon Zehnder möchte dieses kollektive Leistungsstreben übrigens nicht als Ausdruck des „Sozialdarwinismus verstanden wissen, der dem Tüchtigsten (und Rücksichtslosesten) das Recht gibt, über die Unterlegenen hinwegzuschreiten", sondern als „Anerkennung der Chancengleichheit". Fairness ist demnach für die Führungskraft auch ein Gebot, um die Chancengleichheit zu fördern und die zerstörerische Wirkung von Fehlurteilen abzumildern, „weil Verlass ist auf die faire Beurteilung: Damit ist das Erfolgserlebnis garantiert; im Falle einer Niederlage oder eines Fehlentscheides bleibt aber die Verhältnismäßigkeit gewahrt!". Fairness gilt für Egon Zehnder ganz konkret als „Entscheidungshilfe" und im dauerhaften Zustand als „Zeichen der Kraft, der Reife und der inneren Stärke. Ihre Bedeutung für die Führungsfähigkeit tritt hier besonders deutlich hervor. Wenn Fairness ein Merkmal der Überlegenheit, des hohen Urteilsvermögens und Überblicks ist, dann wird auch verständlich, weshalb Fairness nach allen Seiten Vertrauen schafft und eine anspornende Kettenreaktion auslöst: In ihr gedeiht Selbstvertrauen, das zu besseren Leistungen befähigt."

Und noch mehr: Fairness ermöglicht erst die erfolgreiche Unternehmensführung, denn das „Vertrauensklima hat zur Folge, dass es Gleichgesinnte anzieht (…). Team ist das Stichwort, das eigentlich die Frage, ob sich Fairness heute noch lohnt, beantwortet. Man denke nur an die wachsende Komplexität von Wirtschaft und Wissenschaft, die ohne interdisziplinäre Zusammenarbeit undenkbar ist. Die Bedeutung der Fairness liegt nicht zuletzt darin, dass sie das Klima schafft, in dem eine fruchtbare Kooperation überhaupt erst ermöglicht wird, ohne aber den individuellen Wettbewerb, der zur Leistungssteigerung notwendig ist, zu behindern".

An diesen Gedanken knüpft Egon Zehnder nahtlos mit seinem Essay *Regeln für Mächtige* an, er schließt dabei auch und gerade höhere Führungskräfte ein. Da nach seiner Meinung die Topmanager ohnehin nur wenig Kontakt zu den unteren Hierarchien haben, mögen sie bei den wenigen Gelegenheiten, die sich bieten, der Belegschaft „großzügig Anerkennung" zukommen lassen und im Übrigen als Vorbild mit gutem Beispiel – eben anständigem Verhalten – vorangehen! Auch die „faire Kritik" gehört laut Egon Zehnder zum unbedingten und durch Anstand geprägten Führungsinstrumentarium des Chefs, denn nur dadurch können sich Mitarbeiter weiterentwickeln. Chancengleichheit, darauf möchte ich ausdrücklich hinweisen, bedeutet nicht etwa Gleichmacherei. Egon Zehnder: „Ein Chef, der nicht regelmäßig seine Untergebenen taktvoll, objektiv, wohlwollend, aber nichtsdestotrotz deutlich auf ihre Fehler aufmerksam macht, verletzt grundsätzliche Anstandsregeln."

Übrigens spricht Egon Zehnder auch davon, dass „der Anstand der Mächtigen" durchaus „ihre Bescheidenheit" sei – das klingt angesichts bekannter Auswüchse fast anachronistisch, obwohl er eigentlich ein zeitloser Wert sein sollte, wie übrigens auch ein Blick in die Geschichte erfolgreicher Unternehmen zeigt. Um seine Vorstellung vom Anstand der Führungskräfte zu beschreiben, greift Egon Zehnder auf Beispiele aus der Armee zurück: „The good officer feeds first his men"; „Der Offizier ruht zuletzt"; „Der Chef schaut in die Sonne" (während die Mannschaft die Sonne im Rücken hat). Für manchen Topmanager muss das ein Schlag ins Gesicht sein, für hoffentlich viele aber eine Bestätigung. Wie sehr muss man seinen Mitarbeitern misstrauen, um sie so klein wie möglich zu halten? Wie gering muss man sie schätzen, um jedes Privileg auszukosten und konsequent für sich selbst das Beste und Angenehmste zu beanspruchen?

Egon Zehnder geht sogar noch weiter. Ihm zufolge „verzichten" die Mächtigen – die Topmanager – „auf Privilegien, die nicht in der Notwendigkeit der Führungsaufgaben begründet sind, und wenn sie sie benützen, dann so unauffällig wie möglich". Und ich vermute, dass Egon Zehnder damit nicht meint, dass der Flugplatz für den Privatjet sich außerhalb der Sichtweite des Büros zu befinden hat. Vielmehr geht es um die Notwendigkeit und Vertretbarkeit an sich. Mit bloßer Statussymbolik ohne tieferen Sinn oder gar aus rein hedonistischem Grund durfte man dem Vorstandsmacher nicht kommen; schon damals nicht, als die Jahre noch etwas fetter schienen. In diesem Sinne ist das Verhalten eines Topmanagers gegenüber der Belegschaft eben dann unfair, wenn es auf einseitige, moralisch illegitime und das Unternehmen schädigende Vorteilsnahme zielt. Machtgehabe, Habgier und Narzissmus wird in diesen Fällen auf dem Rücken der Mitarbeiter ausgetragen. Das kann nicht lange gut gehen, übrigens auch für das Ansehen des Topmanagers nicht. Unverhältnismäßige Bereicherung ist passé, weil man erkannt hat, dass der direkte finanzielle Schaden für das Unternehmen und der indirekte Schaden durch demotivierte Mitarbeiter sowie verprellte Geschäftspartner immens ist.

So gesehen hat der Aufruf zur Fairness also gar nicht das vorrangige Ziel, aus humanistischen Gründen eine moralischere, ethisch höher stehende wirtschaftende Gesellschaft zu formen, wie Idealisten hoffen oder Zyniker befürchten könnten. Egon Zehnder argumentiert nicht mit erhobenem Zeigefinger und (natürlich) schon gar nicht naiv. Zwar entspringen die besagten ungeschriebenen Verhaltensweisen einer Moralität, doch sie sind eben auch Mittel zu einem ganz handfesten ökonomischen Zweck. Welch entwaffnende Ironie!

Wie aber können wir bei großflächigen Verfehlungen zu einer Lösung gelangen? Vielleicht, indem wir die Beförderer der Unfairness mit ihren eigenen Waffen schlagen, nämlich dem Ziel, gewinnbringend zu wirtschaften. Bleiben wir in der Versuchung standhaft, eben fair, und machen wir die qualitativ besseren sowie nachhaltigeren Angebote. Vergelten wir den Unfairen nicht Gleiches mit Gleichem, auch wenn die Gewinne nicht sofort, sondern erst etwas später sprudeln. Die Manager der Zukunft werden nur noch mit diesem Ansatz erfolgreich sein können. Für Egon Zehnder jedenfalls wäre die Alternative zur Fairness „eine Rückkehr zum Halsabschneider- und Intrigantentum" – dieser Zustand wiederum ist für ihn „eine unerträgliche Vorstellung und ein Menschen- und Materialverschleiß, der in eklatantem Widerspruch zur Tatsache der knapper werden Ressourcen steht".

Im Wertwandel: Wirtschaft und Finanzen, Moral und Geschäftserfolg

Alle Jahrzehnte wieder erschüttert die Wirtschaft nach glorreichem Boom eine mehr oder weniger heftige Krise. Außer im Kriegsfall sind meist Spekulation und anderes unsolides Geschäftsgebaren die Ursache. Stets wird dann allerorten bekundet, zukünftig müsse man sich aber wirklich an strenge ethische Grundsätze halten, damit *so etwas* nie wieder passieren könne. Doch genau *so etwas* passiert immer wieder. Kann der wirtschaftende Mensch durch seine Natur nur Achterbahn, aber niemals Bergbahn fahren? Versagt der innere Kompass unter bestimmten Umständen einfach oder tragen immer weniger Manager ein Korrektiv in sich?

Betrachten wir Egon Zehnders Essay *Im Wertwandel* (Egon Zehnder schreibt tatsächlich „Wertwandel", nicht Wertewandel, daher nehme ich seine Wortwahl auf): Egon Zehnder postuliert, dass der erfolgreiche Manager – übrigens in allen Dimensionen seines Handelns – nicht anders kann, als „sich mit dem ständigen Wertwandel auseinanderzusetzen". Nur so vermag er in der sich verändernden Welt zu bestehen. Dabei bezieht sich Egon Zehnder nicht explizit auf globale Krisensituationen, während ich diesen Fokus aus gegebenem Anlass setzte. Dazu ist anzumerken, dass verdächtig oft die Finanzmärkte eine entscheidende Rolle bei der Bildung von Krisen historischen Ausmaßes spielen und dort nur ein zahlenmäßig eher kleiner Teil der Manager unmittelbar an den unheilvollen Entwicklungen beteiligt ist. Nichtsdestotrotz glaube ich, dass in bestimmten Phasen des Wirtschaftens mehr Manager ihre moralischen Bedenken ablegen als in anderen. Das deute ich aber eher als eine Art gruppenpsychologisches Phänomen in bestimmten, vielleicht durchaus in ihrer jeweiligen Heftigkeit zunehmenden Perioden wirtschaftlich-gesellschaftlicher Verzerrung – und nicht als einen sich linear verstärkenden Trend in der Natur des wirtschaftenden Menschen.

Vielmehr geht es doch darum, dass der gesetzliche Rahmen von Land zu Land und auch innerhalb eines Landes über zeitliche Phasen variiert und sich das System immer seine Wege sucht. Gesetz und Moral sind eben zweierlei und allenfalls die juristische Dimension diente bisher als Richtgröße. Wenn sich vielleicht moralisch zweifelhafte, aber durchaus legale Gelegenheiten bieten, gibt es genug Menschen, die sie wahrnehmen. Zumal dann, wenn man nicht mit eigenem Geld oder eigenen Werten jonglieren muss. Wer sich heute Banker nennt, ist ja in den allermeisten Fällen kein klassischer, selbsthaftender Bankier, sondern ein angestellter Finanzmanager. In dieser Gemengelage pervertiert offensichtlich das System. Dann wird dem zeitlos Menschlichen in Form der Gier (Wirtschaft) und einer opportunismusgetriebenen Verzagtheit (Politik) Vorschub geleistet. Bisher jedenfalls. Wer als Mitläufer in diesem Spiel mitmacht, muss sich nach den Regeln und den Mitspielern richten. Wer zu viel moralisch geprägtes Verantwortungsgefühl hat, wird niemals ein Master of the Universe (Selbstbezeichnung der Topinvestmentbanker) werden. Ihm empfehle ich ohne Zynismus, umzusatteln und die Finanzbranche zu verlassen. Oder ein persönliches klares Zeichen zu setzen, etwa den Arbeitgeber zu wechseln, um vor sich selbst geradestehen zu können. Wer als Privatmann mitzockt – bitte sehr. Doch wenn man die Finger auf die Herdplatte legt, muss man über eine dicke Hornhaut verfügen. Wie überhaupt oftmals auch Kunden und Konsumenten ihren Teil zu einer Krise beitragen: Wer gewisse Produkte kauft, beziehungsweise gewisse Renditen erwartet, schafft Märkte.

Egon Zehnder führt die „freie Marktwirtschaft, den Liberalismus und das Bekenntnis zur kaum fassbaren Dynamik der Marktkräfte" als Rüstzeug zur Bewältigung von Wertwandlungen an. Hier spricht sicherlich der Schweizer Staatsbürger, denn schon der Nachbar Deutschland hat bekanntlich sein besonderes Verständnis der sozialen Marktwirtschaft. Außerdem bezieht sich Egon Zehnder in seinem Essay wohl eher auf klassische, konkret fass- und erkennbare Investitions- und Konsumgüter und weniger auf komplexe, nur teiltransparente Finanzprodukte oder -ströme. Der hier bildhaft herangezogenen Achterbahnfahrt tut diese erweiterte Betrachtung allerdings keinen Abbruch, im Gegenteil: Die Berge und Täler sind sogar extremer ausgeprägt.

Überhaupt muss uns der Zusammenhang zwischen Sachprodukten und Finanzprodukten interessieren. Egon Zehnders liberalismusgetriebene Rechnung – ich nenne seinen Gedankengang mit meinen eigenen Worten so – dürfte nur aufgehen, wenn man klassische Produkte betrachtet, also Sachwerte oder vielleicht noch Dienstleistungen. Bei reinen Geldwerten wird es schwierig. Wohlweislich erwähnt Egon Zehnder Finanzprodukte in seinem Essay mit keinem Wort. Ist das der Irrtum, dem die Anhänger der entfesselten, völlig freien Marktwirtschaft erliegen? Dass sie glauben, man könne Finanzprodukte behandeln wie klassische Investitions- und Konsumgüter oder Dienstleistungen? Aber selbst die komplexesten

immateriellen Dienstleistungen scheinen mir in ihrem Wert noch deutlich besser einschätzbar als viele Finanzprodukte: Als Dienstleister
leiste ich etwas, und das kostet einen gewissen Betrag.

Wenn jedoch Geldprodukte von Sachwerten oder Dienstleistungen los-
gelöst sind, Geld nur noch mit Geld in Beziehung gesetzt wird, also
letztlich fiktive, hochgradig intransparente und spekulative Geldwerte
im großen Stil entstehen, werden die Regeln des klassischen Wirtschaftens ausgehebelt. Deutlicher ausgedrückt: Ein gesundes Wirtschaften ist
nicht mehr möglich, weil Blasen geschaffen werden, die irgendwann mit
einem lauten Knall zerplatzen. Leider weiß keiner, wann das jeweils
passiert. Allerdings wollen viele Manager die Blasen offenbar nicht
wahrhaben oder, zumindest bei Finanzmanagern noch bedenklicher, erkennen diese nicht, weil die Lage zu unübersichtlich geworden oder der
Handelnde nicht kompetent genug ist. Dadurch werden am Ende Manager jeglicher Branchen mehrheitlich zum Spielball statt zum Treiber des
„Wertwandels" im Sinne Egon Zehnders.

Kehren wir also zurück zum einzelnen Manager und machen es konkret.
Natürlich muss der erfolgreiche Manager den Zeitgeist und den Ge-
schmack seiner Kunden erkennen, am besten vorhersehen. Egon Zehnder dazu: „Von der Führungskraft muss erwartet werden, dass sie ihrer
Zeit vorausdenkt, zukünftige Entwicklungen gedanklich vorwegnimmt."
Haben Finanzmanager das mehrheitlich je geschafft? Selten. Oder sie
wären Zyniker des Systems. Die Zukunft kann bekanntlich niemand langfristig vorhersehen, auch kein Computerprogramm zur Börsensimula-
tion, das sei zur Ehrenrettung gesagt. Aber verstehen Finanzmanager
überhaupt ihre eigenen Produkte? Ich habe wiederholt Banker kennen
gelernt, die einige Produkte ihres Hauses – eigens konzipierte oder ge-
handelte – eben gerade nicht verstanden haben. Auch auf Nachfragen
konnten sie mir Wirkweisen, Zusammenhänge oder Risiken nicht befriedigend erklären. Das lässt tief blicken und muss verstören, weil hier ein
in allen Branchen gültiges Erfolgsgesetz berührt wird: Wer seine Produkte nicht wirklich kennt, kann auch kaum die Konsequenzen seines
Handelns abschätzen, sei es nun in moralischer oder wirtschaftlicher
Hinsicht. Insofern tragen zu Krisen, neben einladenden Gesetzen, in-
kompetente Produktanbieter bei. Wobei ich nicht einseitig – und schon
gar nicht jeden – Banker kritisieren möchte. In gewisser Weise haben
Finanzmanager auch einfach Pech: Die in jeder Branche immer wieder
einmal vorkommenden Unzulänglichkeiten sind innerhalb der Finanzbranche ein teilweise systemisches Problem und haben aufgrund der

Leitfunktion der Banken Auswirkungen auf alle anderen Bereiche der Wirtschaft. Ob sie wollen oder nicht, Banker stehen im Brennpunkt.

Philosophisch gesehen ist das Fatale in der Entstehungsphase der hier beschriebenen Krisenzeiten nach meinem Verständnis das Auseinanderdriften von Werthaltung und Moral. Wenn unmoralische Werte – etwa übersteigerter Eigennutz, Egomanie, völlige Rücksichtslosigkeit, bedingungsloses Gewinnstreben – allseitig überhandnehmen, dann muss Alarm geschlagen werden. Schon allein wegen der aus moralischer Sicht inakzeptablen, in vielen Lebenslagen krassen Ungleichbehandlung vieler Menschen, die immer die Folge solcher zügellosen Auswüchse ist. Denn durch diese Pervertierung des Wertwandels gerät unser viel beschworener sozialer Friede in Gefahr, der die Basis unseres Wohlstands darstellt. Auch dieser Verantwortung werden sich exponierte Manager, jedenfalls in Demokratien, zunehmend stellen müssen, wenn sie erfolgreich bleiben wollen.

Doch es reicht völlig, die Dinge aus rein ökonomischer Sicht zu betrachten, jedenfalls wenn wir in die Zukunft blicken. Das erfolgreiche Wirtschaften auf nachhaltiger Basis, von dem wir aufgrund der begrenzten Ressourcen zukünftig noch viel stärker als bisher abhängen werden, wäre nicht mehr möglich. Diese Gleichung ist so einfach wie sicher. Die meinungsführenden Manager sind deshalb aufgerufen, sofort gegenzusteuern und dies auch kundzutun. Beispiele dafür gibt es sogar in der viel gescholtenen Finanzbranche. Man kann ein System als Einzelner nicht sofort ändern, aber man kann sehr wohl sein Missfallen äußern und warnen. Es gilt, Zeichen zu setzen. So viel Courage muss sein. Schon mancher Tropfen hat den berühmten Stein gehöhlt und schließlich ein Umdenken – eben einen Wertwandel – ausgelöst. Das kann Ihre persönliche Chance sein!

Nebenbei bemerkt ist das Angenehme am nachhaltigen Wirtschaften, dass Unternehmen dadurch ganz automatisch eine gesellschaftliche Verantwortung übernehmen und dem Gemeinwohl stärker dienen. Jede diesbezügliche, heute von Journalisten und Aktivisten an viele Unternehmen ausgesprochene Mahnung erübrigt sich ebenso wie die in diesem Zusammenhang gestellte Frage, ob man die Wirtschaft moralisieren sollte oder überhaupt kann. Hier schließt sich der Kreis.

Eindimensionale Betrachter unter den Managern haben ausgedient: „Der Wandel kündigt sich häufig in Bereichen an, die mit der Geschäftstätigkeit des Unternehmens nichts zu tun haben: im kulturellen Bereich, in der Literatur, in der Theaterwelt, in den Mensen der Universitäten, in der Mode, manchmal sogar auf politischen Tagungen. Bevor die Wirkung für das Unternehmen spürbar wird, schlägt sie sich in Filmen, Medien, in der Werbung nieder." Aufgeschlossenheit für außergeschäftliche Impulse ist also erste Pflicht für Manager, die vom Wertwandel profitieren möchten. Unsere sich rasch verändernde Welt mit ihren digitalen Kommunikationsmöglichkeiten bietet ihnen alle Möglichkeiten, sich multithematisch zu informieren und Anregungen zu holen.

Wenn aber die außergeschäftlichen Impulse verpuffen, man ein schädliches System weder von oben, etwa durch Gesetze, noch durch den Kunden ändern kann, zumal das zeitlos menschliche Verhalten der individuellen Profitgier allenthalben dazwischenfunkt – was dann? Vielleicht dient dann am ehesten der Unternehmergeist als brauchbarer Katalysator für einen Wertwandel. Denn schon so mancher tat- und finanzkräftige Idealist (oder Realist?) hat aus zweifelhaften Branchengepflogenheiten oder krisenhaften Geschehnissen seine Konsequenzen gezogen und radikal gegengesteuert: Er hat ein neues Unternehmen mit eigenen, besseren Regeln und Produkten gegründet. Das müssen nicht immer öffentlichkeitswirksame Persönlichkeiten wie Steve Jobs von Apple sein, auch stille Revolutionäre wie die Albrecht-Brüder (Aldi) sind gute Beispiele. Es gibt also zumindest einzelne, die es schaffen, aus der Achterbahn in die Bergbahn umzusteigen. Wie viele Neuanfänger wurden erst belächelt, dann bekämpft und schließlich als richtungsweisend gefeiert!

Irreführer, Phrasendrescher, Spin Doctors? So machen sich Führungskräfte verständlich

Egon Zehnder empfiehlt, sich möglichst klar auszudrücken. Und das meint er recht pragmatisch im Sinne einer adressaten-, situations- und themenadäquaten Rhetorik. „Gewiss: Auf den Inhalt kommt es an. Doch (...) braucht auch der beste Inhalt eine entsprechende Form, um die Annahme zu erleichtern. (...) Auf einen einfachen Nenner gebracht, lässt sich die wirkungsvolle Unternehmensführung an der Verständigungsfähigkeit des Chefs messen. (...) Der wichtigste Schritt für die Entwicklung einer erfolgreichen Verständigung ist indessen nicht die Entwicklung der Redegewandtheit, sondern des Zuhörens." Das kann man nicht oft genug wiederholen, denn wer nicht zuhört, findet keinen Zugang zum Auditorium. Darauf aufbauend gilt es, jede Kommunikation zu planen: „Gute Planung bedeutet, Ziele und Einstellungen jener abzuschätzen, die angesprochen werden wollen." Erst danach „tritt auch die Form der Darstellung in den Mittelpunkt. (...). Zur Planung gehört zudem die Beurteilung der Umwelt, in der die Verständigung stattfinden soll: Es ist ein Unterschied, ob man seine Mitarbeiter für eine bevorstehende Aufgabe morgens früh, kurz vor oder gar nach Feierabend motivieren will. Es ist ein Unterschied, ob man sich ihren Beschwerden am Arbeitsplatz stellt, sie zu sich ins Büro zitiert oder an einem neutralen Versammlungsort trifft." Die nächste Regel trifft Phrasendrescher und Blender, denn immer „muss den Zuhörern, von denen in der Regel etwas verlangt wird, etwas von Wert und Bedeutung vermittelt werden". Begründung, Transparenz und Gegenwert sind also zu liefern. Egon Zehnders Abrundung bildet die Kontrolle, ob man tatsächlich verstanden wurde, nämlich „durch Fragen, durch Ermunterung von Reaktionen und Kommentaren, durch nachfolgende Gespräche und durch sorgfältige Überprüfung der Leistung im Hinblick auf die geforderten Ziele".

Wie aber steht es heute um die Kommunikation, da wir in einer Mediengesellschaft leben und viele Führungskräfte entsprechend trainiert sind – werden Egon Zehnders Regeln beherzigt? Was man heute zumindest bei Topmanagern in der Öffentlichkeit, deutlicher noch bei Politikern, beobachtet, ist der Kunstgriff, viel zu reden und wenig auszusagen. Zumindest die Topzirkel-Kommunikation scheint ein Ritual für sich geworden zu sein. Das mag an den vielen Kommunikationsberatern beziehungsweise Spin Doctors liegen, mit denen sich Topentscheider gern umgeben, oder aber das Bewusstsein für die Brisanz in der Toplevel-Kommunikation ist gestiegen. Auf der anderen Seite werden paradoxerweise die unternehmensbezogenen und persönlichen Kommunikationsfertigkeiten oftmals als eher nachrangig betrachtet. Im Boom werden diesbezügliche Dienst- und Trainingsleistungen meist nicht unternehmensweit integriert, in Krisenzeiten fallen sie dem Rotstift als erstes zum Opfer. Zugespitzt gesagt: Allenfalls Großaktionäre oder Topmanager von Großkonzernen bezahlen dann noch PR-Agenturen (und zwar richtig gut), um ihre Ziele mittels tendenziöser Pressemeldungen und sonstiger medienwirksamer Störfeuer oder Löschaktionen quasi durch die Hintertür zu erreichen. Was nach außen nicht vermittelbar erscheint, wird passend zurechtgestutzt. Manchmal wird sogar schamlos Dreck geschleudert, manchmal Dreck als Gold angepriesen. Steht also eine glatt gebügelte, professionalisierte Kommunikation weniger Top-zirkel einer allzu authentischen oder mangelnden, jedenfalls dilettanti-schen Kommunikation der Managermasse gegenüber? Erleben wir auch hier die Zeitenwende durch auftretende Extreme, die letztlich keinem dienlich ist?

Um ein mir häufig begegnendes Missverständnis zu klären: Verständlich-keit hat mit Ehrlichkeit zunächst nichts zu tun! Wohl aber werden un-bequeme Wahrheiten gern durch die bereits erwähnten rhetorisch-me-dialen Kniffe getarnt und damit bisweilen bewusst unverständlich oder missverständlich dargestellt. Hier beginnt für mich die Grauzone zur Unehrlichkeit, die es näher zu betrachten gilt. Niemand wird indes von Topkommunikatoren immer absolute Ehrlichkeit erwarten, dazu gibt es zu viele delikate Situationen zu meistern. Wer immer und überall die ganze Wahrheit sagt, ist naiv und handelt womöglich nicht einmal im Sinne moralisch vertretbarer, also ethisch einwandfreier Ziele (deren regelmäßiges Vorkommen in der Geschäftswelt ich hier unterstelle). Im Gegenteil: Gilt es doch, die Vielstimmigkeit und Komplexität eines Un-ternehmens und seine externen Verflechtungen ins Kalkül zu ziehen. Plakativ gesagt, ist manchmal – und ganz sicher unter den beschriebe-nen Umständen – die Gefahr groß, ein hehres Ziel, für das man ehrenvoll kämpft, komplett zu verfehlen oder gar zu vernichten. Killed by friendly fire, wenn man so will.

Wo aber ist die Grenze zwischen Lüge oder Irreführung und dem in jeder Hinsicht notwendigen strategischen Geschick? Das Weglassen oder Schö-nen bestimmter Informationen ist für mich dann akzeptabel, wenn es einer geschäftlich wichtigen, legitimen und zugleich moralisch vertret-baren Sache dient. Nicht immer muss man schlafende Hunde wecken. Deutlicher ausgedrückt: Ein moralisch vertretbares, ja wertvolles Ziel kann aus meiner Sicht phasenweise sogar moralisch bedenkliches Han-deln rechtfertigen. Aber das bitte ich nicht als Freibrief zu interpretie-ren und auch nicht als Aufforderung, zu lügen – schon deshalb, weil die glatte Lüge Sie irgendwann einholen wird.

Betrachten wir einige Beispiele: Wenn Sie sich in einem Intrigenspiel wiederfinden und um Ihren, nach den hier erhobenen Maßstäben ge-rechtfertigten, guten Ruf kämpfen müssen – auf diesen Fall geht Egon Zehnder nicht ein –, dann dürfen Sie meines Erachtens im Sinne jener höheren Sache auch Nebelkerzen werfen. Diese sollten dann aber Ihre Gegner, nicht Ihre Verbündeten oder Untergebenen treffen. Auch im

Dilemma sind Flurschäden minimal zu halten! In bestimmten Krisensituationen mag es auch angebracht sein, kein Öl ins Feuer zu gießen, also manche Dinge auszusitzen und gar nicht auf eine offizielle Agenda zu setzen. Auch so kann man Vertrauen erhalten. Wenn es hingegen nur darum geht, den eigenen Kopf auf Kosten anderer zu retten – obwohl man selbst mit einer Entscheidung danebengegriffen, ja vielleicht schwerwiegend versagt hat – oder ganz persönliche Vorteile herauszuschlagen, ist die Grenze überschritten. Wer jetzt das Volk in die Irre führt, gehört (und wird am Ende auch meist) bestraft.

Die moralische Dimension in der persönlichen und unternehmensweiten Kommunikation nebst den daraus erwachsenden Kommunikationsinhalten ist also differenziert zu betrachten. Eine verständliche Ausdrucksweise im rhetorischen Sinne (Wortwahl, Satzbau) darf man von Entscheidungsträgern hingegen immer einfordern. Verwerflich ist die bewusste Sprachvernebelung durch leere Phrasen, Euphemismen, akademische Fachsprache oder berufsbezogene Spezialausdrücke, die kaum ein Adressat versteht – insbesondere wenn der Redner so tut, als sei jeder, der seinen Ausführungen nicht folgen kann, ein Dummkopf. Auch vor und in der jüngsten Krise waren jede Menge Sprachvernebler am Werk, die Schundprodukte und -konzepte hinter wohlklingenden Fachbegriffen versteckten, bevor sie enttarnt wurden.

Die möglichst verständliche Ausdrucksweise ist nicht nur ein Gebot der Höflichkeit den Gesprächspartnern gegenüber, sondern schlichtweg ein Erfolgsfaktor. Gerade Topmanager, die sich nur noch unter ihresgleichen und über weite Phasen ihres Lebens in einem abgeschotteten Kommunikationsumfeld bewegen, merken bisweilen gar nicht, dass sie sich von ihrer Belegschaft und der Öffentlichkeit sprachlich entfernt haben. Das kann sogar tragisch sein, weil bei den Betroffenen ja durchaus guter Wille herrschen mag und das rhetorische Unvermögen sich ganz unbewusst eingeschlichen hat. Erinnern Sie sich noch an die Peanuts-Affäre der Deutschen Bank? Was in Bankerkreisen ein geläufiger Ausdruck für eine kleinere Geldsumme ist (eben „Peanuts"), hier ein Betrag im mittleren zweistelligen Millionenbereich, wurde von der Öffentlichkeit als Zynismus, Arroganz und Realitätsferne verstanden. Noch heute muss sich die Deutsche Bank bisweilen als Peanuts-Bank verhöhnen lassen.

Unternehmenslenker brauchen angesichts dieses Dilemmas extrem sensible Antennen für ihre Wirkung auf andere Menschen. Kommunizieren

Topmanager mit ihresgleichen, werden sie nicht unbedingt jene Ausdrucksweise verwenden und Einsichten verkünden (wollen), die sie in der Kommunikation mit ihrer Belegschaft und der Öffentlichkeit verwenden und verkünden müssen. Im einen Fall ist man unter sich und jeder weiß, was sich hinter den Kulissen abspielt und wie es an der Spitze aussieht – im anderen Fall nicht. Adressatengerechte Kommunikation ist also gefragt. Wer diese Gratwanderung nicht meistert, eignet sich nur bedingt zum Topmanager. Diplomatie, Gefühl für die Situation und Ausdrucksvermögen gehören zum Rüstzeug der Gipfelstürmer.

Unternehmenslenker müssen Vertrauen zu ihrer Belegschaft, zu Kunden und zu Geschäftspartnern aufbauen, sonst werden sie mittel- bis langfristig scheitern. Das „Rennen" ist erst „gewonnen", wenn einerseits die Mitarbeiter „eindeutige Vorteile für sich selbst" erkennen und – so meine Einschätzung – andererseits Geschäftspartner sich zumindest nicht übervorteilt fühlen. Allerdings müssen die „legitimen Interessen" stets „berücksichtigt und mit den übergeordneten Zielen integriert werden". Egon Zehnder bezieht sich in seinem Essay zwar eher auf die Mitarbeiter, meint also die interne Führungskommunikation, jedoch kann das Gebot des Vertrauensaufbaus nahtlos auf alle Adressatengruppen, eben auch auf die Kunden und Geschäftspartner, ausgedehnt werden.

Egon Zehnder zeigt sich trotz seines klaren Verweises auf die „legitimen Interessen" der Mitarbeiter nicht als juristisch oder sonstwie geprägter Ideologe, nicht unbedingt als Moralist, aber ganz sicher als Pragmatiker. Für ihn ist Vertrauen eine Basis des Geschäftserfolgs: „Diesem Vertrauenskapital kommt gerade in Zeiten wirtschaftlicher Bewährung, wenn andere Mittel knapp werden, die entscheidende Bedeutung zu." So gesehen, sind vielerorts ganz reelle Unternehmenswerte auch durch falsche Kommunikation vernichtet worden. Auf den Verlust des Vertrauens folgt der Verlust an wirtschaftlicher Leistungsstärke, in letzter Konsequenz, bei börsennotierten Unternehmen, an Kapital. Die Wirkungskette von der versierten Kommunikation über die Vertrauensbildung hin zum Unternehmenserfolg und dessen – im Idealfall nachhaltige – Steigerung liegt auf der Hand.

Notorische Sprachvernebler und rhetorische Wichtigtuer werden jedenfalls keine gemeinsame Basis mit ihren Gesprächspartnern finden, sondern sehr schnell Ärger, ja Verachtung auf sich ziehen. Hier lautet mein einfacher Rat: Wer sich nicht auf seine Zielgruppe einstellen kann oder will, sollte lieber schweigen. So richtet er wenigstens keine weiteren

Flurschäden an und beschädigt auch sich selbst nicht. Topmanager müssen nicht in allen denkbaren Situationen persönlich auftreten. Hier kann ein guter Unternehmenssprecher – auch ohne Sprachvernebelung – wahre Wunder bewirken.

Am Ende zählt ohnehin der Vollzug. An ihm bemisst sich der Erfolg aller Kommunikation. Egon Zehnder dazu: „Die Basis jeder Verständigung ist aber die entschlossene Handlungsweise." Dem kann man sich nur anschließen. Auch in der zunehmend medienbestimmten Topzirkel-Kommunikation müssen sich die schönsten und verständlichsten Worte unweigerlich mit Taten decken, sonst nützt der beste Kommunikationsberater und der versierteste Auftritt nichts.

Seine Grenzen kennen und doch erfolgreich sein

Übermut und Hochmut im Management sind verheerend. Demut wird, zumindest in den Medien, als unbedingte Eigenschaft des guten Managers gefordert – wieder und gerade seit der jüngsten Krise, in der viele Unbelehrbare und Großkopferte ungeschoren davonzukommen scheinen. Demut allerdings ist ein Wort, mit dem viele Führungskräfte meiner Beobachtung nach durchaus ihre Schwierigkeiten haben. Man möchte nicht gern offenkundig demütig sein, aber gleichzeitig keinesfalls als hochmütig gelten. Ich habe den Eindruck, dass man Demut auf diffuse Weise mit mangelndem Durchsetzungsvermögen in Verbindung bringt. Wer sich partout nicht mit Demut anfreunden kann, dem lege ich die Begriffe Verantwortungsgefühl und Bescheidenheit ans Herz.

Aber unabhängig von Worthülsen: Wie wichtig ist eine demütige, bescheidene oder eben verantwortungsvolle Haltung für den Erfolg des Managers, und worin zeigt sie sich? Egon Zehnder hat in seinem Essay *Seine Grenzen kennen* die Dinge auf den Punkt gebracht und für die Bescheidenen noch dazu einen positiven Ausblick parat: „Wer also seine Grenzen kennt, der wird in der Erfüllung seiner Aufgabe sich selber und seiner Umwelt Befriedigung verschaffen. Aus ihr entsteht Zufriedenheit mit sich und den Verhältnissen, und zwar in zwei verschiedenen Situationen: einerseits beim Verzicht auf eine angebotene Beförderung, weil man sie aus freien Stücken, aus eigener Überzeugung und realistischer Einschätzung seiner Fähigkeiten getroffen hat. Andererseits bei demjenigen, der ganz klar auf seine eigenen Grenzen hingewiesen hat, der aber trotzdem über diese vermeintlichen Grenzen hinaus befördert wurde und damit über weit mehr Chancen verfügt und einen größeren

Fehlerkredit eingeräumt bekommt als derjenige, der seine Grenzen nicht realistisch einschätzte und seine Beförderung forcierte. Wer sich also um die Erkenntnis seiner Grenzen bemüht, kann nur gewinnen, so oder so."

Ich füge Egon Zehnders Ausführungen noch hinzu, dass man darüber natürlich nicht seine Chancen verpassen soll. Egon Zehnder, davon gehe ich aus, bezog sich seinerzeit wohl vor allem auf Führungskräfte, die auf dem Weg zu höheren Weihen schon weiter vorgedrungen sind. Bescheidenheit und Demut entbinden uns nicht von der Pflicht, in die Bresche zu springen, wenn wir gefordert sind oder sich eine im Rahmen unserer Qualifikation faire Chance bietet! Gerade in großen Unternehmen werden Nachwuchsführungskräfte und Talente sich immer auch aktiv ins Spiel bringen müssen, und die Möglichkeit dazu ist ihnen vonseiten der Unternehmensführung zu geben.

Für Unternehmenslenker ist die Frage nach den eigenen Grenzen ohnehin delikat. Wie viele scheinbare Grenzen haben sie nicht schon durchbrochen, wie viele Hürden auf dem Weg nach oben erfolgreich genommen! Und wer an der Spitze einer börsennotierten Aktiengesellschaft steht, wird oft genug vom Finanzmarkt zu immer neuen Höchstleistungen getrieben. Es ist für Topmanager schwierig, Sparringspartner zu finden, die wirklich ohne eigene Interessen und zugleich mit hoher Kompetenz raten können. Und eine Zeitenwende, eine wirklich herausfordernde unternehmerische Phase, verlangt immer, neue Wege zu testen. Das ist das eine. Wahre Größe aber zeigen Manager, die auf einen Deal verzichten, wenn er ihnen zu gewagt, zu tollkühn erscheint. Die wirklich souveränen Manager entziehen sich dem gerade von ihren Standesgenossen postulierten, auch ins Persönliche abgleitenden Höher-Schneller-Weiter. Sie haben keine Angst, im Vergleich mit Standesgenossen zu kurz zu kommen. Diese Art von Karriere- und Anerkennungswettkampf ist ihnen fremd, ja zuwider. Sie legen daher auch keinen Wert darauf, sich unter ihresgleichen als besonders erfolgreich darzustellen. Der Maßstab ihres Erfolges ist die erkennbare, fast für sich selbst sprechende Entwicklung des von ihnen (mit-)gelenkten Unternehmens und der darin agierenden Mitarbeiter.

Wer also das eigene Geltungsbedürfnis der verdienstvollen Sache unterstellt, handelt verantwortlich und wird seinen Weg gehen. Die Schlussfolgerung und Aufforderung lautet daher, Engagement, Initiative und

Mut im Sinne der Sache mit Augenmaß und realistischer Selbsteinschätzung zu verbinden!

Teamspieler oder Einzelgänger?

Wahrscheinlich ist kein Toplevel-Personalberater bereits zu aktiven Zeiten bekannter geworden als Egon Zehnder. Ironischerweise regiert intern in dem von ihm gegründeten Unternehmen auf sein Betreiben hin eine konsequente Partnerschaft, in der das Team alles zählt. Egon Zehnder ohne seine seit Langem gleichberechtigten Partner – undenkbar, selbst als Egon Zehnder noch persönlich an der Spitze von EZ stand. Die Topberater werden zu solchen nur als Team, niemals für sich. Egozentrik – ein bei erfolgreichen Topmanagern nicht untypisches Phänomen – scheint Egon Zehnder völlig abzulehnen, auch meine Korrespondenz mit ihm und unser Telefongespräch haben mir dies bestätigt. Und doch hat es das von ihm gegründete und aufgebaute Unternehmen mit seinem Namen dauerhaft an die Spitze geschafft. Der Unternehmer hat, obwohl Motor und Galionsfigur, durch kluge Personalentscheidungen, das Übertragen von Verantwortung und großes Vertrauen in seine Leute seine überaus strengen Wertvorstellungen und Handlungsprinzipien erfolgreich weitergegeben und über seine Person hinaus im Unternehmen verankert. Der Erfolg gibt Egon Zehnder recht. Können Unternehmenslenker und Nachwuchsführungskräfte daraus etwas lernen, und wenn ja, was?

Nach meiner Beobachtung sind langfristig erfolgreiche Topmanager in der Tat Teamspieler oder doch zumindest in der Lage, verschiedene Charaktere an einen Tisch zu bringen und für einen gemeinsamen Weg zu begeistern. Schließlich haben sie auf ihrem Weg nach oben Teams geformt und waren selbst Mitglieder in Teams (als Leiter, Zuträger, Motor oder Ideengeber). Diese Rollenflexibilität und die damit verbundene Kommunikationsstärke bezeichne ich als Teamfähigkeit. Nun ist sicherlich der Bedarf an und das Verständnis von Teamfähigkeit bei einem Beratungsunternehmen, in dem Menschen mit relativ gleicher Qualifikation und Arbeitsbelastung den Großteil der Belegschaft darstellen, anders als bei einem Industrieunternehmen. Die Hierarchiepyramide ist in letzterem Fall ungleich spitzer, wodurch für Nachwuchsmanager der Weg durch die Instanzen länger dauert und vor allem wesentlich unklarer verläuft. So wird man phasenweise sicherlich nicht den Teamgeist zeigen können, den man sich vielleicht wünscht, sondern wird um seine Position kämpfen und sich mit Ellenbogen durchsetzen müssen.

Übrigens differenziert Egon Zehnder sehr wohl, denn in seinem Essay *Einzelgänger* stellt er eindrucksvoll dar, dass unbedingte Teamspieler gar nicht für jede Stelle geeignet sind: „Ein Unternehmen, das auf Einzelgänger verzichtet, verzichtet auf Mut, Risikobereitschaft und Unternehmergeist. Bei solchen Unternehmen ist Kreativität und Eigeninitiative kleingeschrieben." Allerdings schränkt Egon Zehnder für alle Gipfelstürmer auch gleich ein, dass es der typische Einzelgänger selten an die Spitze schafft: „Hingabe zum unternehmerischen Ganzen wird vom Einzelgänger nicht wahrgenommen." Sind sich also Einzelgänger und Topmanager gänzlich unähnlich? Hier hat Egon Zehnder eine überraschende Einsicht parat: „Was am ehesten den Mann an der Spitze und den Einzelgänger näherbringt, ist eine gewisse Einsamkeit am Arbeitsplatz." Das ist es aber auch schon.

Insofern regt uns Egon Zehnder einmal mehr zum Nachdenken und Differenzieren an. Teamfähigkeit hat sich als notwendige Eigenschaft für den Weg nach ganz oben etabliert. In den meisten Organisationen dürften teamfähige Topführungskräfte den unternehmerischen Gesamterfolg erst ermöglichen. Die Teamfähigkeit hat gleichwohl keinen absoluten, sondern nur einen relativen Wert und ist auch nicht für jeden Mitarbeiter von Wert. Der selbstbewusste Einzelgänger ist im hier verstandenen Sinn nicht unbedingt teamfähig und arbeitet dabei doch wertschöpfend. Freilich sind nicht alle Einzelarbeiter zwingend teamunfähig, bei entsprechender Forderung dieser Mitarbeiter erlebt man bisweilen positive Überraschungen. Ebenso wenig kann der Vorstandsvorsitzende als Einzelgänger bezeichnet werden, nur weil es um ihn womöglich einsam geworden ist.

Wer ganz nach oben kommen will, muss in der Lage sein, Bindungen einzugehen, um Konflikte austragen, integrieren und die Übersicht über das Unternehmen bewahren zu können. Nachwuchskräfte können dieses Potenzial nur beweisen, indem sie im Unternehmen ihre sozialen Fähigkeiten weiter ausbilden und praktisch demonstrieren. Vielleicht macht sie das noch nicht zu ausgewiesenen Teamspielern, jedoch nehmen niemals Einzelgänger diese Hürde. Der Einzelgänger als fähiger Spezialist braucht das auch nicht. Er wird den absoluten Gipfelsturm an die Unternehmensspitze nicht anstreben, sondern den relativen, und in seiner Spezialistenposition wertschöpfend wirken. Wobei auch er zumindest so viel Teamfähigkeit mitbringen sollte, dass er zum Erfolg seiner Gruppe, seines Bereich etc. möglichst reibungslos beitragen kann. Als Unternehmenslenker sind Sie aufgerufen, Diversität, Entfaltung und unterschiedliche Karrierewege im Unternehmen nicht nur zu ermöglichen, sondern auch zu fördern.

Und wie steht es um die Teamfähigkeit der Unternehmenslenker? An der Spitze weht nun einmal ein anderer Wind. Aber auch im Topmanagementkreis ist Teamfähigkeit gefragt und zunächst sogar eine archetypische: Es gilt, mit seinen Geschäftsführungs- oder Vorstandskollegen ein auf das unternehmerische Ziel ausgerichtetes Miteinander zu etablieren, das möglichst frei von persönlichen Eitelkeiten und Profilierungssüchten ist. Das kann sich in einem schwierigen Umfeld als kräftezehrende Herkulesaufgabe erweisen, wohingegen ein harmonisierendes Spitzenteam mit sich gegenseitig inspirierenden und motivierenden Topmanagern kaum zu schlagen sein wird. Die Preisfrage lautet also: Wie entsteht und überdauert ein solches Team?

Meiner Beobachtung zufolge müssen dazu zwei Konstellationen stimmen. Erstens müssen die Akteure in ihrer Persönlichkeit zueinander passen. Ob sich diesbezügliche Defizite beispielsweise durch Coaching beheben lassen, ist pauschal kaum zu beantworten. In der Mehrzahl der Fälle wohl eher nicht. Es ist daher immer besser, durch eine professionelle Personalauswahl die Parameter von vornherein so günstig wie möglich zu setzen. Zweitens müssen die teamexternen unternehmensbezogenen Randbedingungen stimmen: die wirtschaftliche Situation des Unternehmens, die strategische Ausrichtung, die Eigentumsverhältnisse etc. Je weniger beeinflussbar diese Faktoren durch das Topmanagementteam sind, oder je mehr Nachteile eine Entscheidung für einzelne Mitglieder des Topteams bringt, desto stärker ist die Teamarbeit bedroht. Topmanager wollen und müssen gestalten. Schwierige, aber gut beeinflussbare Randbedingungen sind für ein auf persönlicher Ebene funktionierendes Topmanagementteam Ansporn und positive Herausforderung. Schlecht beeinflussbare oder einzelne Mitglieder stark begünstigende Randbedingungen wirken hingegen wie der sprichwörtliche Sand im Getriebe. Wenn etwa ein Konflikt zwischen mehreren beherrschenden Eigentümern andauert und eine Lähmung eintritt, wird selbst das harmonischste Topmanagementteam unproduktiv und womöglich gespalten, was schließlich zum Zerfall des Teams führt.

Darüber hinaus gilt es bekanntlich, in einer weiteren Dimension zu bestehen, von der wir bereits sprachen: Die im engeren Führungskreis gezeigte Teamfähigkeit muss in eine unternehmensweite Interaktions- und Integrationsfähigkeit übergehen. Für die Frau oder den Mann an der Spitze ist in letzter Konsequenz das ganze Unternehmen das Team. Der Topmanager ist, wenn man so will, der höchste Teamverantwortliche. Er gibt seinen Mitarbeitern Orientierung und integriert unterschiedliche Interessen, Überzeugungen und Wertvorstellungen – im besten Fall weder autoritär noch beliebig, sondern offen für Impulse, integer und zielgerichtet. Immer geht es darum, das notwendige Neue mit dem Bewährten zu verbinden, und zwar vom Team „Unternehmen" akzeptiert. Egon Zehnder drückt es diesmal metaphorisch aus und seine Einsicht bildet die Abrundung des ersten Buchteils: „Die Spitze des Unternehmens ist – wie der Bundesgerichtshof – die letzte und höchste Instanz für das Land ‚Unternehmen'. Für solch eine Position eignen sich letztlich nur Leute, die mit Hingabe versuchen, das delikate Gleichgewicht zwischen der Suche nach Wertvorstellungen und das Festhalten an Wertbegriffen zu erhalten."

Einstieg und Aufstieg

Der erste und nicht selten wichtigste Grundstein für die Spitzenkarriere ist die erste Stelle nach dem Studium. Drei Beispiele:

Beispiel: Einstieg in die Medienbranche

Nadine P. wollte immer schon in der Medienbranche arbeiten. Direkt nach dem Abitur begann sie ein Studium der Kommunikationswissenschaften, denn ihr war klar, dass der berufliche Aufstieg ohne Studium sehr schwer werden würde. Zwar hätte sie zunächst auch eine Berufsausbildung zur Werbekauffrau bei einer renommierten Werbeagentur, die unter anderem für große Medienhäuser arbeitet, absolvieren können. Doch sie wollte ihre Ausbildungszeit möglichst kurzhalten. Außerdem sammelte sie durch drei Praktika – bei einem Fernsehsender und zwei TV-Produktionsgesellschaften – erste Berufserfahrung. Auch verbrachte sie im Rahmen eines Austauschprogramms ein Jahr im Ausland. Hier wählte sie die australische Partneruniversität, weil sie ihr Englisch perfektionieren wollte und sich außerdem für die Region Asien-Pazifik interessiert. Doch als sich Nadine dem Ende ihres Studiums näherte, geriet die Medienbranche in eine Krise, bedingt durch drastisch sinkende Werbeeinnahmen. Die Jobaussichten waren also eher trübe, leider auch für Einsteiger mit erster Branchenerfahrung. Da sprach ein Kommilitone Nadine auf das Thema Unternehmensberatung an: Sein Bruder arbeite bei einer weltweit agierenden Strategieberatung, die auch Medienunternehmen berate. Nadine überlegte nicht lange, sondern informierte sich über den Beratungsmarkt und bewarb sich, gut gerüstet, gezielt bei mehreren großen Strategieberatungen. Glücklicherweise brachte sie alle Ingredienzen für eine Zulassung zum Auswahlverfahren mit: ein Studium, eine kurze Studienzeit, Auslandserfahrung, Praktika – und natürlich exzellente Noten. Doch das Wichtigste waren ihre Flexibilität und ihr Leistungswille. Nadine wartete nicht zu lange, sie hing nicht ihrem alten Wunsch nach, gab ihn aber auch nicht völlig auf. Sie schaffte schließlich den Einstieg bei einer internationalen Beratungsgesellschaft und verstärkte alsbald die dortige Praxisgruppe Media & Entertainment. Also hatte Nadine doch noch den Weg in die Medien gefunden, wenn auch etwas anders als gedacht. Und weil sich Nadine gerade zur Leistungsträgerin entwickelt, wird sie demnächst auf Initiative ihres Arbeitgebers ein einjähriges Sabbatical wahrnehmen, um einen MBA-Abschluss zu erlangen.

Beispiel: Karriere im Ausland

Mehdi O., Wirtschaftsingenieur, startete seine Karriere bei einem international agierenden, familiendominierten Mischkonzern mit Hauptsitz in Deutschland. Er bewarb sich um die Teilnahme am hauseigenen Traineeprogramm, wurde angenommen und überzeugte von Beginn an durch seine hohe Motivation und steile Lernkurve. Seine Großeltern väterlicherseits waren aus dem damaligen Persien nach Deutschland eingewandert, und bis heute unterhält Mehdi viele Kontakte zu seiner heute weltweit verstreuten Familie. Er ist es gewohnt, berufliche wie kulturelle Themen aus vielen Blickwinkeln zu betrachten, beherrscht außer Englisch noch weitere Fremdsprachen und ist überdies gewillt, international zu arbeiten. Für seinen Arbeitgeber sind das hoch willkommene Qualitäten, weshalb man ihm schon nach Beendigung des Traineeprogramms anbietet, als Vertriebsingenieur den ostasiatischen Raum (China, Japan, Taiwan) zu bedienen. Mehdi knüpft viele Kontakte, treibt die Verkaufszahlen in ungeahnte Höhen und wird nach zwei Jahren zum regionalverantwortlichen Vertriebsleiter für seine Produktgruppe ernannt. Sein neuer Dienstsitz ist Shanghai. Mehdi akklimatisiert sich schnell und agiert auch in seiner neuen Führungsrolle erfolgreich. Er lernt sogar so viel Chinesisch, dass er sich mit seinen Geschäftspartnern oft ohne Dolmetscher unterhalten kann. Das bringt ihm viel Vertrauen ein. Daheim in Deutschland ist man von Mehdi begeistert. Als man nach weiteren fünf Jahren die boomende Golfregion mit einer eigenen Niederlassung bedienen möchte, ist Mehdi der Mann der Stunde. Man bietet ihm den Aufbau der Präsenz in Dubai an, zugleich behält er weiterhin die Verantwortung für die ostasiatische Region. Mehdi ernennt als Stellvertreter einen einheimischen Vice President mit Dienstsitz in Shanghai und pendelt nun zwischen Dubai und Shanghai. Zweimal im Jahr schaut er im deutschen Hauptquartier vorbei. Nach weiteren Jahren, Mehdi ist jetzt Ende 30, möchte er gern wieder in Deutschland arbeiten. Er hat inzwischen geheiratet, eine Deutsche, die er in Dubai kennen gelernt hatte, und gemeinsam peilt man ein Familienleben in der alten Heimat an. Allerdings merkt Mehdi rasch, dass ein Wechsel zurück schwierig ist. Bei seinem Arbeitgeber hat man keine Vakanz im Stammsitz, im Gegenteil, man würde Mehdi lieber im Ausland halten. Wenn nicht Asien, dann vielleicht Brasilien? Oder Südafrika? Mehdi liebäugelt aber ohnehin mit einem Unternehmenswechsel, um sich in einem neuen Umfeld zu beweisen. Er wird aktiv und bewirbt sich bei mehreren Unternehmen, die ebenfalls technische Güter produzieren. Die Resonanz ist positiv, Mehdi erhält eine Einladung zum Vorstellungsgespräch.

Doch auch seine Ansprechpartner lenken das Thema schnell auf Mehdis Auslandserfahrung und bieten ihm leitende Positionen in den Ländern an, die er bereits bestens kennt. Mehdi zweifelt. Hat er mit seiner Fokussierung auf das Ausland einen Fehler begangen? Hätte er engere Kontakte zum deutschen Hauptquartier pflegen sollen? Hätte er sich nur zeitlich begrenzt entsenden lassen sollen, mit der klaren Perspektive, danach eine Funktion in der Unternehmenszentrale zu übernehmen? Hatte er sich zu stark an seinen Erfolgen im Ausland berauscht? Mehdi hat schließlich – aus seiner Sicht – einigermaßen Glück: Er ergattert nach langem Bemühen eine Stelle als internationaler Vertriebsleiter und darf seinen Dienstsitz in Deutschland unterhalten. Allerdings ist er bis zu 70 Prozent seiner Zeit auf Reisen, sein erstes Kind sieht er selten. Er glaubt nicht daran, den internationalen Vertrieb jemals wieder verlassen zu können. Aber eigentlich will er das auch nicht. Er fühlt sich zu sehr als Fremdkörper im deutschen Stammsitz, mit seiner Bürokratie, seinen Schreibtischtätern und den immer gleichen, langweiligen Freizeitaktivitäten der Kollegen ...

Beispiel: Musterkarriere im Mittelstand

Peter B., Ende 30, studierter Betriebswirt, hat eine Musterkarriere absolviert. Zwar gehörte er im Studium nicht zu den Besten, hatte sich aber gesputet und seinen Abschluss in der Regelstudienzeit erlangt. Danach stieg er direkt bei einem mittelständischen Unternehmen in seiner Heimatstadt als Sachbearbeiter für Controlling ein. In den folgenden Jahren überzeugte er durch sehr gute Leistungen und eine hohe Motivation. Schnell wurde er zum Teamleiter befördert. Auch der geschäftsführende Gesellschafter wurde auf Peter aufmerksam, es entwickelte sich ein Vertrauensverhältnis. Mit Anfang 30 wurde Peter zum kaufmännischen Leiter ernannt, als sein Vorgänger sich in den Ruhestand verabschiedete. Zwei Jahre später berief ihn der Inhaber in die Geschäftsführung. Seit sechs Jahren nun ist Peter Geschäftsführer der Finanzen und die letzten drei Jahre zunehmend unzufrieden. Stillstand ist eingetreten. Der Inhaber blockiert etwa eine weitere Expansion, weil er sonst Einfluss abgeben müsste, was er nicht möchte. Peter sieht keine Herausforderung und Entwicklungsperspektive mehr für sich. Seit einem Jahr schaut er sich auf dem externen Arbeitsmarkt um, aber er hat noch keinen Erfolg zu verzeichnen. Dem einen Personalberater fehlt die Auslandserfahrung in Peters Profil, den anderen stört Peters Konzentration auf nur ein Unternehmen, welches noch dazu kaum diversifiziert ist. Vor allem aber wird Peter als Geschäftsführer unterstellt, er wolle auf gleicher Ebene wechseln, also ist er auch für eine Bereichsleitung innerhalb eines Konzerns nicht die erste Wahl. Am ehesten würde er wohl wieder kaufmännischer Geschäftsführer werden können, eventuell bei einem etwas größeren Mittelständler. Außerdem muss er extrem vorsichtig sein, um das Vertrauensverhältnis zu seinem Chef, dem Inhaber, nicht zu stören. Er weiß, dass sich in seiner eher kleinen Heimatstadt die relevanten Leute alle kennen. Peter hat sich inzwischen darauf eingestellt, den Wechsel generalstabsmäßig zu planen, eine lange Suchzeit zu akzeptieren und wahrscheinlich umziehen zu müssen.

Den richtigen Einstieg wählen

Schon die Wahl des Unternehmens ist wichtig. Haben Sie sich für einen Mittelständler entschieden – und es gibt bekanntlich viele überaus erfolgreiche Mittelständler –, wird Ihre weitere Karriere mit einiger Wahrscheinlichkeit ebenfalls im Mittelstand verlaufen. Natürlich ist ein Wechsel in einen Konzern nicht ausgeschlossen, jedoch sollte er eher früher als später in Ihrer Laufbahn erfolgen. Konzerne neigen dazu, Bewerber, auch für Executive- beziehungsweise Führungspositionen, ab einem gewissen Alter nicht mehr in die engere Auswahl zu nehmen (meist ab Mitte/Ende 30, das kann je nach Position etwas variieren).

Weiterhin spielt die Branche eine gewisse Rolle für den Weg zur absoluten Spitze. Bestimmte Branchen, zum Beispiel die Automobilindustrie oder Konsumgüterbranche, rekrutieren ungern Bewerber aus anderen Branchen. Dies mag für Topmanager weniger gelten als für Spezialisten, ändert aber nichts am Trend.

Auch die ausgeübte Funktion kann über Ihre weiteren Chancen entscheiden. Den Aufstieg zur Spitze schafft man fast nur noch über die Ressorts Vertrieb oder Finanzen, jene Ressorts also, bei denen sich Ihr Erfolg unmittelbar in Zahlen ausdrücken lässt. Eher schlecht sind dagegen die Bereiche IT, Forschung & Entwicklung oder der Einkauf geeignet – wobei eine Tätigkeit in diesen Ressorts kein Ausschlusskriterium darstellt. In manchen technologielastigen Unternehmen gibt es einen reinrassigen IT-Vorstand und in manchen beschaffungsintensiven Firmen bereits einen Einkaufsvorstand. In diesen Fällen rückt der CEO-Posten auch für die vermeintlichen Exoten in greifbare Nähe.

Die ideale Startrampe für den Aufstieg sind Traineeprogramme, in denen man verschiedene Bereiche kennenlernt, früh Verantwortung übernimmt und günstigstenfalls bereits dem Topmanagement auffällt. In die gleiche Richtung geht der Einstieg als Vorstandsassistent beziehungsweise Assistent der Geschäftsführung. Wer sich hier bewährt, bekommt in der Regel planmäßig nach einer gewissen Zeit Führungsverantwortung in einer Linienfunktion übertragen. Empfehlenswert sind dabei Konzerne, die eine sehr rasche Jobrotation ermöglichen, und zwar funktionsübergreifend. Das liefert Einsteigern viele Einblicke und verhindert ein zu frühes Festlegen auf ein Jobprofil. Allerdings sind diese Unternehmen rar, hier gilt es, die Karriereseiten bekannter Konzerne im Internet und Erfahrungsberichte (zum Beispiel Karriereblogs) intensiv zu sichten.

Ebenfalls begehrt sind Einstiegspositionen bei den Top-Strategieberatungsgesellschaften oder bei ausgewählten Spezialberatungen mit einem sehr scharfen, von Topmanagern anerkannten Profil. Als Top-Unternehmensberater lernen Sie viele Unternehmen kennen und können oft von einem fein gesponnenen Alumni-Netzwerk profitieren. Nur zwei Nachteile sind erkennbar: die sehr hohen Einstiegshürden und die ebenso hohe Arbeitsbelastung, wenn man eine der begehrten Positionen als Berater ergattert hat.

Stagnation?

Warum habe ich diese Erklärungen hier angeführt, wenn Sie doch als Führungskraft womöglich schon weiter fortgeschritten sind in Ihrer Karriere? Nun, wenn in Ihrem Umfeld ständig andere Bewerber das Rennen um die nächsthöhere Führungsposition machen, dann könnte das genau an den frühen Jahren Ihrer Karriere liegen. Vielleicht haben Sie schlicht auf das falsche Pferd gesetzt. Diese Einsicht verbessert Ihre Situation zwar nicht unmittelbar, aber Sie können Ihre Chancen jetzt besser einschätzen und sich eventuell anderweitig, in einem anderen Unternehmen, neu orientieren.

Zeichen setzen!

Andererseits möchten ich Ihnen hier Denkanstöße geben, Ihren eigenen Führungsnachwuchs auch untypisch zu besetzen. Allzu oft sucht man nur auf eingetretenen Pfaden und kommt gar nicht darauf, Quereinsteiger in Betracht zu ziehen oder im eigenen Unternehmen nach Talenten in untypischen Bereichen oder Funktionen zu suchen.

Tipp
Insbesondere wenn Sie Zeichen und neue Impulse setzen wollen, ermuntere ich Sie, ungewöhnliche Personalentscheidungen zu treffen. Talente finden Sie eben nicht nur im eigenen Haus oder in der eigenen Branche. Nehmen Sie die Lupe und suchen Sie Rohdiamanten oder Leistungsträger auch in neuen Gefilden. Die Kandidaten werden es Ihnen danken, und Sie haben in eigener Sache als Führungskraft Profil bewiesen.

Branchenwechsel – nur überlegt und bei klarer Entwicklungsperspektive

Ein Branchenwechsel sollte mit großer Vorsicht und wohlüberlegt in Angriff genommen werden. Zu oft musste ich erleben, dass sich Führungskräfte vorbehaltlos in ein Abenteuer stürzten, weil Ihnen eine kurzfristig attraktive Chance geboten wurde.

Es gibt Branchen, etwa die Automobilindustrie oder Konsumgüterindustrie, die sich nur ungern auf branchenfremde Manager einlassen. Es sei denn, ein neuer Impuls oder gar eine völlige Neuorientierung (zum Beispiel ein Turnaround) ist gefordert. Dann bekommen auch Außenseiter eine veritable Chance. Wenn Sie in einer dieser eher autistischen Branchen sehr erfolgreich unterwegs sind, stellt ein Wechsel auf jeden Fall ein Risiko dar, weil Sie sich vielleicht erst mühsam auf neue Gepflogenheiten einstellen müssen. Wobei der Weg zurück in den ersten beiden Jahren meist relativ leicht zu beschreiten ist.

Andererseits sorgt ein Branchenwechsel für frischen Wind, neue Einblicke und neue Chancen in eigener Sache. Geschickt eingefädelt, kann ein Branchenwechsel die Karriere beschleunigen, etwa wenn ein deutliches Mehr an Verantwortung mit ihm einhergeht. In jedem Falle sollten

Sie bei einem Branchenwechsel Ihrem Funktionsgebiet beziehungsweise Ihrem Ressort im weiteren Sinne treu bleiben. So haben Sie weiterhin eine Konstante im Lebenslauf. Und Konstanten sind wichtig, sie stehen für Ihre Verlässlichkeit und auch für Ihre Berechenbarkeit. Kein Aufsichtsrat oder Headhunter empfiehlt einen Kandidaten für das Topmanagement, wenn er ihn nur schwer einschätzen kann und seine Vita mehr Fragen aufwirft als sie Antworten bietet.

Tipp
Unsere Faustregel für die Topkarriere: Jeder Branchenwechsel sollte für Sie mit einer klaren Entwicklungs- oder Erfolgsperspektive verbunden sein. Gehen Sie auch immer von dem Extremfall aus, in der neuen Branche verbleiben zu müssen. Wenn Ihnen die Branche, in der man Ihnen eine tolle Aufstiegschance bietet, nicht geheuer ist, geben Sie dort kein Gastspiel. Bleiben Sie bis zur nächsten Chance in bekannten Gefilden.

Arbeitgeberwechsel als Impuls

Manager, die stagnieren, kommen nach unserer Erfahrung recht häufig von sich aus zu der Erkenntnis, dass ein Wechsel des Arbeitgebers neue Perspektiven bringen könnte. Allerdings setzen sie ihr Vorhaben erstaunlich selten in die Tat um. Sie neigen eher dazu, eine Krise für sich selbst als temporär zu definieren und sie auszusitzen. Doch das kann auch schiefgehen.

Entscheiden müssen Sie natürlich selbst, wie groß Ihr Leidensdruck ist und was Sie wirklich erreichen wollen. Doch wenn Sie bereits in die Geschäftsleitungsebene vorgedrungen sind, aber keine Aussicht haben, in die Geschäftsführung berufen zu werden, sollten Sie als ambitionierter Manager die Konsequenzen ziehen. Besonders gut stehen die Chancen für einen Wechsel in Branchen, die über zahlreiche Marktteilnehmer verfügen.

> **Tipp**
> Machen Sie sich nichts vor, sondern analysieren Sie Ihre Situation ehrlich. Wenn keine Perspektive erkennbar ist, die nächsthöhere Stufe zu erklimmen, dann verschlechtert jeder tatenlos verstrichene Tag Ihre Situation. Seien Sie bei Ihren Aktionen jedoch vorsichtig und überlegen Sie genau, wem Sie davon berichten. Gerade in gut vernetzten Branchen und innerhalb einer Region ertönen allzu schnell die Buschtrommeln und gefährden Ihren Wechsel sowie Ihren guten Ruf im eigenen Unternehmen.

Carpe Diem – niemals zu lange warten

Ein weiteres von uns beobachtetes Phänomen ist das Verkennen von wirtschaftlichen Schwierigkeiten. Wenn es Ihrem Arbeitgeber schlecht geht, kann Ihre Ausgangsposition für den Sprung an die Unternehmensspitze noch so gut sein – Sie sollten sich lieber nicht auf ein gutes Ende verlassen. Was nützt es, wenn Sie vom Vertriebsleiter zum Geschäftsführer befördert werden, nur um einen unrettbaren Sanierungsfall von der alten Unternehmensleitung zu übernehmen? Und wenn das Unternehmen vor Ihrem Sprung kaputtgeht, sind Sie ganz aus dem Spiel.

Dieses Beispiel können Sie auf alle ähnlich gelagerten Situationen Ihrer Karriere übertragen. Schnellschüsse sind grundsätzlich keine gute Idee, aber ebenso fatal ist zu langes Warten. Gerade wenn man schon einiges erreicht hat, betrachtet man einen Wechsel häufig als Risiko, nach dem Motto: Man weiß, was man hat – was kommt, weiß man nicht. Diese Haltung jedoch ist Gift für den Aufstieg.

Abgesehen davon spielt auch ganz banal Ihr Lebensalter eine Rolle. Viele Führungskräfte wissen es im Grunde, wollen es sich aber nicht so richtig eingestehen: Wer es mit spätestens Mitte/Ende 40 nicht in die Geschäftsführung geschafft hat, für den wird es eng. Meist hilft hier nur noch der Zufall oder aber der – stets sorgfältig zu planende – Umstieg in die Selbstständigkeit. Wer weiterhin auf die Beförderung oder den Anruf vom Headhunter hofft, der wird leider allzu oft enttäuscht.

> **Tipp**
> Erfolgreich ist nur, wer rechtzeitig ein kalkuliertes Risiko eingeht. Das ist das Gesetz jeglicher Marktwirtschaft und genauso verhält es sich mit dem Karrieremanagement. Wer nichts wagt, wird auch nichts gewinnen.

Dabei müssen Sie Chancen aktiv suchen und empfänglich bleiben für die Signale des Marktes. Ihnen wird durch eine Freundin eine offensichtlich attraktive Vakanz in einem anderen Unternehmen zugetragen? Gehen Sie der Sache nach! Sie erfahren von einem Freund, dass sein Arbeitgeber Herausforderungen zu meistern hat, die Sie beherrschen? Bringen Sie sich ins Spiel! Sie haben Ihr Profil in einer Internetdatenbank hinterlegt und ein Headhunter meldet sich mit einem Angebot? Wenn das Angebot nicht gerade völlig abwegig ist, bieten Sie ein Gespräch an – wenn die aktuelle Vakanz nicht zum Ziel führt, kennt Sie immerhin ein weiterer Headhunter persönlich.

Management und Topmanagement

Viele Führungskräfte um die 40, die es noch in keine Topmanagementposition (Geschäftsführung/Vorstand) geschafft und vielleicht sogar mehrfach das Rennen gegen einen anderen Bewerber verloren haben, sind frustriert. Ich bekomme dann immer wieder zu hören: „Ich weiß, ich kann es, warum gibt mir keiner eine Chance?" Abgesehen davon, dass jeder Einzelfall geprüft werden muss, gibt es eine Wahrheit, die den Verlauf vieler Karrieren bestimmt: Zwischen dem gehobenen Management und dem Topmanagement gibt es gravierende Unterschiede.

Wer nicht auf Geschäftsführungs- oder Vorstandsebene agiert, für den spielen der operative Erfolg und das Tagesgeschäft eine entscheidende Rolle. Man ist im Vergleich zum Topmanagement doch viel stärker im täglichen Klein-Klein verhaftet, als man es womöglich selbst empfindet oder als es einem vielleicht lieb ist. Ganz anders dagegen die erfolgreichen Topmanager. Sie müssen vor allem Orientierung geben, strategisch arbeiten, komplexe Sachverhalte überblicken und anschließend Entscheidungen treffen. Sie müssen repräsentieren und die erste Führungsebene koordinieren. Sie dürfen sich eben nicht mehr um alles selbst kümmern, sondern müssen vertrauen und delegieren können. Diese Kompetenz zu vermitteln ist schwieriger, als mancher hoffnungsvolle

Bewerber um eine Topposition meint. Besonders kritisch ist, wenn man sein Potenzial ohne erwiesene Erfahrung zeigen muss. Dann ist der Kandidat auf seinen Intellekt, sein Gespür und gegebenenfalls sein angelesenes Managementwissen angewiesen. Im prüfenden Gespräch unter dem Motto „Was wäre, wenn ...", etwa mit dem Personalberater oder Aufsichtsrat, offenbaren sich dann manche Defizite. Retten kann sich der Kandidat nur, indem er sich in die Lage des Unternehmenslenkers versetzt und blitzschnell eine für das rekrutierende Unternehmen die möglichst passende Lösung darlegt. Auch deshalb sollten Sie sich vorab so viele Informationen wie möglich über die Zielfirma und ihre Lage beschaffen.

Leider gibt es im Wettbewerb um die Topkarriere meist wenig Vorschusslorbeeren. Wenn Sie auffällig viel Zeit (mehr als zehn Jahre) „nur" in mittleren Führungspositionen verbracht haben, wird man Sie sicherlich als wertvollen Leistungsträger oder als Truppenführer anerkennen. Aber man wird in Ihnen nicht den Topmanager sehen oder Ihnen auch nur diesbezügliches Potenzial zuerkennen. Sie werden Ihre Chance zum Gipfelsturm wohl nur noch außerhalb Ihres aktuellen Unternehmens erhalten, und allenfalls gegen einigermaßen schwache Konkurrenz.

Tipp
Es gilt wie so oft: Der frühe Vogel fängt den Wurm. Gehören Sie nicht zu den ganz Frühen, gibt es aber trotzdem eine Perspektive. Es bleibt Ihnen noch Ihr Netzwerk, um eventuelle „Jugendsünden" in Ihrer Karriere auszubügeln. Dieses müssen Sie aktivieren, um dann über die persönliche Schiene Ihre Chance zu nutzen.

Karrierefalle Ausland

Was werden von Arbeitgebern nicht alles für Versprechungen gemacht, wenn es um die Wahrnehmung von Auslandspositionen geht! Oft ist die Rede von sicher folgenden Karrieresprüngen oder von einem unabdingbaren Erfahrungsgewinn für den weiteren Aufstieg im Konzern.

Diese Situation betrifft zumeist die jungen Berufstätigen und Nachwuchsführungskräfte, denn als Senior Executive – ob in einem Konzern oder im Mittelstand – werden Sie eher als Troubleshooter oder Statthalter ins Ausland komplimentiert. Doch das Resultat ist oftmals das gleiche: Sie landen auf dem Abstellgleis und nicht auf dem Überholgleis. Natürlich ist Auslandserfahrung eine wichtige Komponente der erfolgreichen Karriere, jedoch sollte diese Phase nie zu lange dauern. Faustregel: Wer nach fünf Jahren nicht zurückkommt, bleibt ewig draußen.

Zu wenig Heimkontakte und zu viel Erfolg im Ausland

Die größte Gefahr: Sie verlieren den Kontakt zum Stammsitz und zu Ihrem beruflichen Netzwerk in Deutschland. Das Zentrum der Macht wird Ihnen zunehmend fremder und umgekehrt. Plötzlich stehen Sie nach erfüllter Mission vor der Tür und man hat keine adäquate Stelle mehr für Sie. Dann schiebt man Sie auf eine weniger wichtige Position ab oder bietet Ihnen gleich die Vertragsaufhebung an. Oder aber Sie agieren im Ausland so erfolgreich, dass man vor Ort nicht mehr auf Sie und Ihr dortiges Netzwerk verzichten möchte. Insbesondere im Mittelstand, der oft keine festen Karrierewege mit rollierenden Verantwortlichkeiten (Jobrotation) hat, droht diese Gefahr. Sie haben sich in Brasilien, Indien oder China durchgebissen und erfolgreich die Flagge für Ihren Arbeitgeber gehisst? Prima, warum soll man einen so erfolgreichen Country Manager wie Sie dann austauschen?

Tipp
Steuern Sie Ihren Auslandsaufenthalt bewusst, und halten Sie engen Kontakt zur Heimatbasis. Berauschen Sie sich nicht an Ihren Erfolgen, sondern bleiben Sie wachsam und kommunizieren Sie frühzeitig Ihren Willen, nach der vereinbarten Zeit zurückzukommen. Arbeiten Sie, wann und wo immer möglich, aktiv an Ihrer Perspektive für die Zeit nach der Rückkehr, damit man Sie daheim mit einer adäquaten neuen Führungsaufgabe bedenkt. Sie müssen allerdings damit rechnen, möglicherweise nicht mehr Geschäftsführer zu sein, denn nicht jeder heimkehrende Auslandsgeschäftsführer kann ins Topmanagement der Unternehmenszentrale aufrücken. Empfinden Sie die Ihnen zugewiesene Aufgabe jedoch als Rückschritt, sollten Sie ernsthaft einen Wechsel des Arbeitgebers in Erwägung ziehen.

Kulturschock im Doppelpack

Ein in der globalen Wirtschaft nach unserer Ansicht zunehmend überschätztes, aber dennoch wichtiges Problem: der Kulturschock. Wie bei der Trennung von zu Hause müssen Sie sich nach Ihrer Rückkehr wieder an die heimische Kultur gewöhnen. Wer lange in besonders andersartigen Kulturen (im Vergleich zu Deutschland) gearbeitet hat, erlebt womöglich den umgekehrten Kulturschock und ist daheim nicht mehr integrierbar. Erheblich ernster noch ist aber das Problem, vom Radarschirm der heimischen Unternehmensleitung zu verschwinden.

Tipp
Können Sie sich grundsätzlich mit der Rolle als Auslandsgeschäftsführer identifizieren, dann „parken" Sie einfach immer wieder einige Zeit im Stammsitz an sichtbarer Stelle, um dann bei passender Gelegenheit wieder als Country Manager ins Ausland zu gehen. Mit diesen Verweilphasen erhalten Sie Ihre Kontakte zum Zentrum der Macht und der heimischen Kultur – und Sie erfahren frühzeitig, wenn es eine neue Herausforderung im Ausland zu meistern gilt.

Raketenstart, aber niedrige Umlaufbahn?

Mittelständler haben den Ruf, besonders schnelle Karrieren zu ermöglichen. Das stimmt auch, sofern die jeweiligen (im Vergleich zum Konzern wenigen) Führungspositionen nicht auf Jahre hinweg besetzt sind und Sie die oft eigentümergeprägte Kultur nicht zu sehr befremdet. Gerade im Mittelstand kann der Sprung ganz an die Spitze relativ rasch gelingen. Dann ist man Geschäftsführer mit Anfang oder Mitte 30 und merkt irgendwann, dass man für viele andere Positionen in größeren Unternehmen nicht mehr infrage zu kommen scheint.

Im Prinzip greift hier das ungeschriebene Gesetz: einmal Geschäftsführer, immer Geschäftsführer. Die Karrierewege in Deutschland sind nicht so durchlässig wie zum Beispiel in angelsächsischen Ländern. Wenn Sie bereits in jungen Jahren im Topmanagement eines Mittelständlers angekommen sind, dann können Sie meist nur noch ins mittlere Konzernmanagement wechseln oder Geschäftsführer einer Konzerntochter werden. Über Ihre diesbezüglichen Chancen entscheiden die Marktlage, Ihre Funktion, Ihre Branchenkenntnis und Ihr Netzwerk. Die besten Chancen haben Jobwechsler, die bei einem extrem erfolgreichen Mittelständler – einem sogenannten Hidden Champion – arbeiten und für einen Konzern hoch spezielles und wichtiges Fach- und Managementwissen mitbringen. Überspitzt gesagt: Der Konzern kauft Sie ein, weil der Glanz Ihres in Fachkreisen wohl bekannten Arbeitgebers, vielleicht durch eine bereits bestehende Geschäftsverbindung befeuert, auf Sie abfällt. Die Regel ist aber, dass Sie im Umfeld des Mittelstandes verbleiben, sodass Karriere für Sie bedeutet, die gleiche Topposition in immer größeren Mittelständlern zu bekleiden.

Tipp
Die Chancen einer Weiterentwicklung liegen für Sie in der Übernahme der Geschäftsführung eines größeren Unternehmens, aber eben nicht im Konzernmaßstab. Sie befinden sich sozusagen in einer stabilen Umlaufbahn, aus der Sie nur mit einem gezielten Extraschub an Energie ausbrechen können. Aktionismus bringt Sie ins Trudeln, nur die strategische Zündung hebt Sie in die nächsthöhere Bahn.

Das Phänomen der Raketenkarriere im Mittelstand ist übrigens kein grundsätzlich schlechtes, Mittelständler können bekanntlich hervorragende Arbeitgeber sein. Ich möchte Sie an dieser Stelle nur für die wahrscheinlichen Folgen sensibilisieren. Seien Sie darauf gefasst, dass ein Wechsel beziehungsweise eine Weiterentwicklung nur mit Geduld zu bewerkstelligen sein wird. Sie werden auf die richtige Gelegenheit warten müssen.

Vom richtigen Mentor lernen

Suchen Sie sich im Unternehmen den richtigen Mentor, und zwar möglichst früh nach Ihrem Einstieg, denn aufgestiegen wird nicht selten über Netzwerke. Gerade in den ersten Jahren des Berufslebens oder als Neuling in einem Unternehmen entscheidet neben der gezeigten Leistung auch der jeweilige Mentor über Ihr Wohl und Wehe. Schließlich gewinnt auch eine überzeugende Leistung noch an Bedeutung, wenn der Mentor ein entsprechendes Wort mitredet und dieses bei Bedarf in das rechte Licht rückt. Viele große Unternehmen haben das System Mentor-Mentee bereits fest in ihrer Kultur verankert.

Tipp
Achten Sie darauf, einen einflussreichen Manager als Mentor zu gewinnen, der zugleich über eine möglichst positive Reputation im Hause verfügt. Auch sollte er in einem Funktionsbereich tätig sein, der Ihnen liegt. Daher werden Sie sich erst einmal einen Überblick verschaffen müssen. Bei bestimmten Einstiegspositionen stellt sich die Frage allerdings gar nicht erst – wer Assistent des Vorstands/der Geschäftsführung ist, hat seinen Mentor bereits gefunden. In allen anderen Fällen werden Sie von sich aus die Nähe zu einem Vorgesetzten suchen und sich ins Spiel bringen müssen. Oft geht das ohne formelle Anfrage. Es reicht meist schon, wenn Sie Mitglied in seinem Team sind und durch positive Leistungen sowie Aufgeschlossenheit auffallen.

Als Geschäftsführer oder Vorstand sieht die Sache für Sie nicht anders aus, wenn Sie von außen ins Unternehmen kommen und sich beweisen müssen. Meist finden Sie Ihren Mentor im Aufsichtsrat oder – wenn Sie bei einer Konzerntochter in der Geschäftsleitung sitzen – im Topmanagement der Holding. Doch leider wird die Tatsache, dass man auch im Olymp Verbündete braucht, um nachhaltigen Erfolg zu haben, manchmal vergessen, sobald man dort einmal angekommen ist.

Nur ganz wenige, sehr erfahrene Kapitäne steuern den Tanker als letzte Autorität – und meist auch nur, wenn das Schiff sich in extrem schwerem Fahrwasser befindet und Finanziers sowie Aufsichtsräte angesichts der Lage schon seekrank geworden sind. Dann ist der CEO bisweilen sogar Kapitän, Lotse und erster Maschinist in Personalunion. Es schlägt die Stunde des Retters, des Sanierers. Doch diese Missionen bleiben der Ausnahmefall. Gerade im Mittelstand ist der Schiffseigner meist dauerhaft an Bord und schaut zumindest immer mal wieder auf der Brücke vorbei. Das kann unangenehm sein, aber auch Chancen bieten. Wer sich mit dem Gesellschafter beziehungsweise Familiengroßaktionär arrangieren und dessen Ziele teilen kann, wird viele Erfolge feiern.

Doch wie findet man als Topmanager den richtigen Mentor? Relativ einfach: Oft ist es derjenige, der Sie ausgesucht hat, also zum Beispiel das betreffende Aufsichtsratsmitglied. Es kann aber auch ein Vertrauter aus Ihrem persönlichen Umfeld sein, der die Verhältnisse bei Ihrem neuen Arbeitgeber kennt oder zumindest beurteilen kann.

Tipp
Zwar sollten Sie nicht von einem Mentor abhängig sein oder sich im Laufe Ihrer Tätigkeit von ihm abhängig machen, doch gilt: Man ist nie so weit oben, dass man auf die Ratschläge eines „Altvorderen" oder eines guten Freundes verzichten sollte, wenn man Zugriff darauf hat. Jeder ist verwundbar, keiner ist allwissend, und wer das vergisst, wird früher oder später scheitern.

Den roten Faden behalten

Erfolgreiche Karrieren zeichnen sich durch einen erkennbaren roten Faden aus. Wer diesen in seiner Vita nicht hat, für den wird der Aufstieg ins Topmanagement schwer.

Ich meine mit rotem Faden an dieser Stelle keinesfalls Kaminkarrieren, sondern eine Logik in Ihrem beruflichen Werdegang. Die beiden Eckpfeiler hierfür bilden Ihre Funktion und Ihre Branchenerfahrung.

Wenn Sie innerhalb einer Branche verbleiben, dann dürfen Sie durchaus Ihre Funktionen wechseln, ohne dass Ihre Karriere zwangsläufig Schaden nimmt. Allerdings sollten Sie darauf achten, möglichst immer Ergebnisverantwortung zu haben, damit Sie handfeste Erfolgszahlen präsentieren können. Stabsfunktionen, wie etwa die Assistenz des Vorstands, eignen sich für die Frühphase der Karriere. Wechseln Sie aber möglichst bald ins Linienmanagement und bleiben Sie dort, wenn Sie Topmanager werden wollen. Gerade beim Karriereaufbau schaden Funktionswechsel innerhalb des gleichen Unternehmens nicht, wenn Sie eine gewisse Erfahrungsbreite erlangen und dokumentieren möchten. Aber das muss geordnet passieren. Lassen Sie sich also immer einen Rückfahrschein ausstellen! Manche Konzerne haben längst entsprechende Entwicklungs- und Rotationsprogramme aufgelegt. Grundsätzlich sollte in Ihrem Lebenslauf eine Präferenz erkennbar sein, idealerweise für eines der beiden essenziellen Unternehmensressorts Vertrieb oder Finanzen. Hier können Sie am besten mit Zahlen glänzen.

Branchenwechsel können dann vollzogen werden, wenn Sie Ihrem funktionalen Bereich beziehungsweise Ihrem Ressort treu bleiben. Natürlich gibt es Branchen, die tendenziell undurchlässiger sind als andere, was Ihre Chancen in diesem Umfeld schmälern kann. Wer beispielsweise in der Lebensmittelindustrie gestartet ist, wird Schwierigkeiten haben, sich in das Automotive-Umfeld zu entwickeln. Hier sollten Sie frühzeitig Ihre Neigung erkannt haben. Ebenso aber gibt es Branchen, die sich als Vorreiter für bestimmte Technologien oder Managementansätze sehen. Das Verweilen in einer solchen Branche mit Leitungsfunktion kann Ihre Karriere durchaus beflügeln. Der Start in einer internationalen Topunternehmensberatung ist ein solches Beispiel.

Tipp
Schon seit Jahrzehnten propagieren Zukunftsforscher die flexible Arbeitswelt und kündigen die Ära der multifunktionalen Jobmöglichkeiten und größeren Wahlfreiheit an. Das ist teils Wunschdenken, teils der leicht unseriöse Blick in die Glaskugel, und teilweise ist da tatsächlich etwas Wahres dran. Grundsätzlich gilt: Wechseln Sie nie gleichzeitig Branche und Ressort. Wechseln Sie überhaupt niemals Branche oder Ressort ohne einen karriererelevanten Grund, der sofort einleuchtet. Andernfalls wird Ihr Lebenslauf zu bunt. Paradiesvögel finden immer ihren Platz, aber so gut wie nie im Topmanagement.

Kontakte als Karrierefaktor

Schaffen Sie sich Kontakte, bevor Sie sie brauchen. Bereits an der Universität ergeben sich ersten Gelegenheiten, in Netzwerke einzusteigen. Soziale Netze im Internet können ebenfalls gute Plattformen für Kontakte sein, allerdings sollten Sie sich dabei eher auf die einschlägigen Business-Netzwerke beschränken. Pflegen Sie Ihre Daten penibel, geben Sie sich absolut seriös, teilen Sie nicht zu viel Privates von sich mit. Familienfotos etwa haben im Business-Umfeld nichts zu suchen. Jeder kann Ihr Profil einsehen und bei einem schlechten digitalen ersten Eindruck gibt es für Sie kaum die Chance eines zweiten persönlichen. Erhoffen Sie sich allerdings auch nicht zu viel von Business-Netzwerken, denn Kontakte wollen gepflegt werden, und im Internet geht das meist nicht so gut. Außerdem zielen viele Netzwerke letztlich auf Masse und nicht auf Klasse ab. Seien wir ehrlich: Wer kann schon mehr als 30 bis 40 Kontakte wirklich regelmäßig pflegen?

Gleichwohl ergeben sich im Berufsleben immer wieder Möglichkeiten, potenziell nützlichen Netzwerken, Clubs oder auch Vereinen beizutreten. Das muss nicht immer der Lions Club oder Rotary sein. Auch auf Kongressen und Seminaren lernen Sie sicher den einen oder anderen sympathischen und nützlichen Kontakt kennen.

Bedenken Sie jedoch, dass Kontaktpflege zu reinen Geschäftszwecken meist problematisch ist. Denn wer von uns will sich schon gern ausnutzen lassen? Daher bedeutet Kontaktpflege immer auch, Interesse an

Menschen zu zeigen und sich auf andere einzulassen. Wer sich nicht für Menschen interessiert und auch mal ein offenes Ohr für persönliche Belange hat, wird nie ein guter Netzwerker sein. Und vergessen Sie nicht: Viele berufliche Gelegenheiten bahnen sich über mehrere Ecken an. Geschäftlich scheinbar uninteressante Leute kennen plötzlich jemanden, der genau das braucht, was Sie zu bieten haben! Seien Sie also aufgeschlossen und wertschätzen Sie grundsätzlich jeden – es wird sich immer lohnen.

---

10 Regeln für den erfolgreichen Ein- und Aufstieg

1. Die ersten Schritte sind mit die wichtigsten. Wählen Sie Ihren Einstieg daher mit Bedacht.
2. Ziehen Sie einen Branchenwechsel nur bei einer klaren Entwicklungsperspektive in Betracht, und handeln Sie nicht übereilt.
3. Nutzen Sie einen Arbeitgeberwechsel gezielt, um Ihrer Karriere neue Impulse zu geben.
4. Handeln Sie rechtzeitig, um den richtigen Zeitpunkt nicht zu verpassen.
5. Als Topmanager treten Sie in eine neue Welt ein: Manager wickeln eher ab, während Topmanager die Richtung vorgeben.
6. Schlecht geplante Auslandsaufenthalte werden schnell zur Karrierefalle. Halten Sie deshalb stets Kontakt zur Unternehmenszentrale.
7. Seien Sie sich auch der Nachteile einer Blitzkarriere bewusst. Beurteilen Sie Chancen mit Blick auf Ihre weiteren Zukunftswünsche.
8. Suchen Sie sich einen geeigneten Mentor – auch als Topmanager.
9. Achten Sie auf den roten Faden in Ihrem Lebenslauf, dokumentieren Sie Ihre Entwicklung schlüssig.
10. Bauen Sie ein Netzwerk auf, und zwar am besten, bevor Sie es brauchen.

Erfolgssteigerung und Erfolgssicherung

Wer dauerhaft Erfolg haben will, muss hart arbeiten, keine Frage. Aber man sollte diesen Umstand nicht immer und vor allem niemals betont nach außen hinzeigen. Doch das ist nur eine der Regeln, die Sie beim Thema Erfolgssteigerung und -sicherung beachten sollten.

Erfolge richtig kommunizieren

Nadine O., Teamleiterin, übernahm gern anspruchsvolle Projekte. Sie stürzte sich jedes Mal mit Verve in die Arbeit, leitete ihr Projektteam sehr effektiv und meisterte auch Herausforderungen, die mancher Kollege für nahezu unlösbar hielt. Natürlich war es für Nadine nicht immer einfach, diese Leistungen zu erbringen. Aber ist Projektmanagement je einfach? Außerdem wollte sie ihren Bereichsleiter auf sich aufmerksam machen, um sich für den weiteren Aufstieg zu empfehlen. Also berichtete sie ihm von den großen Anstrengungen, die sie jedes Mal für den Erfolg der Projekte auf sich nahm. Nadine wird bis heute regelmäßig gelobt und ermuntert, ähnliche Projekte zu übernehmen. Aufgestiegen ist sie allerdings noch nicht.

Kundenzufriedenheit sichert den Erfolg

Gerhard P. ist als Bereichsleiter bei seinen Mitarbeitern nicht sehr beliebt, weil er ein aufbrausender und selbstgefälliger Typ ist. Der Vorstand weiß um Gerhards spezielle Persönlichkeit, lässt ihn aber gewähren. Kann das mit der außerordentlich hohen Kundenzufriedenheit und den entsprechend brillanten Verkaufszahlen in Gerhards Bereich zusammenhängen? Immerhin schafft Gerhard es trotz eines eher schlechten Arbeitsklimas immer wieder, die Kunden zu begeistern und die Verkaufszahlen in die Höhe zu treiben!

Stolperstein fehlende Hausmacht

Jörn H. trat seinen Topjob als Geschäftsführer für die Produktion in einer internationalen Firma an, die zum Sanierungsfall zu werden drohte. Er kam von einem anderen Unternehmen und begann sofort, die Situation seines neuen Arbeitgebers zu analysieren. Dazu brachte er zwei Vertraute mit, und gemeinsam entwickelte man einen Maßnahmenplan. Dieser wurde minutiös umgesetzt, und wer sich in den Weg stellte, wurde versetzt oder entlassen. Trotzdem zogen die meisten Werkleiter und sonstigen Führungskräfte gern mit, weil sie um die Notwendigkeit der Maßnahmen wussten. Dass Jörn sich weitgehend in seine Einsatzzentrale zurückzog und nur die nötigsten Kontakte mit ihnen pflegte, störte sie nicht. Jörns beiden Getreue übernahmen die meisten Besuche vor Ort. Bald war die Wende geschafft, und das darauffolgende Jahr im Abschlussergebnis wieder positiv. Dann entschloss sich der Vorsitzende der Geschäftsführung zu einem scharfen Wachstumskurs, der Jörns gerade errungenen Erfolge aufgrund der notwendigen Kapazitätserhöhung zunichtemachen würde. Nach Jörns Meinung waren die neuen Prozesse noch nicht stabil genug. Schließlich platzte dem Vorsitzenden der Geschäftsführung der Kragen. Er kontaktierte den Hauptgesellschafter und gemeinsam bot man Jörn die Vertragsaufhebung an. Jörn hatte außer seinen beiden Getreuen keine Hausmacht und musste gehen. Jörns Ausscheiden wurde bei den Führungskräften seines Ressorts zwar mit Erstaunen zur Kenntnis genommen, aber man setzte sich nicht für ihn ein. Er hatte seine Sanierungsaufgabe erfüllt und mehr offenbar auch nicht gewollt, sonst hätte er ja weitere Leute im Unternehmen für sich eingenommen. Oder?

Könner siegen mit Souplesse

Wenn Sie eine große Herausforderung gemeistert haben, dann lassen Sie das Ihr Umfeld wissen – und wenn es keine große war, dann lassen Sie sie groß erscheinen! Rücken Sie Ihre Leistung ruhig ins rechte Licht, aber jammern Sie nicht über die Mühe, die sie Ihnen bereitet hat. Wenn Sie etwa ein wichtiges Projekt bewältigt haben, dann betonen Sie Ihren Anteil als Projektverantwortlicher, vor allem wenn jemand Ihren Beitrag in Abrede stellt. Präsentieren Sie Ergebnisse grundsätzlich selbst und souverän. Relativieren Sie nicht zu viel, sondern beschränken Sie sich auf die wesentlichen Unsicherheitsfaktoren, um deren Erwähnung Sie nicht herumkommen. Ein ausuferndes Abwägen können Sie sich nicht erlauben – Ihr Vortrag muss strotzen vor guten und vor allem sicheren Ergebnissen.

Wenn Ihnen diese Art der Selbstdarstellung gelingt, können Sie immer noch am Rande einstreuen, welche Komplikationen auf dem Weg zum

Abschluss bewältigt werden mussten. Ihr Können wird dadurch ganz subtil und doch wirkungsvoll als außergewöhnlich klassifiziert. Oder Sie stellen die Ausgangslage besonders komplex dar, sodass Ihre Lösung quasi von selbst erstrahlt. Diese Strategie wirkt natürlich auch bereits bei der Aufgabenverteilung. Aussagen wie „Bei dieser Aufgabe handelt es sich um ein sehr anspruchsvolles Unterfangen – aber ich bin zuversichtlich, das mit meinem Team zu schaffen" oder „Eigentlich kaum machbar – aber geben Sie mir drei Tage" (wenn mindestens fünf erwartet werden) fördern Ihre Aura des Tausendsassas.

Im Radsport, eine der härtesten und anstrengendsten Sportarten überhaupt, spricht man von Souplesse, wenn ein Radrennfahrer besonders geschmeidig auf dem Rad sitzt. Natürlich muss er dieselbe Arbeit verrichten wie seine Kollegen und beim Ausreißversuch sogar mehr (egal, ob er gedopt ist oder nicht), aber man sieht es ihm nicht an. Ähnlich stellt sich der erfolgreiche Manager dar.

Tipp
Strahlen Sie bei jeder Mission Zuversicht und Souveränität aus, denn das können erfahrungsgemäß die wenigsten Ihrer Konkurrenten. Wenn Sie sich dabei noch einen Schuss Humor und damit Menschlichkeit bewahren, kann Ihnen niemand mehr Ihre exzellenten Managementfähigkeiten absprechen. Herausragende Fähigkeiten mit Souplesse verbinden – das macht die Aura der Erfolgreichen aus!

Erfolg schafft Erfolg, Unglück zieht Unglück an

Dauerhafter Erfolg führt in der Regel zum beruflichen Aufstieg und damit zu machtvollen Positionen. Allerdings verbinden viele mit dem Wort „Macht" nicht nur positive Assoziationen. Entsprechend kritisch werden diejenigen beäugt, die Macht erlangen möchten oder ausüben: Gehen sie verantwortungsvoll mit ihrer Macht um oder missbrauchen sie sie? Wir hingegen wollen das Thema Macht an dieser Stelle eher faktisch betrachten: Wer in eine gehobene Führungsposition vorrückt, gewinnt automatisch eine gewisse Macht – die manche Manager jedoch lieber mit eindeutig positiv besetzten Begriffen wie Einfluss oder Verantwortung umschreiben.

Werfen wir also einen Blick auf die ominösen Mächtigen. An der Spitze herrscht nach meiner Beobachtung nicht selten eine Closed shop-Mentalität. Die Mächtigen bleiben gern unter sich, jedenfalls sofern sie ihre Reviere abgesteckt haben und einander nicht unmittelbar bedrohen. Plakativ gesagt: Sie suchen eher den Kontakt zu ihresgleichen als zu den weniger Mächtigen und – aus ihrer Sicht – Durchschnittlichen. Zudem haben viele Topleute auch schlicht nicht die Zeit für ein ausgedehntes und vielschichtiges soziales Leben. Die wenige wertvolle Zeit wird entweder der Familie oder aber Menschen gewidmet, von denen sie sich Anregungen und Impulse erhoffen.

Und nun zu Ihnen: Innerhalb des Unternehmens werden Sie vermutlich zu einer Vielzahl von Kollegen mehr oder weniger enge Beziehungen unterhalten. Das ist wünschenswert, solange Sie nicht zu viel und zu intensiven Kontakt mit den offensichtlich Unglücklichen, den Erfolglosen und den Grießgrämen pflegen. Eher bringen negativ eingestellte Kollegen Sie aus der Balance, als dass umgekehrt Sie ihnen helfen können.

Natürlich sollen Sie als Führungskraft Ihre Mitarbeiter entwickeln und auch für ihre Nöte ein offenes Ohr haben oder als Teammitglied Ihre Kollegen wertschätzen und unterstützen. Wer sich aber zu häufig mit den Unglücklichen oder gar den Miesmachern im Unternehmen sehen lässt, wird irgendwann selbst als solcher wahrgenommen. Entweder Sie verstricken sich in einem Netz aus moralischen und emotionalen Abhängigkeiten oder Sie haben schlicht nicht mehr genug Zeit für Ihre Aufgaben, weil Sie ständig deren Probleme lösen müssen. Es genügt schon der bloße Eindruck bei Ihren Vorgesetzten, Sie gehörten zu dieser Spezies, und die Katastrophe ist perfekt. So verwerflich es sich anhören mag: Das Geschäftsleben im Sinne des Erfolgsgewinns und -erhalts lässt kein vorbehaltloses oder gar rein altruistisches Miteinander zu. Manche Berufstätige verstehen das nicht, beziehungsweise zu spät, oder sie wollen den Spielregeln der Macht nicht folgen. Das ist menschlich sehr ehrenhaft und mag ihnen Sympathien einbringen, jedoch sicherlich nicht den Gipfelsturm.

Die Erfolgreichen, die Mächtigen wissen natürlich um die Unglücklichen, Griesgrämigen und Durchschnittlichen, manche geben ihnen sogar eine (und nur eine) faire Chance. Aber sie machen sich längst keine Illusionen mehr, ihnen dauerhaft helfen oder sie ändern zu können. Das ist ein entscheidender Unterschied zu den Verhältnissen auf den unteren Hierarchieebenen: Wer seine Chance, die ihm die Mächtigen gewähren, nicht nutzt, wird um seinen Job bangen müssen. Mächtige dulden keine Minderleister in ihrem Umfeld.

Umgekehrt kann es nur von Vorteil sein, wenn Sie auf Ihrem Weg an die Spitze das Umfeld der Erfolgreichen suchen. Lassen Sie sich dabei jedoch nicht komplett vereinnahmen, und verleugnen Sie vor allem nicht sich selbst, denn das ist eher kontraproduktiv. Auch geraten Sie schnell in Wettbewerbssituationen, in denen nach dem Motto „Du oder ich" ein Sieger ermittelt wird. Verlieren Sie das Rennen, haben Sie eine Scharte auszuwetzen.

Tipp
Suchen Sie sich im Kreise der Erfolgreichen Ihren Platz und Ihre Kompetenz, möglichst ohne zu früh in direkte Konkurrenz mit ihnen zu treten (dieser Moment kommt mit dem Aufstieg freilich irgendwann). Gewinnen Sie zum Beispiel einen erfolgreichen Manager – also einen in unserem Sinne Mächtigen – im Unternehmen als Ihren Mentor (siehe Seite 87) oder versuchen Sie Mitglied in Projektteams zu werden, die prestigebeladene Vorhaben verwirklichen (siehe Seite **Fehler! Textmarke nicht definiert.**). Werden Sie sichtbar und die ersten Stufen auf dem Weg zur Spitze sind erklommen.

Den Chef nicht übertrumpfen – dennoch glänzen

Toperfolgreiche dulden, wie wir gerade gesehen haben, keine Minderleister in ihrem Umfeld, aber auch keine Besserwisser und Alleskönner. Sie wollen selbst glänzen, auch wenn sie nicht gleich narzisstisch veranlagt sind. Dazu brauchen sie ein fähiges Team von Topleuten, aber eben keine potenziellen Königsmörder und auch keine Hofnarren – welche sich die Mächtigen zwar bisweilen durchaus genehmigen, aber nicht im eigenen Haus, sondern als gute Freunde oder teuer bezahlte Coachs.

Erfolg und Macht verleiten zum Leichtsinn. Wenn Sie sich die Gunst des Vorstands und damit eine gewisse Macht erworben haben, dann ist das kein Freibrief für alle Zeiten. Sie müssen Ihre Position beständig verteidigen beziehungsweise sie sich stets aufs Neue erarbeiten. Das ist ein Balanceakt, den viele nicht schaffen, weil sie sich der Verhaltensmuster und psychologischen Regeln in diesem Spiel nicht bewusst sind. Topmanagern sei hier noch einmal ins Gedächtnis gerufen: Auch manche Aufsichtsräte sehen sich gern als Chef. Insofern hat dieses Kapitel auch für die oberste Führungsebene eine gewisse Relevanz – und sei es nur, um sich darüber klar zu werden, ob man unter einem dominanten Aufsichtsrat arbeiten möchte oder nicht.

Der Chef will glänzen, also bieten Sie ihm die Gelegenheit dazu. Aber zugleich muss natürlich Ihre eigene Leistung deutlich werden. Ihren Chef plump zu loben, wäre eine Anmaßung. Eher schon können Sie Ihrem Chef bei passender Gelegenheit Dank für die Chance aussprechen, die er Ihnen mit dem Auftrag zur Umsetzung seiner Strategie gegeben hat. Auch kann es klug sein, seine Meinung über außergewöhnlich wichtige Entscheidungen zu erbitten, obwohl Sie eigentlich selbst zur Entscheidungsfindung ermächtigt sind. Sie bestätigen ihm dadurch, dass natürlich nur er das „Superhirn" ist. Aber auch hier ist Vorsicht geboten: Ihr Chef darf Sie keinesfalls für entscheidungsschwach halten! Er gibt die Strategie vor, Sie setzen sie um. Das schafft eine fruchtbare Symbiose und gibt Ihnen genügend Spielraum zur eigenen Profilierung durch Leistung. Früher oder später werden Sie dadurch ebenfalls in den Olymp kommen, und wenn es in einer anderen Firma ist (etwa durch den berühmten Anruf vom Headhunter).

Tipp
Plumpes Speichellecken bringt Sie selten weiter. Achten Sie vielmehr auf Alltäglichkeiten, denn Status- und Machtsymbolik zeigt sich auch in den scheinbar kleinen Dingen: Lassen Sie dem Chef immer den besseren Parkplatz, grüßen Sie ihn zuerst, gewähren Sie ihm den Vortritt in jeglicher Hinsicht und lassen Sie sich auch in lockerer Runde nicht auf Wortkabbeleien mit ihm ein – kurz: Halten Sie ihm den Platz an der Sonne frei und helfen Sie ihm, wo immer es geht, sein Gesicht zu wahren und zu stärken.

Reputationsaufbau: Prestigeprojekte zum Erfolg führen

Erfolgsaufbau und -erhalt hat viel mit Sichtbarkeit im Unternehmen und Reputationsmanagement in eigener Sache zu tun. Wenn Sie nicht bereits im Topmanagement angekommen sind, müssen Sie wichtige Entscheider im eigenen Hause womöglich erst auf sich aufmerksam machen.

Neben den unabdingbaren sehr guten Leistungen im Tagesgeschäft eignen sich hierzu ehrgeizige Projektvorhaben bestens. Indem Sie ein größeres Projekt anstoßen und als Leiter zum erfolgreichen Abschluss führen, setzen Sie eine entscheidende Duftmarke. Suchen Sie sich ein Thema, das auch den Vorstand interessieren muss, und werben Sie intern für Ihre Idee. Treiben Sie deren Überführung in ein Projekt voran, und übernehmen Sie anschließend die Leitung. Umgeben Sie sich dabei mit Vertrauten, stellen Sie Ihr Projektteam so zusammen, dass Sie einerseits die notwendigen fachlichen Kompetenzen bündeln und andererseits die richtigen Charaktere zusammenführen. Achten Sie dabei besonders auf die Auswahl der Berater und Dienstleister, wenn externe Unterstützung gefragt ist. Gute Dienstleister sind ein Erfolgsgarant, schlechte können das ganze Vorhaben gefährden. Vergessen Sie nie: Viele Projekte scheitern an schlechter Organisation und wahrscheinlich noch mehr am menschlichen Faktor.

Wenn Sie das Projekt abgeschlossen haben, dann sorgen Sie dafür, dass dies alle relevanten Stellen erfahren. Streben Sie möglichst eine Präsentation vor dem Vorstand an. Auch eine Vorstellung des Projekts in der Mitarbeiterzeitung empfiehlt sich. Ganz große Geschütze sind die landesweiten Fachmedien (Zeitschriften, Magazine etc.). Hier kann Ihnen meist die Kommunikationsabteilung des Unternehmens mit Kontakten weiterhelfen. Sie verhindert als internes Korrektiv zudem, dass Ihr Auftritt übertrieben groß wird und womöglich Ihre Chefs düpiert.

Tipp
Natürlich sollten Sie sich nicht ständig selbst auf die Schulter klopfen. Wenn Sie Projekte, Sonderaufgaben oder auch nur die Ergebnispräsentationen Ihres Teams übernehmen, wird Ihre Leistung automatisch sichtbar werden und Kreise ziehen. Als weitere positive Folge werden irgendwann die Kollegen über Ihre Leistung berichten, ganz einfach weil Sie relevante Aufgaben ausführen, auf die man immer wieder Bezug nimmt.

Als erfolgreicher Projektleiter haben Sie auf jeden Fall einen wichtigen Kompetenzbereich besetzt, den Ihnen erst einmal jemand streitig machen muss. Auch die unvermeidliche Kritik, die Sie an der einen oder anderen Stelle erfahren werden, sollten Sie positiv sehen: Einen toten Hund tritt man nicht. In Konzernen mit zahlreichen Geschäftsführungspositionen kann sich das Phänomen übrigens in die höheren Führungsebenen verschieben. Als Landesgeschäftsführer oder Geschäftsführer einer Tochtergesellschaft müssen Sie sich die Anerkennung und Aufmerksamkeit der zentralen Unternehmensführung oft genauso hart erarbeiten wie der Projektleiter im Konzernstab.

Hausmacht aufbauen, Quertreiber entschärfen

Noch jeder erfolgreiche Manager hat nach spätestens zwei Jahren im Amt eine starke Hausmacht entwickelt, auf die er zählen kann. Daher sollten auch Sie möglichst früh mit dem Aufbau eines belastbaren Beziehungsnetzwerks innerhalb des Unternehmens beginnen. Beobachten Sie genau, wer welche Interessen verfolgt und wem Sie helfen können. Einen Gefallen muss man ja nicht unbedingt von einem potenziellen Gegengefallen abhängig machen, aber er führt meist zu einer engeren Bindung zwischen Ihnen und dem entsprechenden Kollegen. Auch gemeinsame Karriereziele bedeuten nicht zwangsläufig unerbittliche Konkurrenz, wenn das Umfeld genügend Entfaltungsmöglichkeiten für beide bietet. Netzwerkpflege hat viel mit zwischenmenschlichem Geschick, mit guter Zusammenarbeit unter Kollegen und auch mit Gespür für die zukünftigen Trends im Unternehmen zu tun, gerade wenn man diese als Topmanager mit setzen muss. Wer nicht nur heute, sondern auch morgen eine Rolle spielen wird, sollte zu Ihrem Netzwerk gehören.

Anders stellt sich die Lage dar, wenn Sie als Hoffnungsträger von außen rekrutiert werden. Jetzt bleiben Ihnen die berühmten ersten 100 Tage, um sich zu orientieren. Finden Sie heraus, welche Kultur, welche Verhaltensnormen, Werte und Denkrichtungen existieren und wer den Takt angibt. Bleiben Sie hellwach, denn vieles läuft auf informeller Basis und ist eben nicht aus dem Organigramm ersichtlich. Versuchen Sie herauszubekommen, wer mit wem über welche Wege in Verbindung steht. Wer pflegt private Kontakte, wer geht zusammen essen, wer kennt welche Kunden, wer arbeitet gemeinsam in welchen Zirkeln, Gremien etc.? Bleiben Sie sensibel für die Aussagen Ihrer Kollegen und achten Sie auf die Untertöne.

Für Topmanager gilt: Spätestens wenn es nach Ihrer Analyse der Situation im Unternehmen zum Schwur der Umsetzung kommt, müssen Sie Ihre Ziele und Präferenzen preisgeben. Fordern Sie Loyalität ein, und stellen Sie unmissverständlich klar, dass Sie Querschüsse nicht dulden. Schaffen Sie, wenn nötig, faire und geregelte Ausstiegsmöglichkeiten für nicht überzeugte oder nicht überzeugende Manager. So erlangen Sie nebenbei einen moralischen Vorteil. Wer trotz des großzügigen Ausstiegsangebots gegen Sie arbeitet, bringt sich selbst in die Bredouille.

Zwischen dem Aufbau einer Hausmacht und dem Netzwerken zum beruflichen Aufstieg gibt es übrigens einen gravierenden Unterschied. Während das Netzwerken ein langfristig orientiertes und teilweise loses, unverbindliches Kontaktmanagement darstellt, gilt der Aufbau der Hausmacht ganz unmittelbar und ausschließlich dem Machtgewinn oder -erhalt. Ein Netzwerk ist immer auch demokratisch angelegt und spielerisch zu betrachten. Eine Hausmacht niemals.

Eine klassische Hausmacht werden Sie nur in Unternehmen mit relativ geringer Fluktuation unter den Leistungsträgern und bei langer Unternehmenszugehörigkeit aufbauen können. In allen anderen Konstellationen werden Sie sich mit einer kleinen, feinen Streitmacht begnügen müssen. Geschickt eingesetzt, genügt diese aber völlig.

Ein unangenehmes, aber sehr wichtiges Thema sind Störenfriede und Querulanten. Für viele Mächtige ist Widerspruch nervenaufreibend, doch mit Gegenwind müssen Sie an der Spitze immer rechnen. Langfristig erfolgreiche Topmanager akzeptieren das. Für sie gehören Diversität und daraus resultierende unterschiedliche Impulse zur lebenswichtigen Dynamik des Unternehmens. Doch sobald ein wahrer Quertreiber zu viel

Einfluss gewinnt, muss gehandelt werden. Zur Klarstellung: Ich meine hier nicht unbequeme, aber wertschöpfende Impulsgeber und auch nicht den einen oder anderen übervorsichtigen Bedenkenträger, sondern ich meine Quertreiber, die bewusst ein erfolgversprechendes, aussichtsreiches Werk und damit den Unternehmenserfolg gefährden!

Das heißt, wir reden von Managerkollegen und Mitarbeitern, die womöglich selbst eine hohe Visibilität besitzen und – öffentlichkeitswirksam oder still – Ihre Pläne behindern oder schlimmstenfalls ganz durchkreuzen wollen. Zum Kreis dieser Störenfriede zählen auch junge Karrieristen, die zwar noch nicht unmittelbar im Dunstkreis der Mächtigen wirken, aber auf dem Weg nach oben ausschließlich im eigenen Interesse eindeutige Duftmarken setzen. Manche von ihnen sind in der Lage, das Volk von der Basis aus zu beeinflussen und können den Mächtigen so zumindest mittelbar gefährlich werden.

Es hilft nichts: Wenn Sie Störenfriede im hier definierten Sinn entdeckt haben, die sich von keiner Warnung beeindrucken lassen, müssen Sie handeln. Probate Mittel sind eine Versetzung in einen anderen Unternehmensbereich oder gleich ins Ausland. Als Karrierechance verpackt, sind Ihnen manche Störenfriede vielleicht sogar dankbar für diese Option. Auch die Erweiterung des Aufgabengebiets kann die Lösung sein – wenn der Störenfried dann zu beschäftigt sein wird, um Ihnen weiter Sand ins Getriebe zu streuen.

Wenn all das aussichtslos erscheint, dann drängen Sie auf die Auflösung des Vertragsverhältnisses mit dem Störenfried und seinen Austritt aus dem Unternehmen. Auch wenn das zunächst teuer für die Firma wird, am Ende wird sich die Aktion für Sie auszahlen. In der beschriebenen Situation sind alle Mitarbeiter käuflich, nutzen Sie das. Machterhalt fordert immer Tribut, also loben Sie Ihren Kontrahenten notfalls mit einem goldenen Handschlag weg. In den meisten Fällen wird es nicht zum Höchstpreis kommen, da die wenigsten Gegenspieler ihre Lage ausreizen. Sie werden die Risiken abwägen, eine akzeptable Abfindung annehmen – und sich trollen.

Die Methode Ausstieg bietet Ihnen übrigens noch einen weiteren Effekt. Neben dem schlichten Loswerden eines Kontrahenten können Sie ein unmissverständliches Zeichen setzen. Wer Ihnen gefährlich wird, fliegt raus. Sie werden sehen, dass Ihr konsequentes Handeln noch lange für Ruhe im Unternehmen sorgen wird.

Tipp
Ihr Handeln darf keinesfalls in eine Schreckensherrschaft ausarten! „Management by Angst" ist ein schlechter Weg, der die Zahl Ihrer Feinde im Unternehmen explosionsartig erhöhen und über kurz oder lang Ihre Leistungen zunichtemachen wird. Meine Handlungsempfehlung gilt also nur für Entscheidungssituationen von existenzieller Bedeutung und ist keinesfalls als Patentrezept zu verstehen.

Methode Sphinx: Nicht alles offenlegen

Viele Menschen scheitern auf dem Weg zu ihrem eigentlich möglichen persönlichen Gipfel, weil sie keine konkreten oder die falschen Ziele haben. Ziele sind ein absoluter Grundpfeiler des Erfolgs, und der Weg zur Spitze führt über sehr klare Zielsetzungen. Als Gipfelstürmer aber dürfen Sie diese nicht jedem und nicht immer kundtun. Grundsätzlich sollten Sie als Führungskraft authentisch sein, mit offenen Karten spielen und wahrhaftige Orientierung geben. Doch leider gibt es auch Situationen, wo genau dieses ehrenhafte Verhalten weder Ihnen oder dem Unternehmen noch einem verdienstvollen Ziel dient.

Wenn Sie zu viel und mit zu vielen reden, machen Sie sich fachlich angreifbar – und noch dazu gefährden Sie Ihr Gesicht. Wie schnell müssen Sie nach einer Bemerkung womöglich zurückrudern! Oder Sie erwecken den Eindruck, besonders gesellig und vertrauensselig zu sein. Oder Sie gelten schnell als plumper Großsprecher. Das sind nicht die Attribute der Mächtigen.

Die Mächtigen schweigen, wenn die Anderen zu viel reden. Sie reden dann, wenn es wirklich zählt. Und was sie sagen, muss dem großen, langfristigen Ziel dienen – es muss also nicht unbedingt ihre wirkliche, momentane Überzeugung sein, sondern sich nur überzeugend anhören. Das ist ein großer Unterschied!

Auch anderweitig nutzen die Mächtigen Kommunikation bewusst als Werkzeug und Machtmittel. Sie mögen durchaus Kontakte suchen und sich auch mal gesellig geben. Sie mögen durchaus kämpferisch für eine Sache werben und dabei folgerichtige Beweggründe schonungslos offenlegen. Viele Topmanager sind große Kommunikatoren. Manche können sehr gewinnend andere Menschen umgarnen. Aber legen sie dabei immer ihre wahren Absichten offenherzig dar? Wie sagte Antoine de Saint-Exupéry: Wenn du ein Schiff bauen willst, dann trommle nicht Männer zusammen, um Holz zu beschaffen, Aufgaben zu vergeben und die Arbeit zu verteilen, sondern lehre sie die Sehnsucht nach dem weiten endlosen Meer.

Damit wir uns nicht missverstehen: Ich möchte Sie nicht zur Manipulation als Managementprinzip ermuntern! Ich rate an, dass Sie nicht immer und vor allem unbedarft die ganze Wahrheit sagen, denn das kann Sie schlimmstenfalls Kopf und Kragen kosten. Das Vernebeln der wahren Ziele verlangt strategische Übersicht, kommunikatives Geschick und ist nur unter bestimmten Umständen vertretbar. Lesen Sie hierzu bitte die Ausführungen von Egon Zehnder im Essay über die Topkommunikation und meine Interpretation (siehe Seite 56). Wenn Sie beispielsweise aus falsch verstandenem Opportunismus für eine Sache eintreten, hinter der Sie im Grunde gar nicht stehen, gelten Sie womöglich als Umfaller, wenn es zum Schwur kommt. Wer zu offensichtlich agiert, entblößt sich und verliert seine Glaubwürdigkeit.

Tipp
Gute Nebelkerzenwerfer denken immer mindestens zwei Schritte voraus und stellen ihre Aktionen in den Dienst einer höheren Sache. Sie wägen nicht nur die unmittelbare Wirkung ihrer Aussagen und Aktionen ab, sondern wissen auch, wie sie dastehen und sich präsentieren müssen, wenn die Zeit der Enthüllung gekommen ist.

Demokratie wagen – auch bei ungleichen Wahlmöglichkeiten

Wer Wahlmöglichkeiten gewährt, wirkt konzilianter und aufgeschlossener als jemand, der seinen Weg stur und undemokratisch durchsetzt. Auch in einer hohen Machtposition empfiehlt es sich, dem Volk bisweilen Wahlmöglichkeiten zu lassen. Sonst wird es irgendwann murren und rebellieren.

Für Sie bedeutet das: Lassen Sie Ihrer Mannschaft zumindest hin und wieder einmal die Wahl.

Müssen die zur Wahl stehenden Optionen gleich attraktiv oder werthaltig sein? Wenn es brennt, dann nein! Natürlich sollten Sie nicht zu plump vorgehen, aber grundsätzlich spricht nichts dagegen, eine Wahlmöglichkeit so zu konstruieren, dass Ihre Mitarbeiter oder Kollegen diejenige wählen, die Sie ebenfalls favorisieren.

Dazu müssen Sie Ihre Kollegen jedoch sehr gut kennen. Der notorische Neinsager wird beispielsweise von Ihnen zunächst mit der – aus Ihrer Sicht – schlechteren Möglichkeit bedacht. Auf sein erwartetes Nörgeln hin bieten Sie ihm die – für Sie bessere – Alternative an. Und die wird der Neinsager zufrieden akzeptieren. Ein anderes Beispiel: Konstruieren Sie eine der beiden Optionen dergestalt, dass diese langweilig und mit erkennbar höherem Aufwand verbunden ist, etwa einer hohen Reisetätigkeit oder einer vorübergehenden Urlaubssperre. Ihr Mitarbeiter wird sich wahrscheinlich für die andere Aufgabe entscheiden – die für Sie wirklich wichtige.

Tipp

Manchmal muss man auf dem Weg zum Gipfel manipulieren, auch wenn das bitte nicht die Regel sein sollte. Demokratie – selbst manchmal nur scheinbare – gehört durchaus zum langfristigen Machterhalt, so paradox das erscheinen mag. Sie werden dadurch Ihre Kollegen und Mitarbeiter stärker motivieren und eher dazu bringen, genau Ihre Ziele zu verfolgen. Optimal ist es natürlich, wenn Sie wahrhaftige Optionen anzubieten haben und die Ihnen angenehmere auch die objektiv bessere ist. Dann können Sie ganz unbeschwert die Demokratie leben.

Sieger treten selten, aber strahlend auf

Versuchen Sie, Ihre Präsenz zu inszenieren. Damit meine ich nicht offensichtliches Blendwerk, sondern eine subtile, wirkungsvolle Selbstpräsentation. Wenden Sie die altbekannte Regel aus dem Luxusgütermarkt auf sich selbst an: Was selten ist und noch dazu gefällig präsentiert wird, weckt Begehrlichkeiten.

Die Kunst besteht darin, nicht immer und überall dabei zu sein. Suchen Sie sich die Gelegenheiten, Projekte oder Arbeitskreise aus, die ihnen einerseits Freude bereiten und mit denen Sie andererseits den größten Effekt erzielen werden. Hansdampf in allen Gassen und zugleich erfolgreich sein – das schaffen nur die wenigsten. Zu groß ist die Gefahr, sich zu verzetteln. Dosieren Sie Ihre Kraft, fokussieren Sie sich!

So viel zur strategischen Komponente Ihrer Inszenierung, nun zur persönlichen – die positive Ausstrahlung! Hier gelten einschlägige Plattitüden: Lächeln Sie möglichst oft, seien Sie freundlich, schenken Sie Ihren Kollegen und Mitarbeitern Aufmerksamkeit, bringen Sie ihnen Interessen entgegen. Was als Banalität daherkommt, stellt doch für viele Manager offenbar ein Problem dar.

Wenn Ihnen ein solches Auftreten schwerfällt, überzeugen Sie wenigstens durch Ihr Handeln. Versuchen Sie, durch Konzilianz und Verbindlichkeit eine möglichst positive Wirkung auf Ihre Mitmenschen zu erzielen, freilich ohne an Durchsetzungskraft und Geradlinigkeit zu verlieren. Ein Griesgram wird es immer deutlich schwerer haben, andere Menschen für sich und seine Ziele einzunehmen. Wohl dem, der seine Persönlichkeit nicht inszenieren muss, sondern durch sein naturgegebenes Auftreten gewinnt! Achten Sie dabei immer auf ein gepflegtes Äußeres, denn unsere äußere Erscheinung wirkt bekanntlich, noch bevor wir das erste Begrüßungswort gesprochen haben.

Tipp
Der Weg nach oben führt immer über ein gewinnendes Auftreten. Wer oben angekommen ist, mag sich Extravaganzen leisten können, er muss nichts mehr beweisen. Aber auch als Topmanager sichern Sie durch Offenheit und Aufgeschlossenheit Ihre Position nachhaltiger ab als durch tyrannisches, unnahbares oder selbstherrliches Auftreten.

Kundenzufriedenheit sichert den Erfolg

Abgesehen von Büchern für Vertriebsspezialisten, beleuchten erstaunlicherweise nur wenige Karriereratgeber das Thema Kunde. Dabei ist doch der Kunde ein wichtiger Hebel im Wettbewerb um den Erfolg. Den Begriff Kunde fasse ich in diesem Zusammenhang weit, er schließt neben dem typischen externen Kunden auch die internen mit ein.

Damit kann sich praktisch keiner, der Karriere machen will, dem Kunden entziehen. Jeder hat im Unternehmen Kunden, so etwa Kollegen, für die er interne Dienstleistungen oder Zuarbeiten erbringt. Gerade die interne Kundensicht ist in vielen Unternehmen noch immer nicht selbstverständlich. Das kann Ihre Chance sein. Wenn Sie aufmerksam Ihr Umfeld beobachten, werden Sie sicherlich einiges an Potenzial entdecken können, wie Sie Ihre internen Kunden besser bedienen können.

Tipp
Sorgen Sie dafür, dass Ihre Kunden in Ihnen einen kompetenten und zugänglichen Ansprechpartner haben. Liefern Sie prompt und mit hoher Qualität. Setzen Sie sich am besten auch in Projekten aktiv für die klare Verbesserung der Kundenzufriedenheit ein. Wer sich um dieses Thema laut Gedanken macht und auch danach handelt, wird Prozesse konsequent am Kunden ausrichten, sie dadurch effizienter und effektiver machen und schließlich die Wertschöpfung erhöhen sowie Kosten reduzieren. So gewinnen Sie automatisch eine weitere Möglichkeit, um positiv sichtbar zu werden und sich für weiterführende Aufgaben zu empfehlen.

Was für interne Kunden gilt, ist für externe Kunden selbstverständlich. Für den Vertrieb und den Service ist die Kundenzufriedenheit der Gradmesser für den Erfolg schlechthin (wobei sich der Servicebereich mangels strategischer Wichtigkeit in vielen Unternehmen nicht für den Aufstieg empfiehlt). Topmanager im Vertrieb sichern den Löwenanteil ihrer Macht durch nachhaltige Vertriebserfolge und damit Kundenzufriedenheit. Ihre Ergebnisse sind so gnadenlos messbar, wie in kaum einem anderen Funktionsbereich. Genau deshalb leiden Vertriebler auch nicht selten an einem speziellen Tunnelblick: Sie vergessen über die Kundenzufriedenheit die anderen Elemente der Erfolgssicherung. Denn obwohl die Vertriebsergebnisse eminent wichtig sind, für den Aufstieg und Machterhalt reichen sie allein nicht aus. Die wirklichen Topmanager, auch im Vertrieb, beherrschen die ganze Klaviatur des Managements.

Dankbarkeit zeigen – und dankbar sein

Vergessen Sie niemals, Dankbarkeit zu zeigen! Auch der beste Topmanager hat seine Erfolge anderen mit zu verdanken, er kann sein geniales Werk nicht allein vollbringen.

Dankbarkeit ist hier deutlich mehr als ein Akt der Höflichkeit. Dankbarkeit ist ein Baustein der Macht, denn sie fördert die ehrliche Beziehung zwischen Menschen, die einander vertrauen wollen oder müssen. Ihre Dankbarkeit schafft Zugehörigkeit und dokumentiert zugleich, dass Sie die Leistung anderer erkennen und würdigen. Das wiederum stärkt die Selbstachtung und das Ansehen Ihrer Mitstreiter und motiviert sie dazu, Ihnen auch in Zukunft ihre Dienste anzubieten und sich für Sie einzusetzen.

Tipp
Dankbarkeit können Sie durch eine entsprechende Rede bei einem wichtigen Meeting oder Event, durch eine lobende Darstellung in der Mitarbeiterzeitung oder auf der persönlichen Ebene durch eine Einladung zeigen. Auch eine konkrete geschäftliche Gegenleistung kann sich eignen. Wichtig ist die dahinterliegende Botschaft an Ihren Kollegen oder Geschäftsfreund: Ich erkenne deine Leistung an und weiß diese und dich zu schätzen.

Dankbarkeit schafft natürlich gewisse Abhängigkeiten, aber diese gehören zum Machtspiel dazu. Wer sich am sichersten fühlt, wenn er niemandem zu Dank verpflichtet ist, wird den Weg zur Spitze nicht bis zum Ende gehen können. Machtgewinn und -erhalt funktioniert immer über Netzwerkstrukturen, Miteinander und Gegenseitigkeiten.

Doch Dankbarkeit hat hier noch eine weitere Dimension. Dankbarkeit bedeutet auch, dass Sie sozusagen dem Leben, dem Quäntchen Glück oder als religiöser Mensch der göttlichen Allmacht für Ihren Werdegang danken. Man könnte das Demut oder Bescheidenheit nennen. Leider sind das Begriffe, die vielen erfolgreichen Führungskräften unheimlich sind. Schließlich muss Demut doch nur jemand zeigen, der etwas falsch gemacht hat. Oder nicht? Gut – wer also partout nicht demütig sein will, dem lege ich ersatzweise Verantwortungsgefühl nahe.

Langfristige Erfolgssicherung und damit Machterhalt bedeutet immer, dass man sich seiner Verantwortung bewusst sein und für die Befindlichkeiten, Stimmungen und Trends seiner Umwelt sensibel bleiben sollte. Wie oft schon haben Hybris, Hochmut oder schlichtes Verkennen der eigenen Machtfülle zum jähen Ende glänzender Karrieren geführt!

Der geschichtsträchtige Fall des Wendelin Wiedeking

Nehmen wir als bis heute wohl markantestes Beispiel in der Industriegeschichte den Fall Wendelin Wiedeking. Wiedeking war Vorstand des weltweit ikonenhaft verehrten Autoherstellers Porsche – einer der wertvollsten Marken weit über den Autosektor hinaus. Porsche kennt jedes Kind, und wer sich als Fan kein entsprechendes Auto leisten kann, der kauft sich zum Beispiel eine Porsche-Sonnenbrille. Unter Wiedeking stieg Porsche durch konsequentes Management vom zwar bekannten, aber wirtschaftlich schwachen Autobauer, zu einem der wertvollsten und wohl auch profitabelsten Industrieunternehmen weltweit auf. Eine Leistung, die ihresgleichen sucht!

Doch nach 15 Jahren an der Unternehmensspitze wollte Wiedeking es wissen, und was dann passierte, stellt sich – vereinfacht den Medien (Wirtschaftswoche, FAZ, manager magazin) entnommen – so dar: Wiedeking versuchte, den zigfach größeren, ebenfalls börsennotierten, Volkswagen-Konzern zu übernehmen, vornehmlich durch allerlei Finanztricks. Neben einer gewissen Geltungssucht, die wir hier annehmen dürfen, lag in seinem Kalkül natürlich auch eine industrielle Logik: Selbst der wertvollste Autobauer der Welt kann als Nischenanbieter nur begrenzt in neue – und möglicherweise zukunftsentscheidende – Technik investieren. Volkswagen (VW) hatte als Gigant genügend finanzielle Reserven und obendrein viele Technologiepatente und -ideen. In manchen Projekten hatte man außerdem bereits eng zusammengearbeitet und gemeinsam Fahrzeuge oder Lösungen entwickelt.

Darüber hinaus wäre Wiedekings Plan eine Art Familienzusammenführung gewesen, denn aus historischen Gründen hielten die Familien Porsche und Piëch Anteile an beiden Unternehmen. Allerdings gab es in Wiedekings Plan einige Unwägbarkeiten, die ein diplomatisches Vorgehen verlangt hätten. So hielt das Land Niedersachsen 20 Prozent der Kapitalanteile an VW und hat bestimmte Sonderrechte. Ferdinand Piëch, nach Journalistenmeinung der Patriarch des Porsche-Piëch-Clans und Aufsichtsratsvorsitzender von VW, schien nicht begeistert von Wiedekings Plänen und hätte stattdessen lieber Porsche in das VW-Reich eingegliedert. Wolfgang Porsche, innerfamiliär wohl so etwas wie Ferdinand Piëchs Gegenpart, hingegen unterstützte Wiedeking. Das ist die Lesart der Medien, sie scheint aber nicht abwegig.

Und so begann Porsche, heimlich VW-Aktien zu kaufen. Als die Rochade ruchbar wurde, wiegelte Wiedeking ab und sagte, man wolle gar nicht die Mehrheit der VW-Aktien erlangen und verfolge keine weiteren Kaufpläne. Im Hintergrund passierte aber offenbar genau das Gegenteil. Wiedeking nutzte geschickt die Kapitalmärkte für seine Strategie und gewann dadurch – unmittelbar und mittelbar – den Zugriff auf immer mehr VW-Aktien. Außerdem spekulierte Wiedeking darauf, dass die EU das VW-Gesetz, das dem Land Niedersachen ein Vetorecht garantierte, als wettbewerbswidrig kippen würde. Dann hätte er die vollständige Kontrolle über VW tatsächlich erreichen können.

Aber die Politik agierte nicht so, wie Wiedeking dachte: Inzwischen hatte die Bundesregierung ein eigenes Gesetz erlassen, welches dem Bundesland Niedersachsen weiterhin Sonderrechte zugestand, unabhängig von der EU-Entscheidung. Am Bundesland kam Wiedeking also nicht vorbei, er hatte die Rechnung in Stuttgart ohne den Wirt in Berlin gemacht. Zugleich schlitterte die Weltwirtschaft in eine der größten Krisen überhaupt, sodass sich die Situation an den Kapitalmärkten radikal änderte – zu Ungunsten Porsches. Hätte Wiedeking einvernehmlicher agiert oder sich mit einem Minderanteil an VW zufriedengegeben, wäre der Schaden vermutlich gar nicht so schlimm gewesen. Wiedeking aber war wie ein Panzer immer weiter vorangewalzt und hatte nach übereinstimmender Darstellung vorgenannter Medien nahezu alle Akteure, von höchsten Bankmanagern, die Porsche umfassende Kredite gewährt hatten, bis hin zum seinerzeit beispiellos einflussreichen Autokaiser Ferdinand Piëch, vor den Kopf gestoßen. Sein Spiel war „Alles oder Nichts". Er hatte augenscheinlich mitten in der Weltfinanzkrise keinen Plan B und es sich mit den anderen Mächtigen des Spiels verscherzt. Schließlich stürzte das Kartenhaus zusammen, nicht Porsche übernahm VW, sondern VW übernahm Porsche. Durch erhebliche finanzielle Lasten in seiner Existenz gefährdet, hatte sich das Schnellboot Porsche schließlich doch dem Riesentanker VW andienen müssen. Dort warf man unter dem Aufsichtsratsvorsitz von Ferdinand Piëch bereitwillig die Schleppleine aus – und Wiedeking aus dem Boot.

Wiedeking hatte nahezu alles verspielt und das ohne erkennbare existenzielle Not. Waren ihm der Glanz und der unbestrittene Erfolg, den er mit Porsche erreicht hatte, zu Kopf gestiegen? Oder hatte er sich auf ein zu gefährliches Spiel mit einem bestimmten Teil der bisweilen streitlustigen und zerstrittenen Eigentümerfamilie eingelassen? Er muss sich in jedem Falle vollkommen unverwundbar gefühlt haben. Anders ist sein tollkühnes Agieren nicht zu erklären, selbst wenn dahinter ein abgekartetes Spiel mit höheren Mächten innerhalb der Eigentümerfamilien gestanden haben sollte. Zum Schluss wurde er vom Hof gejagt wie ein treuloser Knecht. Zwar bleibt ihm das Geld – Wiedeking hat während seiner Zeit bei Porsche wahrhaft fürstlich verdient, war phasenweise sogar der mit Abstand am besten bezahlte Manager Deutschlands –, aber Geld kann die erlittene Schmach kaum aufwiegen, wenn es um die Beurteilung der Lebensleistung geht. Ein ganz großer Manager musste ganz klein abtreten.

Dass Jahre später der VW-Konzern durch die Manipulation der Abgaswerte und Abgassysteme von Dieselfahrzeugen („Dieselgate") in eine nun wirklich historische Krise schlitterte, dass Ferdinand Piëch entmachtet wurde oder entnervt den Bettel hinwarf (je nach Lesart), dass im Fadenkreuz unter anderem der damalige VW-Vorstandsvorsitzende Martin Winterkorn stand und unehrenhaft zurücktreten musste – all das steht auf einem anderen Blatt. Vielleicht ein Trost: Spätestens seit dem Dieselgate spricht von Wiedekings unrühmlichem Abgang niemand mehr, vor Gericht wurde er von allen Marktmanipulationsvorwürfen freigesprochen. Er kann dem Treiben gelassen zusehen und sich doch kommod neuen Geschäften widmen. Zeit heilt auch im Management viele Wunden, so schnell wird niemand endgültig vom Platz gestellt.

Die daraus abzuleitende Schlussfolgerung und Aufforderung ist denkbar einfach: Lassen Sie sich nicht von der Macht korrumpieren! Ehrliche Dankbarkeit für das Erreichte, resultierend aus gemeisterten Herausforderungen, aus bewiesener Verantwortung und aus Respekt für Ihre Mitstreiter und auch Widersacher, wird Sie vor dem Sturz bewahren.

10 Regeln zur Erfolgssteigerung und -sicherung

1. Betonen Sie Ihre Leistungen und nicht die Mühen, die diese Ihnen bereitet haben.
2. Umgeben Sie sich mit den Menschen, die Ihre Werte teilen – Erfolg schafft Erfolg, Unglück zieht Unglück an.
3. Rücken Sie Ihre Leistung ins rechte Licht, aber versuchen Sie nicht, Ihren Chef dabei zu übertrumpfen.
4. Mit der erfolgreichen Übernahme von Prestigeprojekten sorgen Sie dafür, dass wichtige Entscheider im Unternehmen auf Sie aufmerksam werden.
5. Beginnen Sie als höherer Manager so früh wie möglich mit dem Aufbau einer belastbaren Hausmacht und setzen Sie Störenfriede matt, bevor es zu spät ist.
6. Kommunizieren Sie Ihre Ziele und Absichten bewusst und nur dann, wenn es wirklich sinnvoll ist und Ihrer Sache dient.
7. Lassen Sie Ihren Mitarbeitern hin und wieder die Wahl. Auf lange Sicht stärkt Demokratie im Unternehmen Ihre Machtposition.
8. Ein gewinnendes Auftreten und wohl inszenierte Auftritte steigern Ihre Überzeugungskraft
9. Kümmern Sie sich um Ihre Kunden – interne wie externe. Zufriedene Kunden sind Multiplikatoren und Gradmesser Ihres Erfolgs.
10. Zeigen Sie ehrliche Dankbarkeit.

Die erfolgreiche Bewerbung

Die Grundlage einer erfolgreichen Bewerbung ist, dass Sie sich klar werden – über sich selbst, Ihre Wünsche, Ihre berufliche Kompetenz, Ihre Karriereziele und über den Preis, den Sie gewillt sind, dafür zu bezahlen. Doch darüber hinaus gibt es noch weitere Punkte, auf die Sie besonders achten sollten – insbesondere bei einer Bewerbung um eine Position im Topmanagement.

Eine Frage der Darstellung

Levent C. wurde in Deutschland als Sohn türkischer Eltern geboren und wuchs die ersten Jahre seines Lebens ohne nennenswerte Deutschkenntnisse auf. Mit der Einschulung begann für ihn der zunächst mühsame Prozess, Deutsch zu lernen. In der Grundschule blieb er sitzen, ein weiteres Mal in der Realschule. Heute spricht er fließend Deutsch. Er besitzt die deutsche Staatsbürgerschaft und sieht hier auch seine Zukunft. Seine Schulnoten hatten sich übrigens über die Jahre gebessert. Er erlangte schließlich das Abitur und schloss erfolgreich ein Studium der Naturwissenschaften ab. Als er sich nach seiner ersten Stelle als Datenspezialist bei einem Dienstleistungsunternehmen beruflich verändern wollte, blieben seine Bewerbungsbemühungen erstaunlicherweise erfolglos. Würdigt der Markt seine gelungene Integration nicht? Eine Analyse seiner Bewerbungsunterlagen ergab, dass Levent seine Lebensgeschichte und die damit verbundene lange Schul- und Studienzeit auf einer Extraseite, der sogenannten Seite 3, erklärte. Konnte das von Nachteil sein? Sein Werdegang war doch im Ergebnis betrachtet bisher eine tolle Erfolgsgeschichte. Oder lenkte er die Aufmerksamkeit des Lesers eher auf die Problemseite seines Lebens, wodurch seine sehr gute sonstige Qualifikation überschattet wurde? Wäre es vielleicht klüger, die Seite 3 zu löschen und stattdessen seine lange Schul- und Studienzeit einfach in einem Unterpunkt im Lebenslauf zu erklären?

Mehr ist besser – oder doch nicht?

Dr. Jens M. hatte bereits eine erfolgreiche Laufbahn als Diplomkaufmann in unterschiedlichen Führungspositionen und Unternehmen absolviert, als sein aktueller Arbeitgeber von einer Investmentfirma gekauft wurde, die ihn durch einen neuen kaufmännischen Leiter ihres Vertrauens ersetzte. Jens wurde eine großzügige Abfindung und Übergangzeit gewährt, sodass er sich quasi aus seiner Angestelltenposition heraus bewerben konnte. Und er bewarb sich um zahlreiche ausgeschriebene Stellen, die er problemlos hätte ausfüllen können. Auch an mehrere große Personalberatungen versendete er seine Unterlagen. Doch eine Reaktion blieb aus. Dabei strotzt sein Lebenslauf nur so von Erfolgen und Erfahrung. Er hatte vom Controlling bis hin zum Marketing diversifizierte Kenntnisse erworben und glaubte sich bestens gerüstet. Oder war am Ende sein Lebenslauf überfrachtet? Fehlte eine klare Richtung, sodass die Personaler und Personalberater eher verwirrt als überzeugt wurden?

Der richtige Umgang mit Schwächen

Das Vorstellungsgespräch von Martin A. lief so lange gut, bis der Personalberater ihn fragte, welche Niederlagen er bereits erlitten und was er daraus gelernt habe. Dies betrachtete er als eine Fangfrage, auf die er sich gar nicht erst einlassen wollte. Ein Manager wie er hatte selbstverständlich noch keinen gravierenden Misserfolg zu verzeichnen, denn sonst wäre er ja gar nicht so weit gekommen. Auch für die Zukunft, so Martin, habe er sich vorgenommen, uneingeschränkt auf der Erfolgsspur zu bleiben. Was könne bei seinem straffen Management schon danebengehen? Außerdem zögen wahre Siegertypen ein Scheitern gar nicht erst in Betracht. Sehr erstaunt musste Martin wenig später zur Kenntnis nehmen, dass der Bewerbungsprozess für ihn beendet war. Wie konnte das passieren? War er doch zu großspurig aufgetreten? Wurde von einem Mitglied des höheren Managements mehr Selbstreflektion erwartet?

Der für alle durchlässige Arbeitsmarkt ist eine Lüge

So mancher Bewerbungsratgeber gaukelt vor, jeder habe die Chance, seine persönliche Traumposition zu erlangen. Man müsse nur wissen, was man wirklich wolle, beharrlich sein, ein knackiges Anschreiben erstellen und einen pointierten Lebenslauf präsentieren. Der Rest sei dann eine Sache der Trefferwahrscheinlichkeit, aber kein grundsätzliches Hindernis.

Das ist bestenfalls die halbe Wahrheit. Gerade im deutschsprachigen Raum werden Positionen sehr wohl nach fachlicher Kompetenz – speziellen Managementkompetenzen wie etwa Projektmanagement oder funktionsspezifische Fertigkeiten – und nach der beruflichen Erfahrung vergeben. Wer die ersten Jahre seiner Laufbahn in Finanzpositionen absolviert hat, wird es deutlich schwerer haben, in einen anderen Funktionsbereich zu wechseln, als innerhalb des Funktionsbereichs aufzusteigen. Wer viele Jahre in einer bestimmten Branche Erfahrung gesammelt hat, ist nicht gerade prädestiniert für einen Branchenwechsel. Man wird den wechselwilligen Bewerber eher fragen, warum er den Wert seiner bisher gewonnenen Branchenerfahrung und damit einen Karrierevorteil aufs Spiel setzt, als dass man seine Neugier und Offenheit würdigt. Das mag man als flexibler Kandidat borniert finden, ist aber leider nach meiner Erfahrung eher Regel als Ausnahme.

Auch das Anschreiben der Bewerbung hilft hier nicht weiter. Viele Bewerber glauben, dass ein gelungenes Anschreiben den Ausschlag für die Einladung zum Vorstellungsgespräch gibt. Doch auch das ist nur sehr bedingt der Fall. Zwar enthält ein gutes Anschreiben überzeugende Gründe, warum sich ein Bewerber um die aktuell freie Stelle oder initiativ in dem konkreten Unternehmen bewirbt. (Wer bin ich? Was kann ich? Warum möchte ich hier arbeiten?) Entscheidend ist jedoch immer der Lebenslauf, der die Qualifikationen und Erfahrungen darlegt. Schlimmstenfalls lassen sich Bewerber dazu hinreißen, die Stationen ihres Berufslebens schon im Anschreiben auszuwalzen. Dadurch wird das Anschreiben meist deutlich länger als die ideale eine Seite, unübersichtlich und wenig griffig. Hier sollten wirklich nur genau die beruflichen Erfahrungen und persönlichen Qualifikationen, die für die gewünschte Stelle entscheidend sind, in konzentrierter Form dargeboten werden.

Natürlich gibt es immer wieder Karrierewechsler und Quereinsteiger, die ihrer beruflichen Entwicklung sehr erfolgreich eine neue Richtung geben, wie beispielsweise der Controller, der in den Vertrieb wechselt oder der Automanager, der zum Handelsriesen geht. Doch auch in diesen Fällen handelt es sich überwiegend nicht um einen völligen Paradigmenwechsel, wie ein zweiter Blick beweist. Die meisten Kandidaten bringen auch hier Managementkompetenzen oder Erfahrungen mit, die für die neue Stelle wichtig sind. Ein typisches Beispiel ist der Funktionswechsel innerhalb eines Unternehmens, da der Karrierewechsler in diesem Fall Produkte, Märkte oder wichtige Zahlen bereits detailliert kennt. Manche Konzerne bieten sogar ein eigenes funktionsübergreifendes Rotationsprogramm an.

Tipp
Oft spielt bei dieser Art von Karrierewechsel das persönliche Netzwerk eine wichtige Rolle. Wer die richtigen Leute kennt, dem eröffnen sich Chancen, die der unvernetzte Bewerber nicht hat.

Die Seite 3: Viel Wind um nichts?

Die ominöse Seite 3 einer Bewerbung, auch oftmals mit „Was Sie sonst über mich wissen sollten" oder „Meine besondere Motivation" etc. betitelt, ist für die meisten Bewerber schlicht überflüssig.
Ich erlebe es immer wieder, dass selbst Kandidaten im Rennen um eine Geschäftsführungsposition sich Gedanken über ihre Seite 3 machen, nur weil der eine oder andere Bewerbungsberater diese einfordert. Hier kann ich alle Bewerber um eine Position im Topmanagement beruhigen, eine Seite 3 ist für sie so gut wie nie erforderlich. Und auch die meisten Bewerber um niedrigere Management- oder Spezialistenpositionen können auf die Seite 3 getrost verzichten.

Ein Anschreiben und ein Lebenslauf, in denen die wichtigen Kenntnisse, Fähigkeiten und Erfahrungen prägnant dargestellt werden, reichen für eine erfolgreiche Bewerbung vollkommen aus – jedenfalls dann, wenn das Bewerberprofil wenigstens zu 70 Prozent zum Stellenprofil passt. Und sollten bereits hier gravierende Defizite vorliegen, kann eine Seite 3 das nicht wettmachen. Plakativ gesagt: Wenn umfassende Erfahrung im Betonbau eingefordert wird, hilft dem Bewerber aus der Medienbranche auch eine Seite 3 nichts.

Es gibt jedoch einige wenige Ausnahmefälle, in denen eine Seite 3 sinnvoll sein kann. Nämlich dann – und nur dann –, wenn der Bewerber etwas sehr Ungewöhnliches und für ihn Nachteiliges zu erklären hat. Zum Beispiel eine große Lücke im Lebenslauf oder eine lange Station, die überhaupt nicht zum Rest passt. Auch eine völlige Umorientierung kann man so möglicherweise besser erklären. Allerdings ist selbst in diesen Fällen zu überlegen, ob es nicht besser ist, seine Erläuterung anders zu verpacken, beispielsweise direkt im Informationsteil der fraglichen Station. Eine Extraseite lenkt die Aufmerksamkeit besonders auf den wunden Punkt und erhöht zudem die Gefahr einer verunglückten Selbstdarstellung.

Viel wichtiger – aber auch deutlich schwieriger umzusetzen – ist die Einfügung eines Kurzprofils in den Lebenslauf. Das Kurzprofil kann auf einer Art Deckblatt platziert werden, meistens folgt es aber auf der ersten Seite des Lebenslaufs den Kontaktdaten des Bewerbers. Es enthält eine Auflistung

- der Branchen- und Funktionserfahrung,
- der Managementkenntnisse,
- errungener Erfolge und
- sonstiger besonderer Kompetenzen, die für das Zielunternehmen oder den Personalberater relevant sind.

Doch so einfach die Faustregel ist, so individuell muss sie umgesetzt werden, damit Sie sich überzeugend präsentieren.

Tipp
Ein gutes Kurzprofil nimmt den Leser Ihres Lebenslaufs für Sie ein, noch bevor er Ihre beruflichen Stationen im Detail erfasst hat. Ein wenig aussagefähiges oder sogar irreführendes – weil nicht an die aktuelle Stelle oder Ihre Zielvorstellung angepasstes – Kurzprofil hingegen ist schädlicher als eine Seite 3. Wenn Sie sich also für das Einfügen eines Kurzprofils entscheiden, dann widmen Sie dessen Erstellung höchste Aufmerksamkeit!

Im Lebenslauf darf die Story nicht fehlen

Klassische Bewerbungsratgeber konzentrieren sich meist auf Themen, wie Lücken im Lebenslauf, das Bewerbungsfoto oder die Frage, wie viele Seiten ein Lebenslauf umfassen soll. Natürlich sind diese Punkte wichtig, aber letztlich handelt es sich dabei um Grundwissen.

Mindestens genauso wichtig ist jedoch – und das verschweigen viele Ratgeber – ist die richtige Story im Lebenslauf. Es reicht eben nicht, die einzelnen Stationen nur lückenlos und in der richtigen Reihenfolge aufzulisten. Gerade Bewerber um Managementpositionen haben bisweilen eine sehr reichhaltige Vita mit vielen Stationen, Positionen und Erfahrungswerten vorzuweisen. Manche dieser Lebensläufe sind so prall gefüllt, dass selbst erfahrene Headhunter Schwierigkeiten haben, die Übersicht zu behalten. Damit verkehrt sich der eigentliche Vorteil des reichhaltigen Kompetenzprofils ins Gegenteil.

Ein exzellenter Lebenslauf nimmt den Leser daher quasi an die Hand und führt ihn zu den wichtigsten Punkten. Das Motto darf nicht heißen „Such dir aus meinem Profil aus, was für dich relevant ist", sondern es muss lauten: „Ich zeige dir genau, was ich kann und warum ich der Richtige für dich bin." Das mag trivial anmuten, ist aber in der Regel schwierig umzusetzen. Ein Lebenslauf muss den Bewerber immer individuell und aussagefähig darstellen und zugleich passgenau auf das Stellenprofil zugeschnitten sein. Was für einen Absolventen aufgrund der Kürze des Lebenslaufes noch leicht beherrschbar ist, gewinnt bei berufserfahrenen Managern rasant an Komplexität.

> **Tipp**
> Die Kunst besteht darin, die jeweils wichtigen Kenntnisse und Erfolge herauszustellen, ohne dabei andere relevante Informationen unter den Tisch fallen zu lassen oder zu verleugnen. Sie müssen fein abwägen, welche Informationen Sie als irrelevant einstufen und möglicherweise gar nicht nennen und welche Sie betonen oder sogar überbetonen müssen.

Doch wenn die Story im Lebenslauf so wichtig ist, warum gibt es dann kaum konkrete Beispiele, vor allem für Manager? Vermutlich liegt das an der erforderlichen Individualität. Es gibt keine Patentlösung, jeder gute Lebenslauf ist ein Unikat. Daher verbietet es sich auch für mich, Ihnen an dieser Stelle weitere, pauschale Tipps zu geben.

Chancen finden über das persönliche Netzwerk

Neben den üblichen Quellen für Stellenanzeigen spielt gerade im Kampf um Managementpositionen das persönliche Netzwerk eine entscheidende Rolle. Immer wieder unterschätzen Manager die Wichtigkeit eines solchen Netzwerks – oder Sie wissen kurioserweise oftmals nicht, was sie aus einem vorhandenen Netzwerk alles herausholen können.

Netzwerke entwickeln sich über eine lange Zeit und wachsen dankenswerterweise mit dem Fortschreiten der Karriere, wenn man sie aktiv pflegt. Das ist ein Vorteil des Älterwerdens, aber Sie müssen natürlich am Ball bleiben. Ich erlebe es immer wieder, dass sich Führungskräfte zu wenig um ihre Vernetzung kümmern und zu sehr auf den Anruf vom Headhunter oder die öffentlich zugänglichen Stellenausschreibungen verlassen. Das jedoch funktioniert ab einem gewissen Karrierestadium nicht mehr zuverlässig, weil längst nicht alle hochkarätigen Positionen öffentlich ausgeschrieben werden.

Netzwerke kann man (trotz Internet) nicht aus dem Stand erschaffen. Sie müssen wachsen, gerade wenn sie über Ihr unmittelbares Umfeld am Arbeitsplatz hinausreichen sollen. Zeigen Sie also Präsenz auf Kongressen, besuchen Sie Managementseminare und positionieren Sie sich als Experte für ein bestimmtes Gebiet.

Tipp
Auch als Netzwerker brauchen Sie überzeugende Unterlagen, denn eine aktuelle Bewerbungsmappe oder zumindest ein Lebenslauf und ein Anschreiben werden sicherlich hier und da eingefordert werden. Sie finden durch Ihr Netzwerk zwar leichter Zugang zu Unternehmen, die eine entsprechende Position zu besetzen haben, unterliegen aber trotzdem – wie alle anderen Bewerber – dem formellen Bewerbungsprozess.

Es gibt darüber hinaus natürlich noch viele weitere Varianten der Netzwerkbildung, die hier aus Platzgründen jedoch nicht diskutiert werden können. Mir ist an dieser Stelle wichtig, Sie noch einmal an die hohe Bedeutung der Netzwerkbildung zu erinnern und Sie zu ermutigen, Ihr Netzwerk aktiv zu nutzen, wenn die Zeit gekommen ist. Sollten Sie eine neue Chance suchen, dann bewerben Sie sich auch über Ihr Netzwerk. Seien Sie dabei nicht anbiedernd, aber zeigen Sie auch keinen falschen Stolz. Bringen Sie sich ins Spiel.

Die richtige persönliche Digitalstrategie

Ihr Social Media-Auftritt ist dann wirksam und besonders Erfolg versprechend, wenn Sie ein klares, gezieltes Bild kommunizieren. Bieten Sie kein unsortiertes Kabinett verschiedener Erfahrungen oder Interessen. Arbeiten Sie zunächst heraus, welche Botschaft Sie online vermitteln wollen, wie und als was Sie gesehen und gefunden werden wollen. Dann schneiden Sie Ihren Auftritt darauf zu. Identifizieren Sie Kernbotschaften, Kernstärken und Kernerfahrungen.

Für Fach- und Führungskräfte allgemein und Bewerber-Kandidaten im Speziellen sind XING und LinkedIn die Social Media-Netzwerke erster Wahl. Auf beiden Plattformen tummeln sich zahlreiche Headhunter und Personalrecruiter auf der Suche nach neuen Kandidaten. Wer dort sichtbar ist, benötigt im Grunde nur noch die Auswahl und Präsentation der richtigen Fähigkeiten und Erfahrungen im Sinne seiner Karrierestrategie. Sowohl XING als auch LinkedIn Profile müssen also strategisch erstellt werden. Durch die aktive Suche der Headhunter und Personalrecruiter ist die Chance groß, im Laufe von einigen Monaten kontaktiert zu werden.

Mit Ihrer kommunizierten Positionierung sind Sie außerdem in der Lage, weitere Schritte zu gehen. Das kann die aktive Kontaktaufnahme in Karrierenetzwerken sein, die Beteiligung an Diskussionen in Foren oder das Kommentieren von Artikeln, mit denen Sie potenzielle neue Kontakte auf sich aufmerksam machen, aber auch die reine Präsenz in verschiedenen Plattformen, um Ihre Online-Reputation zu steuern.

Denken Sie daran, in welchen Situationen nach Informationen über Sie gesucht werden kann:

- Sie bewerben sich um eine neue Stelle. Das Unternehmen schaut schon mal, was es online über Sie erfährt

- Sie knüpfen persönlich einen neuen Kontakt, sei es auf einer Messe, im Verkauf oder einfach im Berufsalltag. Ihr neuer Kontakt ist interessiert, recherchiert im Netz oder möchte Sie gerne in einem Karrierenetzwerk als Kontakt hinzufügen
- Jemand sucht nach einem Experten in genau Ihrem Fachgebiet. Als Redner, als Ratgeber oder einfach für einen Austausch
- Personaler oder Headhunter suchen regelmäßig in sozialen Netzwerken nach geeigneten Kandidaten.

Sie sind clever, wenn Sie diese Situation für sich nutzen. Eine systematische, proaktive Gestaltung Ihrer Online-Reputation bringt Ihnen wirkungsvolle Vorteile:

- Sie positionieren sich genau entsprechend Ihrer Karriereplanung
- Sie bestimmen, welche Informationen man über Sie zuerst findet, was bei einer Google-Recherche über Sie bevorzugt auftaucht
- Sie bieten aktuellen und potenziellen Arbeitgebern, Geschäftspartnern oder Kunden ein rundes und abgestimmtes Bild Ihrer Person und Ihres Portfolios
- Sie steuern, welchen Bildungshintergrund und welche persönlichen Interessen man über Sie erfährt
- Sie können sich mit interessanten Kontakten vernetzen und sich austauschen, sei es in persönlichen Nachrichten oder in Gruppen und Foren
- Sie sind für Menschen präsent, sichtbar und erreichbar, die nach genau jemandem wie Ihnen suchen.

Und nicht zuletzt: Sie beweisen Ihre persönliche Digitalkompetenz, ein nicht zu unterschätzender Faktor der erfolgreichen Karriere.

Tipp
Betrachten Sie Online Business-Netzwerke und insbesondere Ihre Präsenz bei den Marktführern XING und LinkedIn als langfristiges Engagement. Wenn man die Online-Präsenz braucht und sie noch gar nicht oder schlecht gepflegt hat, ist es meist zu spät. Die volle Wirkung entfalten die Netzwerke durch Ihre Sichtbarkeit für alle Nutzer, stärker noch als durch möglichst viele Kontakte in Ihrem eigenen Netzwerk. Dabei ist es wichtig, die Darstellung nicht als eine 1:1-Übertragung des Lebenslaufs zu begreifen, sondern als strategische Veröffentlichung in eigener Sache. Überlegen Sie sich daher sehr genau, wie ein Betrachter – zumeist also Headhunter oder Personaler – Sie sehen soll, welche Kompetenzen und Botschaften sie vermitteln möchten.

Realistisch sein – welche Stelle passt zu mir?

Auch Topmanager erliegen bisweilen dramatischen Fehleinschätzungen darüber, welche Stelle zu ihnen passt. So manche Bewerbung geht daneben, weil der Bewerber sich vorher nicht darüber im Klaren ist, wie gut die eigenen Qualifikationen zum gesuchten Stellenprofil passen. Auch der Wettbewerb ist in die Kalkulation einzubeziehen: Bringt man selbst nur 60 Prozent Passung für eine Vakanz mit, ist die Wahrscheinlichkeit hoch, dass es Konkurrenten gibt, die besser für diese Position geeignet sind. Natürlich spielen auch die richtige Ausgestaltung von Anschreiben und Lebenslauf eine Rolle, doch selbst ein optimal gestalteter Lebenslauf kann gravierende Abweichungen nicht kaschieren.

Ein weiterer großer Fehler von Bewerbern um Toppositionen, gerade im Mittelstand, liegt darin, dass sie zwar ambitionierte Wünsche mitbringen (was per se zu begrüßen ist), sich dabei aber zu stark von der Realität entfernen. Sie messen sich mit anderen, meist prominenten Topmanagern, deren Karrieren sie aus den Medien kennen. Doch dabei übersehen sie leicht, dass es sich bei diesen Beispielen meist um außergewöhnliche Karrieren handelt, die keinesfalls allgemeingültigen Gesetzen unterliegen.

Meine Kollegen und ich ermutigen ambitionierte Manager ausdrücklich, das bestmögliche Ziel zu erreichen, und unsere Erfahrung zeigt, dass man viele Schritte seiner Karriere tatsächlich aktiv beeinflussen kann. Wichtig dabei ist, auch Niederlagen einstecken zu können und den Bogen seines Selbstbewusstseins nicht zu überspannen. Hat es nur zum zweiten Platz gereicht, sollten Sie das sportlich sehen und sich beispielsweise beim Personalberater dafür bedanken, dass Sie am Auswahlprozess teilnehmen durften. Gerade bei Headhuntern kommen mangelnde Souveränität und Überheblichkeit nicht gut an. Wer langfristig im Rennen bleiben will, muss Haltung bewahren und auf die richtige Chance warten.

Gehaltspoker: Spiel mit Fixum und Variablen

Das Gehalt sollte niemals in der Frühphase eines Vorstellungsgesprächs diskutiert werden. Erst wenn alle wesentlichen Informationen bezüglich der Aufgabe ausgetauscht sind, spricht man dieses delikate Thema an. Natürlich möchte jeder Bewerber möglichst viel verdienen, während der Arbeitgeber in der Regel nicht zu viel Gehalt zahlen möchte. Das ist die bekannte Ausgangssituation. Nun wird verhandelt.

Wenn Sie ein Headhunter ins Bewerbungsverfahren und damit in die engere Auswahl nimmt, dann werden Sie natürlich Ihr aktuelles Gehalt in allen Details offenlegen müssen. Das ist auch kein Problem, denn ein Headhunter braucht immer exakte Daten und behandelt diese vertraulich. Anders sieht die Sachlage aus, wenn Sie Ihren Lebenslauf beziehungsweise Ihr Profil in einschlägigen Datenbanken im Internet ablegen oder wenn Sie sich um eine Stelle bewerben, die vom Unternehmen ausgeschrieben ist. Hier können Sie mit Ihrem Gehalt spielen.

Nehmen wir an, Sie müssen sich neu orientieren, und das Gehalt ist für Sie nicht der alles entscheidende Faktor. Wenn Sie im Vergleich zu Ihren Wettbewerbern beziehungsweise zum Branchendurchschnitt deutlich mehr verdient haben und fürchten, dieses Niveau in der neuen Position nicht halten zu können, dann geben Sie einfach Ihr Fixgehalt ohne Bonus oder Ihr Wunschgehalt an. Haben Sie hingegen bisher deutlich zu wenig verdient, dann geben Sie ausschließlich Ihr Wunschgehalt an.

Haben Sie bei einem sehr niedrigen Fixgehalt einen hohen Bonusanteil im aktuellen Gehalt, dann nennen Sie nur das Gesamtgehalt, wenn Sie sich verbessern möchten. Vielleicht werden Sie ja gar nicht gefragt, ob der Bonus erreicht wurde, und man setzt das hohe Gesamtgehalt als Basis für die weiteren Verhandlungen voraus. Das verbessert Ihre Position im Gehaltspoker ungemein.

Tipp
Denken Sie immer auch an Zusatzleistungen, wie etwa Dienstwagen oder Altersvorsorge, die Sie in die Verhandlung einbeziehen können. Wenn man Ihnen ein nach Ihrem Empfinden zu niedriges Gehalt bietet, können Sie über die Einforderung von Zusatzleistungen eventuell mehr erreichen. Umgekehrt können Sie, wenn kaum Zusatzleistungen geboten werden, über ein höheres Gehalt beispielsweise den fehlenden Dienstwagen ausgleichen.

Als Topmanager schließlich bleibt Ihnen immer noch die Möglichkeit, über einen Kapitaleinstieg zu verhandeln. Damit gehen Sie zwar ein deutlich höheres Risiko ein, haben dafür aber exorbitante Gewinnchancen.

Das Vorstellungsgespräch – die Persönlichkeit entscheidet

Gerade als mittlerer bis höherer Manager sollten Sie ein Vorstellungsgespräch als vornehmlich geschäftlichen, aber auch persönlichen Austausch auf hohem Niveau verstehen.

Stellen Sie Ihren Werdegang und Ihre Erfolge in etwa fünf bis zehn Minuten dar. Üben Sie diese Selbstpräsentation vorher, hier gibt es nur eine Chance. Spannen Sie einen schlüssigen Bogen von Ihrer Herkunft über Ihre Ausbildung und frühere Berufserfahrung zu Ihrer aktuellen Position. Wenn Sie auf offensichtliche Fehlentscheidungen oder Rückschläge angesprochen werden, blocken Sie nicht ab, sondern legen Sie die Gründe dar. Eventuell vorzubringende Ausreden sollten Sie vorab sehr gründlich konstruieren und einüben, spontane Rechtfertigungen gehen meist schief.

Wenn Sie sich um eine höhere Managementposition bewerben, wird sich das Gespräch wahrscheinlich recht schnell um die aktuelle Situation des einstellenden Unternehmens drehen. Zunächst sollten Sie klare Ideen haben, wie Sie das Unternehmen beziehungsweise Ihren zukünftigen Bereich voranbringen wollen. Sie brauchen Ihre Karten nicht komplett auf den Tisch zu legen, schließlich fehlen Ihnen als Außenstehendem ja noch wichtige Informationen, aber Sie müssen eine klare Linie darlegen können. Streichen Sie Ihre Stärken heraus, lassen Sie Ihre Erfolge einfließen, aber seien Sie nicht großspurig. Sowohl Personalberater als auch Inhaber wissen eine bestimmte – aber nicht falsche – Bescheidenheit zu schätzen.

Versuchen Sie, die Befindlichkeiten Ihres Gesprächspartners zu erfassen. Gerade in Familienunternehmen bestimmen Werte und Verhaltensregeln das Geschehen, die sich nicht unbedingt in Einklang mit denen einer börsennotierten Kapitalgesellschaft bringen lassen. So manches Vorstellungsgespräch ist nicht an den mangelnden fachlichen Qualifikationen des Bewerbers gescheitert, sondern an der zwischenmenschlichen Komponente. An der Spitze wird die Luft bekanntlich dünn, und da alle Kandidaten im Bewerbungsprozess annähernd die gleichen Qualifikationen und einen vergleichbaren Erfahrungshorizont mitbringen, entscheidet am Ende die oft zitierte persönliche Chemie.

Dabei sollte man sich selbst nie verleugnen, sondern stets authentisch bleiben. Wer kein Charisma hat, braucht es sich für das Vorstellungsgespräch nicht anzutrainieren (das klappt sowieso nicht). Wichtig ist allerdings eine möglichst positive Ausstrahlung: Lächeln Sie, nehmen Sie eine straffe Körperhaltung an und suchen Sie Blickkontakt zu Ihrem Gegenüber. Auch die klassischen Regeln haben nach wie vor Gültigkeit: Nehmen Sie sich für Ihre Antwort Zeit, wenn Sie gerade auf dem Schlauch stehen, oder fragen Sie eventuell noch einmal nach. („Verstehe ich Sie richtig, dass ...", „Wie genau meinen Sie das ...?") Ruhe und Überlegtheit sind immer besser als schnelle Antworten, die in fahrigem Gestammel enden.

Die Schwäche darf auch Stärke sein

Die notorische Frage nach den persönlichen Schwächen sollte eigentlich ad acta gelegt werden, denn der Interviewer erhält ohnehin kaum ehrliche Antworten. Dennoch hält sich der Stärken-Schwächen-Fragenkomplex offenbar hartnäckig. Deshalb folgende Anmerkung dazu: Die mit großem Abstand häufigste Schwäche, die Manager in unseren Testinterviews nennen, ist ihre Ungeduld. Zahlreiche Bewerbungsberater bemängeln diese Standardantwort und haben recht damit. Der Fehler liegt darin, die wahre Schwäche schlagwortartig zu benennen und es bei diesem Schlagwort zu belassen. Wenn also auch Sie zu den Ungeduldigen zählen, dann umschreiben Sie Ihr ungeduldiges Verhalten, und nennen Sie konkrete Situationen, in denen diese negative Seite sichtbar wird. Versuchen Sie, Ihre Ungeduld anhand plausibler Beispiele und nicht als Schlagwort zu erwähnen. Sagen Sie beispielsweise, dass Sie häufig schneller denken als Ihr Team und diese Geschwindigkeit auch zu oft von Ihren Mitstreitern erwarten – wenn Sie die gleichen Dinge dreimal erklären müssten, würden Sie manchmal ungemütlich. Dabei stießen Sie dann hin und wieder Mitarbeitern etwas zu harsch vor den Kopf. Diese Schwäche kann man Ihnen nicht einmal wirklich verübeln, denn einen guten Manager mit Eselsgeduld habe ich noch keinen getroffen!

Tipp
Wichtig ist auch zu bekunden, dass Sie um Ihre Schwäche wissen und daran arbeiten. Selbsterkenntnis kommt immer gut an. Wer diese nicht hat, zeigt eine empfindliche Charakterschwäche.

Tag 1 im Job: ein neues Rennen startet

Sie haben das Rennen gemacht? Dann herzlichen Glückwunsch! Vergessen Sie aber nicht, dass Sie mit diesem Zieldurchlauf eigentlich nur das Qualifying gewonnen haben, und bereiten Sie Ihre Einstiegsphase genauso intensiv vor wie den Bewerbungsprozess. Hier einige Grundregeln für die magischen ersten 100 Tage im neuen Job:

- Beobachten Sie die Unternehmenskultur und passen Sie sich, wo nötig, an.
- Versuchen Sie, ungeschriebene Gesetze zu erkennen, und richten Sie sich nach Ihnen. Sie können diese aber auch bewusst brechen, um ein Zeichen zu setzen.
- Achten Sie auf informelle Netzwerke: Wer hat wann und wo tatsächlich etwas zu sagen? Wer gibt den Ton an?
- Sie sind neu und für viele Kollegen eine Attraktion beziehungsweise ein Unsicherheitsfaktor. Das wird deren Verhalten prägen und es stellenweise künstlich wirken lassen. Nehmen Sie das hin und tasten Sie sich schrittweise an die Persönlichkeit Ihrer Kollegen heran.
- Halten Sie nach Konflikten und Konfliktpotenzialen Ausschau. Sind Sie nicht direkt betroffen, weichen Sie ihnen aus, andernfalls lösen Sie sie.
- Analysieren Sie, wie Ihr Chef oder der Aufsichtsrat arbeitet, um sich auf seinen Stil und seine Erwartungen einzustellen.
- Bleiben Sie bescheiden, und setzen Sie sich keine unrealistischen Ziele. Allerdings sollten Sie Ihr Licht auch nicht unter den Scheffel stellen und sich frühzeitig einbringen. Gerade von höheren Führungskräften und Topmanagern wird aktives Eingreifen erwartet!

Diese Tipps können für Sie allerdings nur Anhaltspunkte sein. Jedes Unternehmen ist anders. Denken Sie also daran, dass es letztlich keine Patentrezepte gibt. Bleiben Sie aufmerksam und aufgeschlossen für Ihr Umfeld, und ziehen Sie aus Ihren Beobachtungen die richtigen Konsequenzen.

10 Regeln für die erfolgreiche Bewerbung

1. Der durchlässige Arbeitsmarkt ist eine Lüge. Entwickeln Sie Ihren beruflichen Schwerpunkt daher mit Bedacht.

2. Ein aussagekräftiges Kurzprofil im Lebenslauf ist wesentlich sinnvoller als die viel beschworene Seite 3.

3. Achten Sie bei Ihrem Lebenslauf darauf, den Leser an die Hand zu nehmen und wichtige Kenntnisse und Erfolge entsprechend herauszustellen.

4. Nutzen Sie auch Ihr persönliches Netzwerk für die Stellensuche.

5. Bleiben Sie in Bezug auf die von Ihnen angestrebte Position realistisch, und warten Sie lieber auf die richtige Chance.

6. Machen Sie sich bewusst, dass es manche Stellen, die ausgeschrieben werden, gar nicht gibt. Wie bei jeder Ablehnung heißt es dann für Sie: nicht lange grübeln, geradewegs auf zu neuen Ufern!

7. Nutzen Sie beim Gehaltspoker die Möglichkeit, Fix- und Zielgehalt zu unterscheiden. Bringen Sie auch Zusatzleistungen ins Spiel, um eine angemessene Gesamtvergütung zu erhalten.

8. Nicht selten entscheidet am Ende die viel zitierte persönliche Chemie. Deshalb sind eine möglichst positive Ausstrahlung und das Erkennen gemeinsamer Werte im Vorstellungsgespräch wichtig.

9. Antworten Sie auf die Frage nach Ihren Schwächen nicht mit einem bloßen Schlagwort, sondern be- und umschreiben Sie diese, und bekräftigen Sie, dass Sie an sich arbeiten.

10. Bereiten Sie Ihren Einstieg in das neue Unternehmen genauso sorgfältig vor wie zuvor Ihre Bewerbung. Die ersten 100 Tage im neuen Job sind besonders erfolgskritisch.

Karrieremanagement mit Headhuntern

Als „Headhunter" werden landläufig alle Berater bezeichnet, die für Unternehmen offene Stellen besetzen. Sie suchen am Markt die geeigneten Kandidaten, erstellen eine Liste mit einer Vorauswahl und wählen aus dieser, gemeinsam mit dem auftraggebenden Unternehmen, schließlich einen Kandidaten aus. Klingt eigentlich ganz einfach. Trotzdem stellt der Headhunter für viele immer noch ein unbekanntes Wesen dar, von dem sie nicht wissen, wie sie mit ihm umgehen sollen.

Falsche Erwartungshaltungen

Stefan S., studierter Betriebswirt und erfolgreicher Bereichsleiter in der Telekommunikationsbranche, möchte sich beruflich verändern. Er hinterlässt sein Profil in mehreren Internet-Karrieredatenbanken und hofft, alsbald eine Rückmeldung zu bekommen. Das enttäuschende Ergebnis nach vier Wochen: Nicht ein Personalberater hat sich gemeldet und möchte mit ihm zusammenarbeiten. Hatte Stefan vielleicht völlig falsche Vorstellungen von der Arbeitsweise eines Personalberaters? War seine Erwartungshaltung, dass der Personalberater sich für ihn einsetzen würde, völlig falsch?

Worauf Sie sich einstellen müssen

Enrico M., Wirtschaftsingenieur und Abteilungsleiter in der Energieerzeugerbranche, wird von der Personalabteilung seines Arbeitgebers informiert, dass man im Zuge der Fusion mit einem Wettbewerber die Qualifikation aller Führungskräfte, denen man ein gewisses Potenzial zutraut, überprüfen wird. Er erfährt, dass der Konzern dazu eine bekannte Personalberatung engagiert hat, die ein sogenanntes Appraisal in Form eines einstündigen Interviews mit Enrico durchführen wird. Einerseits hat Enrico angesichts der Tatsache, dass seine Kompetenz einer erneuten Prüfung unterzogen werden soll, gemischte Gefühle. Andererseits war er bisher immer erfolgreich und hat sich nichts vorzuwerfen. Er sieht dem Termin eigentlich motiviert entgegen, und schon bald sitzt er mit zwei freundlichen Beratern am Tisch. Das Gespräch verläuft allerdings nicht so reibungslos, wie Enrico das erwartet hat. Er muss Situationen aus seinem Alltag schildern, über Erfolge und Niederlagen berichten, seinen Führungsstil beschreiben und seine weiteren Ziele darlegen. Zwischendurch konfrontieren ihn die Berater immer wieder mit hypothetischen Fällen aus seinem Berufsalltag, die er lösen muss. Enrico kommt ins Schwitzen. Über manche Fragen hat er nie nachgedacht, und jetzt muss er spontan antworten. Am Ende des Gesprächs ist Enrico etwas enttäuscht. Auf einige Fragen hätte er sicher eine treffendere Antwort geben können, wenn er gewusst hätte, was auf ihn zukommt. Hätte er sich doch nur vorbereitet, dann wäre er definitiv überzeugender aufgetreten, da ist sich Enrico sicher. Als er wenig später das Ergebnis erfährt, bestätigt sich sein unbehagliches Gefühl. Zwar hat Enrico das Appraisal bestanden, aber man erkennt ihm auch kein hohes weiteres Potenzial zu. Enrico glaubt, eine Karrierechance durch Arglosigkeit und schlechte Vorbereitung verspielt zu haben. Er hat wohl recht.

Der richtige Umgang mit Personalberatern

Bei Maria H. klingelt das Mobiltelefon. Eine freundliche Frauenstimme fragt, ob Maria reden könne. Maria ist Produktmanagerin bei einem Konsumgüterhersteller und seit drei Jahren erfolgreich in der Kosmetikbranche tätig. Sie sitzt gerade an ihrem Schreibtisch und nicht in einem Meeting, also kann sie frei sprechen. Die Dame am Telefon offenbart, dass sie im Namen einer renommierten Personalberatung anruft und bietet Maria eine Teamleiterstelle an. Den Namen der Personalberatung und des Unternehmens, das die Teamleitung sucht, möchte sie nicht nennen. Diese und weitere Informationen, so erfährt Maria, erhalte sie erst, wenn sie ein paar grundsätzliche Fragen beantworte – am besten sofort. Maria ist perplex. Die Dame am Telefon sagt fast nichts über sich und ihren Auftraggeber, fordert aber erste Angaben von Maria, etwa zu ihrem Alter und ihrer Branchenerfahrung. Maria weiß nicht, ob sie darauf eingehen soll, muss sich aber schnell entscheiden. Soll sie kooperieren und der Personalberaterin die entsprechenden Informationen geben? Wenn nicht, ist sie bestimmt aus dem Rennen ... Wie kommt die Dame überhaupt auf sie? Und warum weiß sie nichts über Maria, obwohl sie doch über ihre Telefonnummer verfügt?

Headhunter und Personalberater sind nicht immer dasselbe

Viele Headhunter hören diese Bezeichnung nicht gern, sie klingt ihnen zu martialisch und zu sehr auf den kurzfristigen Erfolg ausgerichtet. Schließlich jagt man keine Köpfe, sondern berät Unternehmen bei der Stellenbesetzung, und zwar durch die Prüfung der Kandidaten hinsichtlich ihrer Lebensläufe, Qualifikationen, persönlichen Eigenschaften, Erfahrungen etc. – in Abgleich mit der Unternehmensstrategie, die man als Berater komplett durchdringt, ja sogar bisweilen hinterfragen darf.

Der neutrale Begriff für dieses Berufsbild lautet Personalberater. Allerdings werden als Personalberater auch solche Berater bezeichnet, die Stellenanzeigen im Auftrag des suchenden Unternehmens schalten. Diese Vorgehensweise mögen aber jene Berater wiederum nicht, die gern und meist ausschließlich Toppositionen besetzten. Sie sprechen die Kandidaten lieber direkt an und nennen das „Direct Search" – daraus resultiert dann der berühmt-berüchtigte Anruf am Arbeitsplatz („Können Sie gerade sprechen...?"). Entsprechend bezeichnet sich diese Gruppe der Berater am liebsten als Executive Search Consultants und teils auch als Management Consultants.

Tipp
Im Zweifel nennen Sie den Berater im Gespräch „Personalberater" oder „Executive Search Consultant". Bezeichnet er sich selbst als „Headhunter", haben Sie grünes Licht, ihn ebenfalls so zu nennen – vorher nicht!

Personalberater sind keine Jobhunter

Klassische Personalberater suchen leider keine Jobs, sondern Kandidaten für offene Stellen. Auftraggeber ist ausschließlich das suchende Unternehmen, nicht der Kandidat. Das bedeutet für Sie, dass Personalberater in den allermeisten Fällen nicht in Ihrer eigenen Sache aktiv werden, wenn Sie die Stelle wechseln möchten. Salopp gesagt: Headhunter sind keine Jobhunter. Der Klient ist das Unternehmen, Sie hingegen sind der Kandidat.

Das Bild mit den Schuhen

Die Konstellation aus a) Führungskräften, Managern und sonstigen Fachkräften, die sich verändern möchten, b) den suchenden Unternehmen und c) den Personalberatern beschrieb ein Partner einer weltweit führenden Personalberatung einmal sinngemäß so: Ein Lebenslauf, ja eine ganze Bewerbungsmappe, ist wie ein paar Schuhe. Ein Unternehmen sucht hochwertige Fach- und Führungskräfte wie wir ein paar Schuhe. Man mag leichte Abstriche in punkto Styling machen, aber passen muss der Schuh. Ist es also für den Personalberater ökonomisch wirklich sinnvoll, allen Unternehmen aus seinem Klientenportfolio die Lebensläufe seiner Kandidaten aktiv anzupreisen, sei ein Bewerber auch noch so kompetent? Ist es ökonomisch sinnvoll für einen Schuhhändler, ein modisches paar Schuhe einer bestimmten Größe als fliegender Händler in der Einkaufsstraße allen Passanten feilzubieten? Eher nicht. Aber haben Schuhhändler deshalb keinen Bedarf an Schuhen? Stecken Personalberater deshalb grundsätzlich jede Bewerbung, die sie erhalten, in den Reißwolf? Natürlich nicht!

Qualifizierte Jobsucher, die für bestimmte Personalberater aufgrund ihrer Funktions- oder Branchenerfahrung interessant sind, tun also durchaus gut daran, ihren Lebenslauf beziehungsweise ihre Bewerbung an Personalberater zu versenden – aber möglichst nicht erst dann, wenn sie gerade ihre Stelle verloren haben. Voraussicht und geplantes Kontaktmanagement zu Personalberatern ist hier gefragt.

Tipp
Wenn Sie mit Personalberatern Karriere machen wollen, sollten Sie nicht den bösen Zungen folgen, die das Wort des Menschenhändlers in Umlauf gebracht haben. Jeder Personalberater, der etwas auf sich hält, möchte als seriöser Anbieter einer gehobenen Dienstleistung wahrgenommen werden. Und in aller Regel leistet ein Personalberater auch genau dies. Also folgen Sie seinem Credo, und bringen Sie ihm professionellen Respekt entgegen.

Wohl dosiertes Kontaktmanagement

Nehmen wir an, Sie stehen mit einigen Personalberatern bereits im Kontakt – sei es, weil Sie von diesen einmal direkt angesprochen wurden, oder weil Sie ihnen Ihren Lebenslauf zugesandt haben. Doch nun tut sich nichts mehr, es herrscht Schweigen (was nicht ungewöhnlich ist). Sollen Sie sie erneut kontaktieren, um sich im Gespräch zu halten? Tun Sie das höchstens zweimal im Jahr. Schließlich wollen Sie nicht als Bittsteller gelten oder völlig verzweifelt wirken, sondern als souveräner Manager oder Spezialist erscheinen, der sich und seine berufliche Entwicklung im Griff hat.

Wie viele Berater kontaktieren?

Fragen Sie Personalberater, ob Sie eher viele oder wenige Berater kontaktieren sollen, um sich aktiv zu vermarkten, so werden Ihnen viele antworten: „Außer mir nur ganz wenige. Sie wollen sich doch nicht Ihren Ruf im Markt kaputt machen!"

Diese Haltung ist zunächst purer Eigennutz. Jeder Personalberater ist froh, wenn er einen guten Kandidaten in seiner Kartei hat. Und er wird den Teufel tun, seine Standeskollegen darüber zu informieren – einmal ganz abgesehen davon, dass sich jeder seriöse Berater eine Diskretionspflicht auferlegt. Es widerspräche der Natur des Executive Search, würden sich die Personalberater verschiedener Personalberatungsgesellschaften über ihre Kandidaten unterhalten. Im Gegenteil, in Personalberatungen mit separaten Profitcentern kommt es nicht selten vor, dass die Berater selbst untereinander kein Kandidatenmarketing betreiben. Doch ganz unrecht hat der Kollege Personalberater mit seiner restriktiven Haltung nicht. Es gibt immer undichte Stellen im Markt, und folglich kann man gerade als vergleichsweise prominenter Manager nie sicher sein, dass die eigenen Wechselabsichten tatsächlich im Verborgenen bleiben.

Für untere bis mittlere Managementebenen jedoch gilt: Lieber einen Berater zu viel als einen zu wenig kontaktieren. Aber Vorsicht bei der Massenversendung Ihrer Bewerbungsmappe. Davon rate ich dringend ab. Halten Sie zu maximal 15 Beratern intensiven Kontakt. Als Topmanager sollten Sie die Zahl der Berater auf maximal zehn reduzieren.

Tipp
Wenn Sie gerade Ihren Job verloren und noch keine Alternative haben, sind Sie vielleicht versucht, so viele Personalberater wie möglich zu kontaktieren. Einige webbasierte Dienstleister bieten sich quasi als Karriereschleuder an, indem sie Ihr Profil an eine immens große Zahl von Personalberatern weiterleiten. Das empfiehlt sich aber allenfalls, wenn Sie eher eine Spezialistenposition und keine Topposition innehatten, also jemand sind, der tendenziell schwer für Personalberater zu identifizieren ist und aktuell nicht auf dem Weg zur Topkarriere ist. Neutral zu sehen ist die schlichte Hinterlegung Ihres anonymisierten Profils in speziellen webbasierten Datenbanken. Ihr Profil wird nicht aktiv verschickt, kann aber trotzdem von suchenden Personalberatern gefunden werden. Der Berater wird Sie kontaktieren und Sie können entscheiden, ob Sie ein Interview wünschen. Als Faustregel gilt: Je höher Sie im Organigramm einer Unternehmung stehen, desto kleiner sollte der Kreis an Personalberatern sein, zu denen Sie Kontakt halten. Kein Geschäftsführer wird seinen Lebenslauf wahllos herumschicken.

Wen kontaktieren – Boutique oder Vollsortimenter?

Wie jede andere Unternehmung haben auch Personalberater Schwerpunkte. Manche konzentrieren sich auf bestimmte Branchen, andere auf bestimmte Funktionen und wieder andere auf bestimmte Regionen. Selbst die erklärten Generalisten haben ihre Vorlieben.

Grundsätzlich lassen sich dabei Boutiquen beziehungsweise Nischenberater von Vollsortimentern, also Großberatern, unterscheiden. Die Boutique ist klein, fein und hoch spezialisiert, während der Vollsortimenter fast alle Branchen und Funktionen bedient – im Fachjargon heißt das dann „branchenübergreifend tätig", „breit aufgestellt" oder schlicht „weltweit führend".

Was bedeutet das aber nun für Ihre Karriereplanung? Sie fahren am besten, wenn Sie eine gesunde Mischung aus Groß- und Kleinberatungen beim angestrebten Jobwechsel kontaktieren. Jedoch sollten Sie bei den Nischenanbietern vorab klären, ob diese überhaupt einen für Sie relevanten Fokus haben. Es nützt Ihnen als Ingenieur, Chemiker oder IT-

Spezialist nichts, eine Bewerbung oder auch nur Ihren Lebenslauf an einen Berater zu senden, der sich auf kaufmännische Berufe spezialisiert hat.

Kurzbewerbung bevorzugt

Erst wenn der Berater die kompletten Unterlagen einfordert, senden Sie ihm diese zu. Für den ersten Kontakt reichen Anschreiben und Lebenslauf völlig aus. Auch Arbeitszeugnisse sind in aller Regel zunächst irrelevant. Achten Sie aber darauf, dass Ihr Lebenslauf optimal gestaltet ist, hier gibt es keine zweite Chance.

Tipp
Stellen Sie sich einem Personalberater initiativ vor, können Sie eine aufwändige Bewerbungsmappe getrost vergessen, weil der Berater alle relevanten Daten als Erstes in seine Datenbank übertragen lässt. Im schlechtesten Fall wirken solche Unterlagen blasiert und haben somit eine kontraproduktive Wirkung. Senden Sie dem Berater deshalb schlicht Ihren Lebenslauf und ein kurzes Anschreiben (eine Seite, nicht länger) per E-Mail, möglichst an seine persönliche E-Mail-Adresse.

Bleiben Sie cool, wenn das Telefon klingelt

Sie kennen das vermutlich: Sie sitzen nichtsahnend am Schreibtisch, da klingelt das Telefon. Eine distinguierte Stimme meldet sich, und es folgt der obligatorische erste Satz: „Können Sie ungestört sprechen?" Ein Personalberater, wahrscheinlich der Gattung Executive Search Consultant, ruft an!

Bleiben Sie jetzt ruhig und höflich. Können Sie nicht frei reden, wimmeln Sie den Berater nicht ab, sondern nennen Sie ihm einen Termin für ein ausführliches Telefonat. Er wird Ihnen ohnehin einen solchen Termin vorschlagen. Sind Sie dagegen allein, nutzen Sie Ihre Chance. Gehen Sie auf den Berater ein, beantworten Sie locker und ungekünstelt seine Fragen, werden Sie aber nicht geschwätzig. Vorsicht auch vor zu viel Humor oder gar Eigenlob. Spätestens wenn der Berater Ihren Lebenslauf erhält, fallen alle Masken.

Mittlerweile haben so viele Karriereberater nachdrücklich empfohlen, den Personalberater nicht zu fragen, wie er denn nun ausgerechnet auf Sie gekommen ist, wenn er anruft, dass es fast schon wieder interessant sein könnte, genau diese Kardinalfrage mit Chuzpe zu stellen – aber erwarten Sie nicht unbedingt eine ehrliche Antwort. Es gibt drei typische Wege: a) Sie stehen aus irgendwelchen Gründen in der Datenbank des Beraters. b) Er hat sich mit einer Cover Story zu Ihnen als Inhaber einer gesuchten Position vorgearbeitet. c) Ein Kollege hat Sie empfohlen. Übrigens: Sollte der Berater tatsächlich so ehrlich sein und sagen, der Kollege XY hat Sie empfohlen, dann wissen Sie, dass Sie entweder einen echten Freund oder aber einen großen Feind im Team haben.

Tipp
Je höher Sie in der Hierarchie stehen, desto unerheblicher und letztlich alberner ist die Kardinalfrage. Einen Geschäftsführer findet man im Zweifel im Handelsregister oder im Impressum des firmeneigenen Internetauftritts.

Die Cover Story und andere Tricks

Wenn ein Personalberater einen Suchauftrag erhält, legt ihm nicht selten das auftraggebende Unternehmen eine Liste mit Zielfirmen vor, in denen er suchen soll. Doch wie dort den richtigen Kandidaten herausfischen? Ganz einfach, man ruft beim Zielunternehmen an und lässt sich mit dem gewünschten Stelleninhaber verbinden. Besonders leicht ist es, wenn die aktuellen Stelleninhaber, die dem gesuchten Profil entsprechen, als Ansprechpartner auf der Website des Unternehmens genannt werden. Aber das ist nicht immer der Fall und oftmals reagieren Unternehmen durchaus sensibel auf seltsame Anrufer, die einen bestimmten Stelleninhaber sprechen wollen, von dem sie noch nicht einmal den Namen kennen. („Guten Tag, ich hätte gern einmal mit dem Marketingleiter gesprochen ...")

Hier schlägt die Stunde der Kreativen unter den Beratern. Sie erfinden eine sogenannte Cover Story, mit der sie sich in das Unternehmen einschleichen und die gewünschte Person ans Telefon bekommen wollen. Die Klaviatur reicht vom ehemaligen Schulfreund über eine Einladung bis hin zum ärztlichen Anruf (für die ganz Abgebrühten). Und mit ein bisschen Glück hat der Berater alsbald den richtigen Ansprechpartner an der Strippe.

Übrigens ist meist die Cover Story der Grund, warum viele Personalberater die Frage „Wie sind Sie denn auf mich gekommen?" nicht mögen. Wollten sie ehrlich antworten, müssten sie ihre sehr spezielle Arbeitsweise offenlegen, und das will natürlich keiner.

Sourcing über die (wirklich) lieben Kollegen

Beliebt ist auch das sogenannte Sourcing: Ein Berater telefoniert mit einem Ihrer Kollegen und stößt auf Ablehnung. Der Kollege ist aber immerhin so nett, dem Berater genau Sie als Ansprechpartner mit dem passenden Lebenslauf und Qualifikationsprofil zu empfehlen, ja er gibt ihm sogar Ihre Durchwahl. Und jetzt raten Sie, wessen Telefon als nächstes klingelt!

Die Datenbank weiß alles

Unter Umständen haben Sie schon Eingang in die Datenbank des Personalberaters, der Sie anruft, gefunden. Gerade große Beratungsunternehmen haben meist einen sehr gut aufgestellten Research, der permanent den Markt sichtet. Vielleicht haben Sie auf einer Konferenz als Referent geglänzt und stehen prominent im abschließenden Bericht, vielleicht wurde in der Fachpresse über Sie berichtet, vielleicht hat man Sie in irgendeinem Online-Netzwerk, in dem Sie sich mit den richtigen Schlagworten präsentieren, gefunden. Haben Sie auch noch Ihre Handynummer dort angegeben, laden Sie den Personalberater geradezu zu einem Anruf ein.

„Hilfe, der Berater weiß ja nichts über mich!"

Es kann auch passieren, dass Sie in den ersten Minuten des Gesprächs feststellen, dass der Berater überhaupt nichts über Sie weiß – weder wie alt Sie sind noch was Sie tun oder gar Ihren Ausbildungshintergrund.

Bleiben Sie trotzdem ruhig, der Berater hat sich sicherlich bei Ihrem Arbeitgeber aufs Geratewohl eintelefoniert, und man hat ihm mit Ihnen einfach den falschen Ansprechpartner genannt. Oder er will durchaus Sie sprechen, aber nur als Inhaber einer bestimmten Funktion, und nicht etwa, weil er schon irgendetwas Näheres über Sie weiß.

Tipp
Wenn Sie in einer solchen Situation unwirsch oder gar höhnisch reagieren, haben Sie das Spiel verloren und brauchen nicht erwarten, dass sich ein Berater dieser Beratungsfirma jemals wieder für Ihren Lebenslauf interessieren wird. Seien Sie hilfsbereit oder entschuldigen Sie sich pro forma, dass Sie offenbar nicht der Richtige sind und ihn enttäuschen müssen. Der Berater wird Sie in guter Erinnerung behalten und Sie vielleicht doch um Ihren Lebenslauf bitten, für einen möglicherweise passenden nächsten Suchauftrag.

Researcher oder Berater?

Wenn Sie von einer Personalberatung angerufen und auf eine zu vergebende Stelle angesprochen werden, ist eher selten der Berater selbst am Telefon. Meist meldet sich seine rechte Hand, der sogenannte Researcher. Er klärt die wichtigsten Fragen vorab, und wenn Ihr Lebenslauf aussichtsreich ist, wird er ein vertiefendes Interview arrangieren. Das übernimmt dann meist der Berater, manchmal auch noch der Researcher. Spätestens aber im danach folgenden persönlichen Gespräch wird sich der Berater Ihnen vorstellen.

Behandeln Sie einen Researcher also niemals herablassend, er hat manchmal erheblichen Einfluss auf den Berater. Insgesamt gilt: Kooperieren Sie, wenn ein Berater anruft und versorgen Sie ihn mit den Informationen, die er über Sie braucht. Ansonsten ist für Sie das Rennen um eine neue Position vorbei, ehe es begonnen hat!

> **Tipp**
> Sie werden angesprochen, doch Ihr Lebenslauf beziehungsweise Ihr Qualifikationsprofil passt nicht auf die Vakanz des Personalberaters? Dann denken Sie an Freunde oder Kollegen, die dafür infrage kommen könnten. Auch das ist eine Art des aktiven Netzwerkens zur Förderung der eigenen Karriere. Der Dank Ihrer Kollegen für den guten Tipp ist Ihnen sicher.

Das Spiel mitspielen, dem Ritual folgen

Die Branche der Personalberater ist geheimnisumwittert, manche Berater gelten gar als legendär. Entsprechend blasiert wirken auch bisweilen das Auftreten und die Kommunikation der Personalberater. Insbesondere in der Königsdisziplin, der Direktsuche von Topmanagern oder Topspezialisten – klassisch „Executive Search" genannt –, herrschen manchmal bizarre Regeln. So kann es sein, dass Sie einen Erstanruf erhalten, in dem Sie zunächst weder den Namen des anrufenden Beratungsunternehmens noch die exakte Ausgestaltung der angebotenen Vakanz und schon gar nicht den Namen des auftraggebenden Unternehmens erfahren. Dennoch möchte der Personalberater wissen, wer Sie sind und was Sie genau machen, um ein weiteres, detailliertes Interview zu vereinbaren. Ja, er fordert Sie manchmal sogar auf, ihm gleich Ihren Lebenslauf zu senden. Spielen Sie das Spiel trotzdem mit, denn Sie haben nichts zu verlieren, außer vielleicht eine grandiose Karrierechance. Seriöse Berater lassen außerdem im Verlauf des Projekts sehr schnell die Maske fallen und spielen mit offenen Karten.

Was erlaubt ist und was Sie besser unterlassen

Bleiben Sie bei der Wahrheit, wenn der Personalberater Sie für eine Stelle interviewt. Stellen Sie Ihre Erfolge positiv und präzise dar, markieren Sie aber nicht Wonderwoman oder Superman. Denn auch wenn das Telefoninterview kein typisches Vorstellungsgespräch ist, wird jeder erfahrene Berater Halbwahrheiten und Übertreibungen schnell entlarven. Trotzdem sollten Sie Ihren Lebenslauf zum Zeitpunkt des Versands für die fragliche Position optimiert haben – sich im besten Licht zu präsentieren, ist sehr wohl erlaubt.

Tipp
Antworten Sie auch beim ersten Anruf ehrlich auf die Fragen des Personalberaters. Es hilft beiden Seiten, wenn Berater und potenzieller Kandidat sich klar positionieren und präsentieren. Alles andere wäre Zeitverschwendung. Wenn Sie dem Berater Honig um den Bart schmieren, fällt die Maske spätestens beim Eintreffen Ihres Lebenslaufs. Dann haben Sie nichts gewonnen, sondern, im Gegenteil, den Berater verärgert.

Auch die für viele Kandidaten leidige Frage nach dem Gehalt beantworten Sie bitte wahrheitsgemäß. Insbesondere Großberater haben einen sehr guten Überblick über den Markt und entlarven Sie schnell als unredlich, wenn Sie allzu sehr übertreiben. Drucksen Sie nicht herum, das verärgert den Berater nur. Letztlich werden Sie die Karten immer auf den Tisch legen müssen.

Interesse zeigen

Sind Sie an einem Wechsel nicht interessiert, sollten Sie sich zurückhaltend interessiert zeigen. Sie gewinnen in zweierlei Hinsicht: Sie sind gegenüber dem Personalberater einerseits ehrlich und machen ihm keine allzu großen Hoffnungen, geben sich aber andererseits nicht ignorant. Vielleicht ist sein Angebot bei näherer Betrachtung ja wirklich eine Karrierechance. Wenn nicht, behält der Berater einen positiven Eindruck von Ihnen und wird Sie aller Wahrscheinlichkeit nach bei einem besser passenden Auftrag wieder kontaktieren.

Bescheiden bleiben – Sie sind selten der Einzige

Personalberater möchten zunächst eine offene Stelle besetzen, und ob Sie der geeignete Kandidat sind, ist beim Zeitpunkt des Anrufs längst noch nicht klar. Gehen Sie deshalb immer davon aus, dass Sie einer unter mehreren, wenn nicht gar unter vielen sind. Und bevor der Berater Ihren Lebenslauf nicht gesehen hat, ist nicht einmal klar, ob Sie es bis auf die sogenannte „Short List", die Liste der vorselektierten Kandidaten, schaffen.

Sie gehören nicht zur (vermeintlichen) Elite?

In diesem Fall kann Ihre Devise nur lauten: Was soll's. Denn Personalberater suchen nicht immer den absolut besten Kandidaten, sondern den relativ besten. Sie werden in vielen Fällen auch dann eine faire Chance haben, den Besetzungswettkampf zu gewinnen, wenn Sie nicht in allen Zeugnissen die Note „Sehr gut" erreicht oder auf allen Kontinenten der Erde Auslandserfahrung gesammelt haben.

Die Vorbereitung: von den Unterlagen bis zum Management-Audit

Wie schnell kommt manchmal der Personalberateranruf. Auch die ersten Fragen und Auskünfte zeigen, dass Sie eine Chance im Besetzungsprozess haben – doch dann: der Lebenslauf. Sie haben ihn nicht aktualisiert oder optimiert! Damit Sie nicht in diese Bredouille geraten, sollten Sie Ihre Unterlagen immer auf dem neuesten Stand halten. Denn in der Hektik gelingt selten eine überzeugende Selbstdarstellung.

> **Tipp**
> Grundsätzlich gilt: Verzichten Sie im Lebenslauf auf Firlefanz und effektheischende Elemente wie ein ungewöhnliches Layout oder ein Deckblatt nur zur Platzierung eines Zitats. Kommen Sie zur Sache - drei Seiten Lebenslauf maximal genügen, alles andere gehört in eine separate Projektliste. Ist Ihr Werdegang recht umfangreich, fügen Sie auf der ersten Seite des Lebenslaufs ein aussagfähiges Kurzprofil ein (siehe Seite 97).

Sich extern coachen lassen

Manche Personalberater sagen zwar, dass sie ihre Kandidaten nach erfolgter Stellenbesetzung auch weiterhin bezüglich der erfolgreichen Bewältigung beruflicher Herausforderungen oder der Gestaltung ihrer Karriere coachen, aber erwarten Sie nicht zuviel. Personalberater verdienen ihr Geld mit Stellenbesetzung, nicht mit Coaching. Etwas Anderes ist die Begleitung im aktiven Besetzungsprozess, wenn Sie auf der Short List der „heißen" Kandidaten stehen. Hier dürfen Sie berechtigt mehr

Rückhalt und detaillierte Briefings erwarten, aber dennoch wird der Berater nicht aus seiner Rolle als Mittler und Moderater fallen. Er ist nicht Ihr Coach und Persönlichkeitsentwickler.

Referenzen vorhalten

Personalberater spielen nicht selten über Bande. Sie sichern Ihre Urteile durch die Einholung von Referenzen ab, zumindest bei der Besetzung von Toppositionen. Ein perfektes Anschreiben, ein aussagekräftiger Lebenslauf und sehr gute Arbeitszeugnisse sind letztlich nur Bausteine zum Erfolg. Halten Sie zudem immer einen Kreis von drei bis fünf Personen vor, die Ihnen gegebenenfalls eine Referenz geben. Das können Freunde, Kunden, Vereinskameraden und in bestimmten Fällen auch Kollegen sein. Wenn Sie sich in einer festen Anstellung befinden, werden natürlich nur unverfängliche Personen, die mit Ihrem aktuellen Arbeitgeber in keinem unmittelbaren Kontakt stehen, von Ihnen als Referenz freigegeben.

Fallstudien und Szenarien einüben

Diese Methode setzen Interviewer gern ein, um Ihre Managementfähigkeiten und Ihre Denkweise abzuklopfen: „Sie haben die Position des Landesgeschäftsführers in einem Schlüsselmarkt angetreten. Plötzlich taucht ein aggressiver Wettbewerber auf. Er investiert sehr viel Geld in Marketingmaßnahmen und wirbt außerdem zwei Ihrer erfolgreichsten Vertriebsmitarbeiter ab. Darüber hinaus leiden die Produkte Ihres Arbeitgebers nach einer Produktionsverlagerung neuerdings an Qualitätsmängeln, aktuell läuft eine weltweite Rückrufaktion. Was tun Sie?" Sie müssen nun das Problem systematisch und präzise analysieren, Prioritäten setzen und umsetzbare Lösungen entwickeln. Oft geht es dabei nicht um richtig oder falsch, sondern man will sehen, wie Sie unter Stress arbeiten. Kaufen Sie sich im Zweifel ein Buch mit Musterfallstudien und üben Sie mit einem guten Freund oder Karrierecoach die oben skizzierte Interviewsituation.

Sich vom Personalberater briefen lassen

Wenn Sie einmal so weit sind, dass Sie dem Klienten, also dem auftraggebenden Unternehmen, vorgestellt werden, dann hören Sie auf die

Tipps, die Ihnen der Berater im Vorfeld geben wird. Wenn Sie im Interview vom Plan abweichen, sinken Ihre Chancen meist rapide. Bleiben Sie bei einmal getroffenen Vereinbarungen, es sei denn, der Klient bestimmt plötzlich die Regeln neu. Das aber passiert höchst selten.

Arbeitszeugnis ex negativo

Der Berater hat erst Ihre Arbeitszeugnisse eingefordert, diese dann aber gar nicht genau gelesen? Das ist durchaus normal, denn viele Personalberater möchten zwar die kompletten Unterlagen vorliegen sehen, aber genau das reicht ihnen schon. Sie möchten sich vergewissern, dass Ihre Unterlagen vollständig und alle Arbeitszeugnisse vorhanden sind. Was konkret darin steht, ist dann oft sekundär, das persönliche Interview fördert Ihre Erfolge, Stärken und Qualifikationen ohnehin zutage. Erst wenn Sie ein Zeugnis nicht vorlegen können, erregen Sie Misstrauen. Und selbst wenn der Berater Ihre Zeugnisse Satz für Satz liest – glauben Sie nicht, dass Sie damit allzu sehr beeindrucken können. Ein hervorragendes Zeugnis wird eher erwartet als ein schlechtes. Die kompletten Unterlagen bilden erst den Auftakt des Besetzungsprozesses.

Sich für Appraisals, Audits und Potenzialanalysen rüsten

Personalberater prüfen Kandidaten bisweilen auch in internen Personalprojekten auf ihre Eignung. Großunternehmen unterhalten meist einen regen internen Stellenmarkt und außerdem professionell organisierte Führungsnachwuchsprogramme (den sogenannten „Goldfischteich"). Wenn Sie also ein Nachwuchstalent auf dem Weg in die höheren Kaderränge sind, kann es durchaus passieren, dass Sie eines Tages in ein Management Appraisal berufen werden. Ein weiterer typischer Anlass sind Fusionen und Übernahmen von Unternehmen. Nun muss das Topmanagement entscheiden, welche Manager und Topspezialisten im gemeinsamen neuen Unternehmen welche Positionen bekleiden sollen.

Meine Praxiserfahrung zeigt, dass immer noch relativ wenige Manager und Nachwuchsmanager damit rechnen, einer solchen Prüfung unterzogen zu werden. Ein Assessment-Center und sein Ablauf sind inzwischen kein Geheimnis mehr. Zu Postkorb & Co., den gängigen Übungen, gibt es genügend Literatur, und außerdem kann man auch an einem der vielen Vorbereitungsseminare zu diesem Thema teilnehmen.

Dagegen ist ein Management Appraisal beziehungsweise ein Management-Audit (beide Begriffe haben sich etabliert) deutlich schwerer zu fassen. Ein solches Audit ist vor allem ein Interview. Der Kandidat wird zu seinem bisherigen Werdegang befragt und muss Situationen aus seinem beruflichen Alltag schildern. Die Berater leiten aus seinen vergangenen Aktionen und Verhaltensweisen sowie seiner fachlichen Qualifikation das zukünftige Potenzial des Mitarbeiters ab. Sie gliedern nach einer abschließenden Beurteilungskonferenz die Prüflinge in verschiedene Stufen. Das Urteil kann die Karriere beflügeln oder im Extremfall auch beenden, gerade im Zuge eines Fusionsprozesses, in dem für das neu entstehende Unternehmen Personal selektiert wird.

Was bedeutet das konkret für Sie? Am besten bereiten Sie sich auf ein Management-Audit vor, indem Sie folgende Fragen beantworten:

- Welches sind meine beruflichen Stärken?
- Welche Erfolge habe ich vorzuweisen, und wie habe ich diese errungen?
- Wie gehe ich mit Niederlagen um, welche hatte ich zu verantworten?
- Welches sind meine hervorstechendsten Persönlichkeitsmerkmale?
- Was sagen meine Vorgesetzten, Kollegen oder Mitarbeiter über mich?
- Worin liegt meine Motivation, wie lauten meine Ziele?
- Wie und wo werde ich auch in Zukunft für das Unternehmen wertschöpfend wirken?

Mehr können Sie im Prinzip nicht tun. Sie können Ihre Vergangenheit im Unternehmen nicht mehr beeinflussen – und nicht selten holen die Berater über Sie auch weitere Referenzen ein. Das Wichtigste ist: Bleiben Sie natürlich und souverän, erfahrene Berater demaskieren jedes Schauspiel. Es ist besser, sich mit dem einen oder anderen wunden Punkt auf Nachfrage offen auseinanderzusetzen und diesen plausibel zu erklären. Wer diese Unebenheiten dagegen überspielt oder davon ablenkt, hat schlechte Karten.

> **Tipp**
> Ein Management-Audit kann Ihnen übrigens auch dann neue Chancen eröffnen, wenn Sie nicht zu den Leistungsträgern mit Potenzial gehören, aber man für Sie durchaus eine Zukunft im Hause sieht. Manche Unternehmen bieten für diesen Fall Coaching-Programme an. Fragen Sie im Zweifel den Personalleiter oder Ihren Chef, ob Sie eine professionelle Unterstützung für Ihre Weiterentwicklung in Anspruch nehmen können. Topmanager haben es leichter, denn ihr Etat reicht für einen renommierten Coach allemal aus und um Erlaubnis fragen müssen sie auch nicht.

Schwarzes Schaf, aber gutes Angebot?

Die Branche der Personalberater ist angeblich durchsetzt mit schwarzen Schafen, die den Suchprozess in unterschiedlichster Hinsicht unseriös gestalten. Selbst wenn das stimmen sollte – wie erkennt man ein solches schwarzes Schaf? Im Zweifel kaum und im Grunde kann es Ihnen auch egal sein. Wenn nämlich das ominöse schwarze Schaf Ihnen einen neuen Job bringt, durch den Sie sich verbessern, dann werden Ihnen die Such- und Beratungsmethoden am Ende egal sein. Und disqualifiziert sich das schwarze Schaf durch ein sehr schlechtes Angebot oder seltsame Verhaltensweisen – etwa ein Treffen in einem drittklassigen Hotel am Bartresen, wo diskrete Gespräche unmöglich sind –, können Sie immer von sich aus den Kontakt abbrechen. Hat ein solcher Berater Ihnen nichts Attraktives zu bieten, gibt es für Sie keinen Grund, auf seine Angebote einzugehen. Ohne konkrete Angabe einer zu besetzenden Vakanz werden Sie ohnehin keine detaillierten Daten von sich preisgeben. Insofern sind die ominösen schwarzen Schafe eher für auftraggebende Unternehmen gefährlich, weil sie gute Kandidaten vergraulen.

Wie schwierig es ist, überhaupt zu definieren, was ein schwarzes Schaf ist, verdeutlicht das folgende Beispiel: Es gilt, gerade bei Executive-Search-Beratern, als Qualitätsmerkmal, den Research im eigenen Hause zu halten. Dennoch erlebe ich es immer wieder, dass selbst einige Großberater in Stoßzeiten externe Researcher heranziehen, und sei es nur zur Vorprüfung der Lebensläufe oder zum Datenmanagement. Gehen diese Berater deshalb laxer mit Ihren Daten um? Nicht zwingend. Liefern sie deswegen die schlechteren Offerten? Nein.
Auch seriöse Personalberater treffen sich mit Ihnen im Hotel

Keine Angst, wenn ein Personalberater Sie zum Interview in eine Hotel-lobby oder ein Restaurant einlädt – sofern die jeweilige Adresse seriös ist. Manchmal ist es einfach praktischer, wenn man sich zum Beispiel im Flughafenhotel oder auch in einem gediegenen, vielleicht etwas abge-schiedenen Gasthaus trifft, wo man unter sich bleibt. Vielleicht möch-ten ja auch Sie nicht unbedingt dabei beobachtet werden, wie Sie am helllichten Tag in einer hoch frequentierten Innenstadtstraße das Büro einer einschlägig bekannten Personalberatung besuchen. Außerdem un-terliegen gerade Großberater – davon können wir zumindest bei ameri-kanischen Beratungsfirmen ausgehen – engen Compliance-Regeln. Und eine mag da lauten: Niemals ein dienstliches Stelldichein zu zweit nach Büroschluss abhalten! Was liegt da näher, als ein ästhetisches und in-spirierendes öffentliches Ambiente zu wählen, denn auch hier kann eine gewisse Diskretion gewahrt sein. Nebenbei kann der Personalberater auch gleich prüfen, wie souverän Sie sich auf diesem Parkett bewegen und, ganz profan, ob Sie die passenden Tischmanieren mitbringen.

Kompetenz zählt –Ihr Auftreten auch

Glauben Sie nicht, dass Personalberater nur Lebensläufe, Projektlisten und Referenzen horten. So manche Datenbank enthält auch weitere Kommentare, etwa über Ihr Auftreten, Ihr Verhalten am Telefon oder Ihre sonstigen (vermeintlichen oder tatsächlichen) Eigenschaften. Ver-halten Sie sich daher gegenüber Personalberatern stets höflich und ganz so wie im Geschäftsalltag üblich, auch wenn die gebotene Position Ihnen nicht zusagt. Gehen Sie formvollendet miteinander um und auseinan-der. Irgendwann kommt der Berater wieder auf Sie zu – und dann passen vielleicht alle Parameter. Es sei denn, Sie haben ihn vorher vergrault. Präsentieren Sie sich also von Ihrer besten Seite!

Arroganz vermeiden, keinen Berater unterschätzen

Ihr Lebenslauf und Ihr Palmarès (Ihre Liste) an Erfolgen mögen noch so schillern, Personalberater achten auch auf die Persönlichkeit des Kan-didaten. Behandeln Sie Personalberater nie von oben herab, und unter-schätzen Sie deren Wichtigkeit für Ihr Fortkommen nicht. Selbst wenn die Berater nur Mittler in einem Prozess sind – und um ihren letztlich begrenzten Entscheidungsspielraum wissen –, so sind sie doch oftmals die Königsmacher. Gehen Sie nie davon aus, dass Sie ohne die Hilfe eines Personalberaters zum Vorstand berufen werden. Das kann passieren, ist aber eher unwahrscheinlich. Nicht alle kompetenten Berater legen Wert auf eigene Statussymbole (wenn auch viele genau dies tun). Wenn Sie

Prunk für ein Indiz halten, wie renommiert der Personalberater ist und wie hochkarätig seine Angebote sind, dann täuschen Sie sich. In Glaspalästen sitzt so mancher sprichwörtliche Krauter. Aber auch er hat Respekt verdient, vielleicht steht er gerade am Anfang seiner Karriere und ist irgendwann etabliert und dann umso interessanter für Sie.

Auch wenn Sie eine außergewöhnliche Führungskraft sind und die Karriereleiter schon fast bis ganz nach oben erklommen haben – begegnen Sie dem Personalberater niemals überheblich. Seien Sie höflich, kooperativ und stets im positiven Sinne selbstsicher.

10 Regeln für das erfolgreiche Karrieremanagement mit Headhuntern

1. Rechnen Sie damit, von sogenannten Headhuntern angerufen zu werden, ohne dass Sie sich um eine Stelle beworben haben – das ist die typische Methode der Direktsuche.
2. Erwarten Sie nicht zuviel, Personalberater sind keine Jobsucher. Der Kunde ist das Unternehmen, Sie hingegen sind der Kandidat.
3. Kontaktieren Sie den von Ihnen ausgesuchten Kreis von Personalberatern nicht öfter als zweimal im Jahr. Sie wollen schließlich nicht als Bittsteller gelten.
4. Bleiben Sie ruhig und höflich, wenn ein Headhunter oder Personalberater Sie anruft oder das Interview führt. Seien Sie weder arrogant noch vertrauensselig
5. Um Sie zu finden, stehen dem Personalberater verschiedene Möglichkeiten zu Verfügung, er muss Sie nicht kennen. Gehen Sie davon aus, dass er beim Erstanruf nicht viel von Ihnen weiß und Ihnen viele komisch erscheinende Fragen stellt.
6. Spielen Sie das Fragespiel auch dann mit, wenn der Personalberater gar nichts über Sie weiß oder Ihnen zunächst keine näheren Informationen über das suchende Unternehmen geben will.
7. Die wichtigsten Regeln im Umgang mit Personalberatern: nicht übertreiben und ehrlich bleiben, Blender werden entlarvt.
8. Ein Management-Audit will gut vorbereitet sein, nehmen Sie diese Prüfung immer ernst.
9. Haben Sie keine Angst vor schwarzen Schafen. Auch sie können Ihnen weiterhelfen. Suchen Sie aber nicht aktiv die Nähe eines Beraters, den Sie für ein schwarzes Schaf halten.
10. Nicht nur Ihre Kompetenz zählt, auch Ihr Auftreten entscheidet.

Arbeitszeugnisse und Referenzen

Was hat ein Kapitel über Arbeitszeugnisse und Beurteilungen in diesem Buch zu suchen? In der Tat habe ich überlegt, ob es nicht sinnvoller wäre, stattdessen ein anderes Thema aufzugreifen. Allerdings stelle ich immer wieder mit Erstaunen fest, wie wichtig auch höheren Führungskräften im deutschsprachigen Raum ihr Arbeitszeugnis ist. Selbst auf viele ausländische Manager, die vorübergehend in deutschsprachigen Gefilden arbeiten, übt das Arbeitszeugnis eine gewisse Faszination aus, sie erfreuen sich an der schriftlichen Bestätigung ihrer Erfolge und Leistungen. Und immer wieder werde ich in Vermittlungsprozesse involviert, in denen Topmanager, vorwiegend mittelständischer Unternehmen, um ein gutes Arbeitszeugnis kämpfen.

Natürlich brauchen die wenigsten Topmanager das Arbeitszeugnis für ihr Weiterkommen, denn Headhunter oder Aufsichtsräte beziehungsweise Beiräte lesen ein Zeugnis nach aller Erfahrung bestenfalls quer. Aber vielleicht geht es auch gar nicht um die vermeintliche formelle Beurteilungsfunktion des Zeugnisses, sondern vielmehr um den psychologischen Effekt: Wer weiß, dass seine Leistungen, Verdienste und Qualifikationen schriftlich beglaubigt sind, tritt sicherer und gelöster auf.

Vom qualifizierten Arbeitszeugnis abgesehen, kann die Referenz für höhere Führungskräfte ungleich wichtiger sein. Ein authentisch formuliertes Referenzschreiben wird nämlich sehr wohl als karrierefförderndes Dokument angesehen und kann somit etwa ein lieblos geschriebenes Arbeitszeugnis mehr als ausgleichen. Wenn der Referenzgeber als hochgestellte, einflussreiche oder im Sinne des Textinhalts besonders glaubwürdige Person dann auch noch persönlich Auskunft erteilt, ist die höchste Form der Karriereunterstützung erreicht. Nicht selten holen Headhunter deshalb gerade solche persönlichen Referenzen ein. Insofern sollte jeder aufstrebende Jungkader – und jeder Topmanager sowieso – jederzeit glaubwürdige Referenzgeber benennen können. Das Arbeitszeugnis bleibt für höhere Führungskräfte und Topkader also vor allem aus formellen Gründen wichtig: Im Gegensatz zur gefälligen und subjektiven Referenz gibt es eine rechtsverbindliche Auskunft!

Eine böse Überraschung

Guido B., Sachbearbeiter Einkauf mit erster Berufserfahrung, hat sich beruflich verbessern können und ein Arbeitszeugnis bei seinem ehemaligen Arbeitgeber eingefordert. Ihm ist klar, dass es wohl länger dauern wird, es zu bekommen, weil sein Ex-Chef nicht sehr erfreut über seinen Wechsel war. Guido kann seinen Ex-Chef sogar verstehen. Immerhin hatte sich Guido sehr gut eingeführt und war schnell zu einem geschätzten Leistungsträger geworden. Leider konnte man ihm keine Perspektive eröffnen, weshalb er sich schließlich um eine interessantere Stelle bei einem anderen Unternehmen beworben und dort ein attraktives Angebot erhalten hatte. Als das Zeugnis einige Wochen später eintrifft, entdeckt Guido einige Stellen, die ihm nicht so gefallen. Aber richtig schlecht erscheinen sie ihm auch nicht, also lässt er es gut sein. Sein neuer Arbeitgeber hatte sowieso kein Zeugnis sehen wollen. Zwei Jahre später allerdings wird die Firma von einem Wettbewerber gekauft und Guido entlassen. Guido fühlt sich nicht wirklich getroffen, denn er ist jung, gut ausgebildet und hat einige Jahre Berufserfahrung gesammelt. Andererseits ist seine aktuelle Bewerbungssituation ganz anders als vor zwei Jahren. Guido ist jetzt arbeitslos und potenzielle Arbeitgeber prüfen seine Unterlagen plötzlich genauer. Oder bildet er sich das nur ein? Zwei Unternehmen laden ihn nicht einmal zum Vorstellungsgespräch ein, obwohl Guido genau auf die ausgeschriebene Stelle gepasst hätte. Schließlich bekommt er eine Einladung und der Personalchef befragt ihn zu dessen Tätigkeit bei seinem ersten Arbeitgeber. Guido versteht das nicht so ganz, weil er seine Leistungen beim zweiten Unternehmen immer für wichtiger hielt (weil aktueller)? Also fasst er sich ein Herz und fragt den Personalchef rundheraus. Dieser zieht Guido ins Vertrauen und teilt ihm mit, dass sein Arbeitszeugnis verheerend sei und man bei Sachbearbeitern, die zugleich eine Budgetverantwortung tragen, schon auf das Arbeitszeugnis schaue. Und wenn eines richtig schlecht sei, nun, dann gebe das Anlass zum Nachdenken. Guido ist schockiert, aber weiß jetzt wenigstens, woran er ist. Er will versuchen, das Zeugnis nachträglich ändern zu lassen. Hätte er sich doch nur gleich durch Expertenrat abgesichert. Aber letztlich hat Guido noch Glück gehabt – wie viele Unternehmen spielen mit so offenen Karten, wie der freundliche Personalleiter es getan hat?

Eine reine Formsache

Urs S. war Topkader eines schweizerischen Unternehmens und berichtete direkt an den Verwaltungsrat. Als er durch einen renommierten Personalberater eine neue Topmanagementposition bei einem größeren Konzern erhält, beauftragt er seinen Anwalt, das Arbeitszeugnis seines nun ehemaligen Arbeitgebers zu prüfen. Es soll natürlich keine verklausulierte Kritik enthalten, könne aber ansonsten durchaus ehrlich ausfallen, meint Urs. Beispielsweise könne ruhig darin stehen, dass Urs aus unternehmensstrategischen Erwägungen auch unpopuläre Entscheidungen trifft und auch gegen den Willen von Kollegen Maßnahmen durchsetzen kann, die langfristig dem Unternehmenserfolg dienen. Unter anderem dadurch sieht Urs seine Unternehmerkompetenz gewürdigt. Aber das Zeugnis ist für ihn nur eine Formsache, eine Art rechtliche Absicherung. Viel wichtiger ist ihm das persönliche Empfehlungsschreiben eines Verwaltungsrats, der noch dazu auch gern persönlich über Urs und seine Qualitäten Auskunft gibt. Insgesamt hat Urs schon drei gewichtige Referenzgeber und damit Fürsprecher aus der Riege der schweizerischen Verwaltungsräte gewonnen. Seiner weiteren beruflichen Entwicklung im internationalen und Schweizer Topmanagement steht damit nichts mehr im Wege.

Arbeitszeugnisse – typisch deutsch

Arbeitszeugnisse haben nur im deutschsprachigen Raum eine gewisse Bedeutung erlangt, außerhalb von Deutschland, Österreich und der Schweiz sind sie nahezu unbekannt. Vor allem in Deutschland sind Arbeitszeugnisse so institutionalisiert, dass selbst höhere Führungskräfte Wert auf ein sauber erstelltes Arbeitszeugnis legen, wenn sie ihre Stelle wechseln.

Und sie tun gut daran, auch wenn die Bedeutung der Arbeitszeugnisse schwindet, je höher der Arbeitnehmer in der Hierarchie einer Organisation steigt. Denn ein nicht vorhandenes Zeugnis erweckt immer Misstrauen. Daher passiert es gar nicht so selten, dass ein Personalberater zwar vollständige Bewerbungsunterlagen einschließlich aller Arbeitszeugnisse einfordert, die Zeugnisse aber gar nicht im Detail liest.

Tipp
Gerade für Manager sind Zeugnisse meist nur in formaler Hinsicht wichtig. Anders ausgedrückt: Ein sehr gutes Zeugnis wird Ihre Karriere nicht unbedingt fördern, ein schlechtes oder nicht vorhandenes kann sie aber stark behindern. Also sollten Sie bei einem Stellenwechsel alles daransetzen, ein individuell erstelltes und allen Vorschriften entsprechendes Arbeitszeugnis zu erhalten.

Übrigens benötigt man für eine internationale Karriere keine Arbeitszeugnisse im engeren Sinn. Daher empfiehlt es sich auch nicht, die Zeugnisse wörtlich ins Englische übersetzen zu lassen. Wenn Sie Ihrer Bewerbung einen schriftlichen Erfolgsnachweis beifügen möchten, dann sollten Sie sich ein Empfehlungsschreiben auf Englisch von Ihrem ehemaligen Arbeitgeber aushändigen lassen.

Arbeitszeugnis-Bausteine: Gesetzesvorgaben individuell erweitern

Jedes gute Arbeitszeugnis besteht aus einem festen Satz an Bausteinen und sollte folgendermaßen aufgebaut sein:

- Überschrift („Zeugnis", „Zwischenzeugnis")
- Einleitung
- Tätigkeitsbeschreibung
- Beurteilung des Fachwissens
- Beurteilung der Kernkompetenzen und Eigenschaften
- Zusammenfassende Leistungsbeurteilung
- Zusammenfassende Verhaltensbeurteilung
- Schlussformel
- Unterschrift des Vorgesetzten
  (mit Angabe des Namens und der Position)

Wie in der deutschen Justiz üblich, gibt es auch rund um das Arbeitszeugnis eine Vielzahl von Gesetzen, die zum umfangreichen Bereich des Arbeitsrechts gehören. Auch die Schweiz und Österreich orientieren sich in punkto Formulierungen nach meiner Beobachtung an Deutschland. Ein Urteil der deutschen Justiz sticht dabei besonders heraus: Im Jahr 1994 entschied das LAG Hamm (Urteil vom 01.12.1994, 4 Sa 1631/94,

LAGE Nr. 28 zu §630 BGB), dass der Abschnitt der Leistungsbeurteilung – gleichzusetzen mit den Kernkompetenzen und Eigenschaften des Mitarbeiters – in einem Zeugnis aus folgenden Bausteinen zu bestehen hat:

- Können (Arbeitsbefähigung)
- Wollen (Arbeitsbereitschaft)
- Ausdauer (Arbeitsvermögen)
- Einsatz (Arbeitsweise)
- Erfolg (Arbeitsergebnis)
- Potenzial (Arbeitserwartung)

Allerdings ist nicht festgelegt, ob diese Punkte für jedes Zeugnis ausreichen oder ob es auch eine Erweiterung geben darf beziehungsweise geben muss. Ebenso ist nicht festgelegt, wie die einzelnen Beurteilungsbereiche konkret formuliert werden müssen. Das obliegt dem Zeugnisaussteller. Dadurch entsteht ein großer Spielraum bei der Interpretation der Leistungsbeurteilung eines Zeugnisses.

Es liegt jedoch auf der Hand, dass einzelne Kernkompetenzen, die sich nicht aus dem Urteil des LAG Hamm ableiten lassen, ebenfalls genannt werden müssen, wenn das Tätigkeitsprofil sie beinhaltet. Andernfalls ist das Zeugnis weder vollständig noch aussagefähig noch glaubwürdig. Sie können also das Portfolio der relevanten managementbezogenen und persönlichen Kernkompetenzen je nach Bedarf ausweiten. Dazu gehören bei Führungskräften vor allem die Führungsfähigkeit und Führungsleistung Nach dem bereits angeführten Urteil des LAG Hamm sollte die Führungsleitung in den Kategorien Motivation, Abteilungsleitung und Arbeitsklima beurteilt werden. Darüber hinaus kann man auch hier individuelle Ergänzungen vornehmen, etwa die Beschreibung des Führungsstils oder die Bestätigung von besonderer Durchsetzungsfähigkeit.

Die folgende Übersicht kann Ihnen aber letztlich nur einen groben Überblick geben, da Zeugnisse immer im Einzelfall zu betrachten sind. Ich möchten Sie dennoch für die Gestaltungsmöglichkeiten eines Zeugnisses sensibilisieren, vor allem für die, die über die gesetzlichen Mindestanforderungen hinausgehen. Meine wichtigste Botschaft lautet daher: Lassen Sie sich Ihre Leistungen und Erfolge so individuell bestätigen wie möglich.

Kategorie	Dimension und Leitthema bzw. Leitfragen
Fach- und Funktionskompetenz	Fachwissen: Hier geht es um die Ermittlung des funktionalen Fachwissens – ist jemand Fachexperte und wenn ja, bis zu welchem Grad? Bei Führungskräften erwartet man naturgemäß keine starke Ausdifferenzierung des Fachwissens. Das Fachwissen sollte eng mit dem Branchenwissen und der Managementkompetenz verknüpft sein.
	Markt und Branchenwissen: Inwieweit versteht der Kandidat das Markt- und Branchenumfeld des Unternehmens inklusive Trends, Technologien, Preise etc.?
	Methodische Managementkompetenz: Bis zu welchem Grad beherrscht der Mitarbeiter das für seine Position erforderliche Managementrüstzeug bzw. die Arbeitsmethoden und -tools?
Führungskompetenz	Führungsfähigkeit: Inwieweit führt der leitende Mitarbeiter sein Team aktiv zu den gewünschten Ergebnissen? Setzt er klare Ziele, lässt er dem Team Freiräume bei der Umsetzung, kann er Aufgaben delegieren, sein Team richtig einschätzen und beurteilen?
	Mitarbeiterentwicklung: Inwieweit fördert der leitende Mitarbeiter sein Team und bringt einzelne Teammitglieder auf ein höheres Kompetenz- und Leistungsniveau bzw. ermöglicht diesen Wissenszuwachs?
Soziale Kompetenz	Teamfähigkeit: Inwieweit gliedert sich der Mitarbeiter in Teams ein und trägt zum Teamergebnis bei bzw. treibt Teamarbeit aktiv voran?
	Kommunikationsfähigkeit: Ist der Mitarbeiter in der Lage, mit Kollegen, Kunden und Geschäftspartnern zielgerichtet zu kom-

Kategorie	Dimension und Leitthema bzw. Leitfragen
	munizieren oder muss er ermuntert werden? Meistert er wichtige Interaktions- oder Kommunikationssituationen?
Unternehmerkompetenz	Kundenorientierung: Inwieweit trägt der Mitarbeiter den Wünschen externer und interner Kunden Rechnung? Inwieweit erkennt der Mitarbeiter die kundenspezifischen Elemente in seinem Tagesgeschäft (Prozesse, Aufgaben)?
	Lösungs- und Umsetzungsorientierung: Setzt der Mitarbeiter Vorgaben rasch und dabei effizient und effektiv um? Treibt er die Umsetzung von Plänen und Entscheidungen auch als Impulsgeber und Innovator voran? Kann er Widerstände überwinden, andere überzeugen und als Ergebnisgarant bzw. Problemlöser wirken?
	Unternehmensstrategische Orientierung: Erkennt der Mitarbeiter die strategischen Elemente in seiner täglichen Arbeit, bedient bzw. unterstützt er die Unternehmensstrategie in seinen Aktionen? Denkt er über seinen Bereich hinaus? Entwickelt er die Unternehmensstrategie mit?

Formulierungen zur zusammenfassenden Leistungsbeurteilung

Die zusammenfassende Leistungsbeurteilung stellt einen Beurteilungskern des Arbeitszeugnisses dar und wird daher hier gesondert betrachtet. Folgende drei Formulierungen sind besonders bekannt:

● „Zur vollen Zufriedenheit"
● „Stets zur vollen Zufriedenheit"
● „Stets zur vollsten Zufriedenheit".

In Beurteilung Nr. 1, die eigentlich die schlechteste ist, wird dem Leser suggeriert, dass der Beurteilte Leistungen erbracht hat, die den Arbeitgeber zufriedengestellt haben, also doch ganz gut waren. Richtig? Nein, denn es wird die Note „Befriedigend" bescheinigt. Die „volle Zufriedenheit" allein bedeutet also keine gute, sondern lediglich eine befriedigende Leistung.

Die Steigerung erfolgt einerseits durch das Zeitadverb „stets", das die zeitliche Unbeschränktheit dokumentiert und andererseits durch die Wörter „vollen" und „vollsten". Entsprechend bedeutet die Formel Nr. 2 ein „Gut" und die Formulierung Nr. 3 das begehrte „Sehr gut".

Die Tatsache, dass die „vollste" Zufriedenheit grammatikalisch falsch ist, ist hier irrelevant, da die Zeugnissprache in diesem Punkt einen Sonderweg einschlägt. Zwar gibt es Unternehmen, die sich standhaft weigern, die „vollste Zufriedenheit" aus den erwähnten sprachlichen Gründen zu bescheinigen, alle anderen Zeugnisaussteller sollten jedoch dabeibleiben, um Missverständnisse zu vermeiden.

Tipp
Wer sich nicht streiten möchte, kann alternativ auch eine der folgenden Formulierungen wählen, die ebenfalls eine sehr gute Leistung bescheinigen:

- Wir waren mit seinen Leistungen stets (und) in jeder Hinsicht außerordentlich/äußerst zufrieden.
- Sie hat unsere sehr hohen Erwartungen stets in bester Weise erfüllt und teilweise sogar übertroffen.
- Wir waren mit ihren Leistungen stets (und) in jeder Hinsicht sehr zufrieden.
- Seine Leistungen haben stets und in jeder Hinsicht unsere volle Anerkennung gefunden.
- Wir waren mit seinen Leistungen stets außerordentlich zufrieden.
- Seine Leistungen werden zusammengefasst als sehr gut beurteilt.
- Ihre Leistungen waren stets sehr gut.
- Seine Leistungen haben stets (jederzeit, immer) unsere volle Anerkennung gefunden.

Am Schluss: Bedauern, Dank und gute Wünsche

Die Schlussformel ist wahrscheinlich die sensibelste Stelle im ganzen Zeugnis, da man sie auch als abschließende Interpretation verstehen kann. Viele Personaler und Headhunter lesen aus diesem Grund zuerst den letzten Satz. Die Schlussformel eines perfekten Zeugnisses besteht aus drei aufeinanderfolgenden Teilen:

1. Bedauern des Arbeitgebers über das Ausscheiden des Zeugnisempfängers, also des ehemaligen Mitarbeiters (entfällt logischerweise im Zwischenzeugnis).
2. Dank für die geleistete Arbeit. Achtung: der Dank ist auch im Zwischenzeugnis wichtig!
3. Gute Wünsche für die Zukunft und „weiterhin" viel Erfolg – dieser Passus ist im Zwischenzeugnis optional anwendbar, zumindest sollte

hier die Freude über die weitere Zusammenarbeit ausgedrückt werden.

Ein Sonderfall ist die Aufhebung des Arbeitsverhältnisses durch einen Aufhebungsvertrag: Hier kann die Aufhebung durchaus offen erwähnt werden, solange das „beste beiderseitige Einvernehmen" betont wird. Andernfalls kann man die Schlussformel als Hinweis auf Probleme interpretieren. Die Erwähnung des Bedauerns ist im Falle einer Vertragsaufhebung nicht zwingend erforderlich – hier sollte, um eine logische und gefällige Abrundung zu garantieren, eine individuelle Lösung gefunden werden.

Arbeitszeugnisse für Topmanager: kurz und prägnant

Topmanager – insbesondere Geschäftsführer und Vorstände – brauchen aus karrierepraktischen Gründen eigentlich keine Arbeitszeugnisse, nichtsdestotrotz stehen sie ihnen rechtlich zu. Und gerade im Umfeld mittelständischer Unternehmen werden Zeugnisse auch für Topmanager ausgestellt. Ich habe für Sie deshalb die wichtigsten Punkte für ein sehr gutes Topmanager-Zeugnis zusammengestellt:

- Das Zeugnis sollte vom Aufsichtsrat beziehungsweise Gesellschafter oder aber von mindestens einem Vorgesetzten, der zugleich Organ ist (etwa Geschäftsführer der Holding), unterschrieben sein.
- Das Zeugnis sollte eher kurz gehalten sein, also maximal 2,5 Seiten lang sein (bei einer Schriftgröße von 11,5 Punkt).
- Die Tätigkeitsbeschreibung sollte nicht ausufern, die wichtigsten Punkte sollten als Verantwortlichkeiten und Kompetenzbereich einleitend bezeichnet und dann ausgeführt werden.
- Sie sollten als Unternehmer und Stratege dargestellt werden, operative Kompetenzen oder gar tägliches Klein-Klein haben im Zeugnis wenig verloren.
- Ihre Erfolge sollten prägnant und wenn möglich auch in Zahlen oder Verhältnismäßigkeiten ausgedrückt werden.
- Ihre Gesamtwirkung auf das Unternehmen und dessen – hoffentlich – positive Entwicklung sollte gewürdigt werden.

● Falls gegeben, sollten Ihre Außenwirkung und Ihre souveräne Repräsentation des Unternehmens bekundet werden – für einen Vertriebsvorstand ein absolutes Muss.

● Ihr wechselseitiges Vertrauensverhältnis mit dem Aufsichtsrat beziehungsweise den Gesellschaftern sollte bestätigt werden.

● Man sollte Ihnen Dank für Ihre ausgezeichneten Leistungen aussprechen, Ihren Weggang bedauern und Ihnen weiterhin viel Erfolg wünschen.

Wichtiger als ein formales Arbeitszeugnis sind für Topmanager jedoch Referenzen (siehe Seite 140).

Das Arbeitszeugnis als Compliance-Bestätigung

Compliance ist ein Thema, das in den letzten Jahren besondere Aufmerksamkeit erlangt hat. Mit diversen Exzessen schlechter Unternehmensführung, besonders in den USA, haben sich Initiativen gebildet, welche die gute Unternehmensführung erleichtern wollen. Daraus sind diverse Vorschriften erwachsen, die es als Mitarbeiter eines Unternehmens zu beachten gilt (wie etwa der Sarbanes-Oxley Act). Gerade in Konzernen muss meist ein detailliertes Regelwerk berücksichtigt werden. Die erforderliche Compliance zu zeigen heißt, die Unternehmensregeln zu befolgen.

Das hinreichend detailliert verfasste, qualifizierte Arbeitszeugnis nimmt implizit auf die Compliance des Beurteilten Bezug. Wenn Sie als Zeugnisempfänger in besonderem Maße mit bestimmten Regeln konfrontiert waren, etwa als kaufmännischer Leiter, wird man Ihnen beispielsweise Vertrauenswürdigkeit oder Integrität bescheinigen müssen. Es sollte aus dem Zeugnis hervorgehen, dass Sie alle Regeln und Vorschriften beachtet haben, die für Ihre Haupttätigkeit oder gegebenenfalls bestimmte gesonderte Arbeitsgebiete erforderlich waren. Dadurch haben Sie sich ein Stück weit abgesichert, wenn das Unternehmen kurz nach Ihrem Weggang in Turbulenzen geraten sollte. Zumindest kann niemand mangelnde Compliance gegen Sie ins Feld führen.

Auch Missmanagement innerhalb der Compliance-Regeln kann Ihnen niemand vorwerfen. Zwar mögen die manchmal sehr komplizierten und zahlreichen Vorschriften den Unternehmenserfolg hier und da belastet haben, aber das kann Ihnen nicht angelastet werden.

Zeugnis im Ausland – kurz, auf Englisch

Das Ausstellen von qualifizierten Arbeitszeugnissen kennt man im nicht deutschsprachigen Ausland kaum, selbst wenn es sich um eine Tochterfirma eines deutschen, schweizerischen oder österreichischen Unternehmens handelt. Entsprechend wird nahezu jeder Arbeitgeber, den Sie mit einem Zeugniswunsch konfrontieren, befremdet oder hilflos reagieren. Das hat nichts mit bösem Willen oder gar mangelnder Leistung Ihrerseits zu tun. Er weiß einfach nicht, was er schreiben soll.

Eventuell wird Ihnen Ihr Arbeitgeber vorschlagen, dass Sie selbst einen Text verfassen, der dann gegebenenfalls nur noch leicht abgeändert und unterschrieben wird. Konzipieren Sie diesen als Referenz oder Empfehlungsschreiben. Beide lassen sich an das deutsche Arbeitszeugnis anlehnen, indem Sie die typischen Kernsätze sinngemäß übernehmen, aber nicht 1:1 ins Englische übertragen. Versuchen Sie, den Text möglichst kurz zu halten und sich auf das Wesentliche zu beschränken. So erhalten Sie ein brauchbares Dokument, das Sie auch in Deutschland einsetzen können.

Die Referenz: Unterstützer gesucht

Ein beliebtes Mittel, um mehr Aufschluss über Qualifikation, Persönlichkeit und Eignung eines Kandidaten zu gewinnen, sind Referenzen. Eine Referenz muss nicht unbedingt schriftlich erfolgen. Besser ist, die entsprechenden Namen und Kontaktdaten bereits im Lebenslauf anzugeben. Gerade Personalberater werden Sie im Rennen um eine Topposition ohnehin nach einem ersten erfolgreichen Interview auffordern, Referenzgeber zu benennen.

Diese Personen sollten Ihnen möglichst wohlgesinnt sein, aber keine Gefälligkeitsaussagen treffen. Es nützt also meist wenig, wenn Sie Ihre Referenzgeber im Vorhinein konditionieren. Der Reiz eines persönlichen Gesprächs, etwa zwischen Headhunter und Referenzgeber, liegt ja gerade in der Spontaneität und Interaktion. Außerdem fällt es meist schwer, abzuschätzen, was den Personalberater wirklich interessiert: Ihre Persönlichkeit, Ihre Managementkompetenz oder bestimmte Aspekte ganz konkreter Erfolge? Sie sehen: Die Liste der möglichen Interessengebiete ist lang und der konkrete Fokus des Personalberaters nicht vorherzusehen.

Wenn Sie eine schriftliche Beurteilung von einem hochrangigen Referenzgeber bekommen können, sollten Sie dieses Angebot sofort annehmen. Auch können Sie dem Referenzgeber anbieten, ein vorgefertigtes Schreiben zur Unterschrift vorzulegen. Referenzschreiben sind meist relativ kurz, stellen prägnant die Erfolge des Beurteilten dar und umreißen in groben Zügen, welche Persönlichkeitsmerkmale und herausragenden Managementfähigkeiten diese ermöglicht haben. Auch ist meist eine kurze Beschreibung des persönlichen Verhältnisses zwischen dem Empfohlenen und dem Referenzgeber zu finden, also etwa in welchem Rahmen man sich kennen gelernt und zusammengearbeitet hat. Die Referenz sollte möglichst auf offiziellem Papier oder einem noblen privaten Papierbogen erstellt werden. Aufsichtsräte und Topmanager verfügen in aller Regel über entsprechend gestaltete Vorlagen. Die eigenhändige Unterschrift rundet als wichtiges Element die Referenz ab.

Die typische Reference: kurz, sachlich und relativ unpersönlich

Eine Reference ist eine relative formelle Bestätigung Ihrer Leistungen. Dabei werden Ihre Tätigkeiten und Erfolge aufgeführt sowie kurz Ihre hervorstechenden persönlichen Eigenschaften präsentiert. Diese sollten allerdings möglichst managementbezogen sein.

Die Reference bietet sich an, wenn Sie eine Beurteilung benötigen, die dem qualifizierten deutschen Arbeitszeugnis möglichst nahekommt. Sie darf – im Gegensatz zum typischen Letter of Recommendation – auch mal 1,5 Seiten lang sein. Das gibt Ihnen genügend Raum für die Auflistung Ihrer wichtigsten Tätigkeiten, Projekte und Erfolge. Die Reference betont also stärker die harten Fakten als ein Letter of Recommendation.

Das Gute an der Reference: Es gibt keinen Geheimcode, weshalb ich mir eine Auflistung von derartigen Formulierungen an dieser Stelle sparen kann. Wichtig sind ein fehlerloses Englisch und die korrekte Übersetzung der Kernformulierungen aus dem qualifizierten deutschen Arbeitszeugnis.

Der Letter of Recommendation: kurz, persönlich, blumig und subjektiv

Der Letter of Recommendation ist im Gegensatz zur Reference überaus persönlich zu formulieren. Auch im deutschsprachigen Raum werden schriftliche Empfehlungen in einem sehr positiven Ton verfasst. Hier ist die empfohlene Person stark zu loben – besonders wenn das Empfehlungsschreiben für die USA gedacht ist. Oft werden dem Empfohlenen dabei Qualitäten zuerkannt, die für Deutsch dann doch übertrieben klingen. Formulierungen wie „enthusiastic personality", „brilliant intellect" oder „extraordinary attitude" sind in der Praxis keine Seltenheit.

Dieser eigene Stil mag neben den kulturellen Unterschieden auch darin begründet sein, dass schriftliche Beurteilungen oder gar Arbeitszeugnisse im angloamerikanischen Raum kaum ausgestellt werden – also lautet die Devise: Wenn schon, denn schon. Nicht selten wird ein Letter of Recommendation sogar für einen ganz bestimmten Zweck verfasst, etwa für die Bewerbung um einen MBA-Studienplatz. Aber auch diese Spezialschreiben sollte man immer aufheben. Wer weiß, wozu sie noch einmal dienen können, insbesondere wenn der Unterzeichner qua Position oder gar Bekanntheitsgrad besonders renommiert ist.

Nicht detailliert beleuchtet werden im Letter of Recommendation die Tätigkeiten der empfohlenen Person, es sei denn, der Brief dient zur Empfehlung ebendieser. Auch das gibt es, etwa bei freiberuflichen Beratern, Managern oder sonstigen Spezialisten. Insgesamt interessiert im angloamerikanischen Wirtschaftsraum aber mehr die Persönlichkeit des Beurteilten. Also gilt für den Letter of Recommendation wie für Ihren persönlichen Auftritt: Zeigen Sie sich auch und gerade in persönlicher Hinsicht von Ihrer Schokoladenseite.

10 Regeln für überzeugende Arbeitszeugnisse und Referenzen

1. Qualifizierte Arbeitszeugnisse sind nur in Deutschland, Österreich und der Schweiz relevant. Für eine internationale Karriere benötigen Sie keine Arbeitszeugnisse, sondern Referenzschreiben.

2. Ein Arbeitszeugnis muss neben den Verantwortlichkeiten und Tätigkeiten zwingend die wichtigsten Eigenschaften sowie die Kernkompetenzen des Arbeitnehmers enthalten. Dabei sollte es so individuell wie möglich formuliert sein.

3. Ein besonders wichtiger Baustein ist die zusammenfassende Leistungsbeurteilung. Sie stellt den Beurteilungskern des Zeugnisses dar.

4. Ebenfalls besonderes Augenmerk verdient die Schlussformel, da sie auch als abschließende Interpretation des gesamten Zeugnisses verstanden wird.

5. Topmanager sollten bei Ihrem Arbeitszeugnis vor allem Wert auf eine Darstellung als Unternehmer und Stratege sowie auf eine prägnante Präsentation ihrer Erfolge achten.

6. Es sollte aus dem Zeugnis hervorgehen, dass Sie alle Regeln und Vorschriften beachtet haben, die für Ihre damalige Tätigkeit relevant waren.

7. Benötigen Sie einen Nachweis für Ihre Auslandstätigkeit, greifen Sie auf einen möglichst kurzen Text zurück, der die Kernsätze eines deutschen Zeugnisses in Englisch enthält.

8. Führungskräfte und Topmanager sollten immer Personen benennen können, die über sie (wohlwollend) Auskunft geben.

9. International I: Die Reference ist eine relativ formelle Bestätigung Ihrer Leistungen und Erfolge, die mehr die harten Fakten betont.

10. International II: Ein Letter of Recommendation hingegen lobt die Person und deren Fähigkeiten – er ist das Dokument der Wahl, wenn eine sehr persönliche Einschätzung weiterhilft.

Führen und Überzeugen

Die überzeugende und damit erfolgreiche Mitarbeiterführung hängt zunächst nicht von Ihrem Team ab, sondern sie beginnt bei Ihnen selbst.

Plötzlich Chef

Magister Vinzenz L. arbeitet seit vier Jahren bei einem international tätigen österreichischen Automobilzulieferer. Als Controlling-Spezialist war er eingestiegen und hatte rasch Projektmanagementaufgaben übernommen. Zudem hat er sich regelmäßig fachlich fortgebildet und eine sehr hohe Motivation gezeigt. Schließlich wird Vinzenz zum Teamleiter Controlling ernannt. Einerseits freut er sich darüber, weil er nun Führungsverantwortung trägt und zugleich in das Führungskräftenachwuchsprogramm des Unternehmens aufgenommen wird. Andererseits sieht er sich mit einer Reihe von Herausforderungen konfrontiert. Plötzlich muss er Mitarbeiter nicht nur fachlich anleiten, sondern auch in ihrer Leistung beurteilen. Bei zwei seiner fünf Mitarbeiter ist er sich außerdem sicher, dass auch sie gern Teamleiter geworden wären. Wie soll er reagieren? Soll er offen Verständnis für ihre Enttäuschung zeigen? Welche Ziele soll er seinen Mitarbeitern setzen? Soll er überhaupt welche festlegen? Sein Arbeitgeber hat kein detailliertes Zielsystem, jeder Führungskraft wird ein gewisser Freiraum gewährt. Vinzenz weiß auch nicht genau, welche Aufgaben er noch persönlich erledigen und welche er delegieren soll. Soll er einfach seinem Team all die Aufgaben überlassen, die er selbst noch als Teammitglied bis gestern erledigt hat? Aber er war doch immer ein besonders engagierter Mitarbeiter, er hat mehr geschafft als seine Kollegen. Sein Pensum werden die Anderen nicht schaffen. Immerhin kennt er die meisten Mitarbeiter seines neuen Teams und kann ihre Leistungsfähigkeit einschätzen. Doch könnte Vinzenz vielleicht durch besondere Motivation mehr erreichen? Er hat begriffen, dass er jetzt einerseits noch manches lernen muss, andererseits aber auch Souveränität zeigen muss. Seine erste Führungsverantwortung ist eine Gratwanderung, aber Vinzenz freut sich auf die Herausforderung. Er weiß um die Klippen und schon diese Sensibilisierung gibt ihm Sicherheit.

Führen ohne disziplinarische Führungsverantwortung

Dr. Johannes F., Wirtschaftsingenieur, arbeitet bei einem Hersteller von technischen Systemen und Komponenten. Er hat dort als Projektingenieur begonnen und bekommt nach drei Jahren die Leitung eines Entwicklungsprogramms übertragen. Nun muss Johannes 15 Mitarbeiter in seinem Projektteam anleiten und koordinieren. Sein Team ist heterogen, es besteht aus Entwicklungsingenieuren, einer Controllerin, einer Einkäuferin, einem Qualitätsverantwortlichen, zwei Vertriebsspezialisten und diversen Produktionsspezialisten. Johannes muss also vielen Interessen gerecht werden, auch wenn der Programmplan mit seinen Meilensteinen unerbittlich eingehalten werden muss. Aber auch darin liegt für Johannes eine Herausforderung: Seine Führungsverantwortung ist fachlich, nicht disziplinarisch ausgelegt. Johannes muss also sein Team bei der Stange halten, ohne im Extremfall durchgreifen zu können. Wenn ein Teammitglied eine anhaltend schlechte Leistung erbringt, kann Johannes es zwar austauschen, jedoch muss er erst einmal Ersatz finden. Auch braucht dieses Teammitglied keine weiteren Konsequenzen zu fürchten, denn selbst wenn Johannes den verantwortlichen disziplinarischen Vorgesetzten informiert, muss dieser noch lange nicht mit weiteren Sanktionen reagieren. Johannes führt also ein komplexes Team in einem herausfordernden Umfeld, ohne eine wirkliche Autoritätsposition zu bekleiden. Das verlangt besondere Qualitäten.

So motivieren Sie Mitarbeiter - oder eben auch nicht

Kay S. ist Teamleiter Vertrieb bei einem internationalen Konsumgüterkonzern und möchte gern weiterkommen. Daher legt er besonderen Wert darauf, rasch exzellente Ergebnisse vorweisen zu können. Dafür braucht er ein gut funktionierendes, leistungsstarkes Team. Kay spornt daher seine Mitarbeiter offensiv, aber immer freundlich und positiv an. Ihm ist bewusst, dass sein Team sich nicht missbraucht fühlen darf, und direkt ausnutzen will er es auch gar nicht. Kay sieht sich als Dynamiker. Er gibt ambitionierte Ziele vor und geizt nicht mit Lob, wenn ein Mitarbeiter sie erreicht. Bald merkt er, wie die Mitarbeiter auch tatsächlich deutlich aktiver werden. Kay lobt jetzt neue Boni für die besonders erfolgreichen unter seinen Vertrieblern aus. Seine Mitarbeiter nehmen das neue System dankbar an, am Jahresende jubeln die Prämienempfänger laut und die Anderen wissen, was möglich ist, wenn man sich nur anstrengt. Doch dann gerät das Unternehmen in Schwierigkeiten, und Kay muss sein Bonusprogramm zusammenstutzen. Plötzlich kündigen zwei Leistungsträger. Das kann Kay gerade noch nachvollziehen, obwohl ihn der plötzliche Weggang schmerzt. Wer will schon gern weniger verdienen! Aber auch zwei eher durchschnittliche Mitarbeiter haben offenbar die Nase voll und nehmen kurz danach ihren Hut. Völlig verdutzt ist Kay, als ihm einer der Mitarbeiter im Vertrauen eröffnet, wie sein Führungsstil offenbar vom Team aufgenommen wird: dass seine Lobesorgien wohl lieb gemeint seien, aber zunehmend unglaubwürdig würden. Allein am Lob gemessen, hätte ja jeder einen Bonus bekommen müssen. Die Krisensituation sei ja sicherlich auch eine Folge dieses komischen Führungsverhaltens im Konzern, und da ziehe man es vor, in ein hoffentlich glaubwürdigeres Umfeld zu wechseln. Kay versteht die Welt nicht mehr. Da hat er seine Mitarbeiter fleißig gelobt, eine positive Stimmung verbreiten wollen und noch dazu die Besten mit einer Prämie belohnt. Seine Aktion war doch wie aus dem Lehrbuch für den erfolgreichen Vertrieb entnommen – und jetzt das ...

Führen heißt Vorbild sein

Erfolgreiche Führungskräfte gehen selbst mit gutem Beispiel voran. Natürlich erwartet niemand von Ihnen, ein besserer Mensch als Ihre Mitarbeiter zu sein. Denken Sie aber daran, dass Ihre Mitarbeiter von Ihrem Verhalten und Ihrer Denkweise sehr viel mehr mitbekommen, als Ihnen vielleicht bewusst ist – und dass sie Ihre Aktionen bewerten. Ihre Mitarbeiter bilden sich permanent ein Urteil über Sie. Je nach Kontaktintensität oder -häufigkeit mag das Urteil differenzierter oder weniger zutreffend sein. Egal, ob berechtigt oder nicht, ein schlechtes Urteil wird immer die Zusammenarbeit erschweren. Grundsätzlich gilt: Je enger Sie mit Ihrem Team zusammenarbeiten, desto stärker stehen Sie unter Beobachtung. Ein (wenn auch triviales) Beispiel eines schlechten Vorbilds ist der Chef, der ständig früher nach Hause geht, während sein Team noch arbeitet; der Verlust an Ansehen und Autorität lässt nicht lange auf sich warten. Vergessen Sie nicht: Sie können Ihr Team nicht nur aktiv motivieren, sondern auch aktiv demotivieren.

Leben Sie die Balance aus Chef-Privileg und Angleichung an Ihr Team bewusst. Je nach Landes- und Unternehmenskultur mögen Ihre Privilegien größer oder kleiner als in Deutschland sein. In jeder Kultur aber will ein Team seinen Chef als solchen wahrnehmen und anerkennen. Doch zugleich dürfen Sie diesen Erwartungsrahmen nicht sprengen. Was zum Beispiel in der einen Kultur als erwartete Kollegialität willkommen ist, könnte in der anderen als übertriebene Angleichung gelten und Ihnen als Schwäche ausgelegt werden.

Tipp
Überlegen Sie genau, wann und wie Sie sich von Ihrem Team einerseits abgrenzen und sich andererseits mit dem Team verbünden. Sie können dieses Wechselspiel aus Nähe und Distanz überdies nutzen, um in bestimmten Situationen Zeichen zu setzen und sich zu positionieren. Nur einen Fehler dürfen Sie niemals machen: Zu wenig kommunizieren, denn dadurch verlieren Sie über kurz oder lang das Gespür für Ihr Team.

Topmanager stehen zudem vor der Herausforderung, Leit- und Vorbild für das ganze Unternehmen zu sein. Hier gilt es, die Balance zwischen den Führungsaufgaben im engeren Führungskreis – die sich prinzipiell nicht von denen der niedriger angesiedelten Führungskräfte unterscheiden – und den Repräsentationspflichten gegenüber der Belegschaft zu halten. Letztere wird man vor allem über symbolhaftes Management und die systematische Ausnutzung aller sich bietenden Kommunikationskanäle wahrnehmen müssen. Je größer das Unternehmen, desto schwieriger wird logischerweise der dauerhafte und direkte Kontakt zu den Mitarbeitern. Umso wichtiger ist die professionelle Gestaltung und Organisation dieser Mitarbeiterkommunikation. Wer an der Spitze steht, gibt für alle Mitarbeiter Orientierung, ob er will oder nicht.

Ziele vereinbaren, verständlich formulieren, den Erfolg messen

Es gibt bekanntlich verschiedene Arten von Zielen im Management, essenziell sind mindestens zwei: die Ziele des Unternehmens und die Ziele des Mitarbeiters – genauer gesagt: die persönlichen Zielvorgaben. Unternehmen verfolgen ihr Zielsystem unterschiedlich detailliert und ausgefeilt. Es gibt sogar recht erfolgreiche Mittelständler, die noch immer kein Zielsystem schriftlich niedergelegt haben. Deren ungeschriebenes Gesetz besteht etwa darin, weiterhin das beste Produkt im Markt zu liefern oder Qualitätsführer zu bleiben oder einfach alle Kunden so gut wie möglich zu bedienen. Das mag eine Weile funktionieren.

Dessen ungeachtet ist für Sie als Führungskraft ein erfolgreiches Wirken ohne Ziele unmöglich. Mit dem Team Ziele zu vereinbaren und deren Erreichen zu kontrollieren, ist eine Ihrer wichtigsten Führungsaufgaben. Ohne klare Ziele haben Mitarbeiter keine Orientierung, meist weniger Antrieb und gehen vielleicht gar in eine ganz andere Richtung, als sie es für den Erfolg müssten. Ziele sollten idealerweise immer messbar, spezifisch und realistisch sein – wobei besonders herausfordernde Ziele die Motivation Ihres Teams steigern können. Hier müssen Sie ein Fingerspitzengefühl dafür entwickeln, wie hoch Sie die Latte legen können.

Weiterhin können Ziele ein wichtiger – manchmal vielleicht der einzige – Maßstab für die Beurteilung des Mitarbeiters sein. Man kann als Vorgesetzter seine Mitarbeiter nur fördern und Leistung einfordern, wenn die Mitarbeiter klare Ziele haben. Ziele zu vereinbaren heißt auch, einen Dialog mit dem Mitarbeiter über die Ziele zu führen, ihm nicht alle zu oktroyieren. Ziele zu setzen, ist kein einmaliger Prozess, sondern man sollte mindestens zweimal im Jahr mit dem Mitarbeiter den Status der Zielerreichung besprechen und gegebenenfalls Unterstützung anbieten.

Tipp
Übrigens müssen nicht alle Ziele in konkrete Zahlen münden beziehungsweise quantifizierbar sein. Manche Ziele sind qualitativer Natur. Ziele, die etwa ein bestimmtes Verhalten, das Leben bestimmter Werte umfassen, können genauso wichtig oder sogar wichtiger sein als die Einhaltung von Zahlenvorgaben. Natürlich ist deren Beurteilung schwierig, hier wird man auf ein gutes Feedback-System zurückgreifen und die Einschätzung des Teams als Gradmesser einholen müssen.

Wenige, aber wichtige Ziele

Konzentrieren Sie sich insgesamt auf wenige, aber wichtige Ziele. Gerade Konzerne neigen dazu, sehr komplexe Zielsysteme zu entwickeln und die Mitarbeiter manchmal regelrecht zu verwirren. Brechen Sie den überkomplexen Zieldschungel mit Ihrem Team in wichtige und einsichtige Ziele herunter, diese kommunizieren und kontrollieren Sie dann in bestimmten Zeitabständen.

Flexibilität wahren – keinen Zielwahn pflegen

Die besten und ausgefeiltesten Zielsysteme nützen nichts, wenn deren Verwaltung so aufwendig ist, dass der angestrebte Profit davon aufgefressen wird. Auch ist es zumindest bei sehr großen Organisationen fragwürdig, ob man Unternehmensziele wirklich nahtlos bis auf jeden Mitarbeiter herunterdeklinieren kann.

Essenziell für Sie als Führungskraft ist lediglich die Orientierungsfunktion, die Ziele für Sie und Ihr Team haben. Halten Sie sich nicht zu lange mit dem Entwickeln von Zielen auf, und bleiben Sie vor allem flexibel. Die wirtschaftlichen Rahmenbedingungen können sich sehr schnell ändern, und schon werden manche Zahlenziele Makulatur. Flexibilität lautet also das Gebot. Nichts ist im rapiden Wandel so ineffektiv wie unzeitgemäße Ziele. Wer jetzt ein überkomplexes Zielsystem managen muss, verliert womöglich zu viel Zeit mit der langwierigen Systemanpassung und noch dazu das Wesentliche aus den Augen – nämlich seinen wertschöpfenden Arbeitsbeitrag.

Ziele und Motivation

Was sind nicht alles für Bücher über Mitarbeitermotivation geschrieben worden! Die Erkenntnis, wonach jeder Mensch a priori motiviert ist und nur demotiviert werden kann (fast ein Bonmot), mag stimmen. Fragt sich nur, wofür er motiviert ist. Mein Credo zum Thema Motivation ist recht einfach: Wenn Sie es schaffen, Ziele mit Ihren Mitarbeitern zu vereinbaren – und eben nicht einseitig vorzugeben – dann können Sie sich normalerweise jegliche weitere Motivationstrickserei sparen. Die Mitarbeiter werden ihr Bestes geben, die ausgehandelten Ziele zu erreichen.

Natürlich geht das selten glatt, da eben nicht jeder Mitarbeiter in Ihrem Team seinen Traumjob ausübt oder die gleiche Vorstellung von Leistung hat wie die Führungsriege. Vielleicht wird ein Mitarbeiter Ihnen zu wenig anbieten, vielleicht ist er gleichgültig. Auch hier rate ich zum pragmatischen Ansatz: Wichtig ist, dass Sie ehrlich sind und die für den unternehmerischen Erfolg notwendige Messlatte auflegen. Keine unrealistisch hohe und keinesfalls eine niedrigere. Auch die extrinsische Motivation, typischerweise Geld oder geldwerte Vorteile, kann für mich ihre Berechtigung haben. Wer an dieser Schraube dreht, wird sicher mehr Mitarbeiter für sich gewinnen, als manchem Motivationsvordenker lieb ist, das zeigt meine Erfahrung. Mancher Engpass kann so überwunden werden, aber ein dauerhaftes Konzept ist der rein extrinsische Ansatz nicht. Das muss Ihnen klar sein. Stark extrinsisch motivierte Mitarbeiter sollten möglichst keine Schlüsselrollen in Ihrem Team innehaben. Solche Kollegen sind sofort weg, wenn jemand ihnen mehr von dem bietet, was sie motiviert.

Routineaufgaben delegieren, aber mit System

Als Führungskraft müssen Sie Aufgaben und Verantwortung delegieren, um den Überblick zu behalten und sich nicht in Kleinigkeiten zu verheddern. Was banal klingt, ist in der Praxis gerade für Nachwuchsführungskräfte oft eine große Herausforderung. War man bis dato als Experte noch selbst für die Fachaufgaben verantwortlich, so gilt es nun, diese von seinem Team erledigen zu lassen. Davon abgesehen lerne ich gelegentlich selbst Topentscheider kennen, die dieses Prinzip nicht richtig umsetzen können oder wollen. Doch nur wer loslassen kann, wird als Vorgesetzter langfristig erfolgreich sein.

Tipp
Delegieren Sie grundsätzlich Aufgaben, die Routinecharakter haben und solche, die einen hohen Grad an Fach- oder Spezialwissen erfordern. Auch vorbereitende Aufgaben und Aufgaben mit hohem Detailcharakter eignen sich gut zum Delegieren. Denken Sie daran, dass Sie mit der Aufgabendelegation Ihren Mitarbeitern immanent Ziele setzen, deren Erreichung Sie kontrollieren müssen. Wenn Sie die Ergebnisse nicht kontrollieren, verlieren Ihre Mitarbeiter leicht die Motivation – Mitarbeiter brauchen Anerkennung.

Machen Sie Ihren Mitarbeitern die Wichtigkeit und den Beitrag der Aufgaben zum Gesamtergebnis klar, insbesondere wenn Ihr Team nicht ganz überzeugt ist. Ihre Mitarbeiter müssen nicht nur wissen, sondern auch spüren, dass sie gebraucht werden. Geschickte Delegation ist zugleich Motivation ohne Trickserei.

Systematisieren Sie das Delegieren von Aufgaben, folgen Sie einem roten Faden, und bleiben Sie konsequent. Vorausgesetzt, Ihr Team ist grundsätzlich von seiner Mission überzeugt, wird es am effektivsten arbeiten, wenn jeder genau weiß, welche Aufgaben wie verteilt sind. Transparenz und Klarheit sind das Gebot der Stunde. Dabei können unangenehme Aufgaben rollierend, etwa wöchentlich, an jeweils ein anderes Teammitglied verteilt werden, damit ein Gleichgewicht herrscht.

Natürlich müssen Sie Ihrem Team nicht alles vorgeben, auch ein gewisser Grad an Selbstbestimmung kann motivieren und zudem noch bessere Ergebnisse liefern, weil Ihr Team die Details des Tagesgeschäfts meist besser kennt als Sie. Ganze Unternehmenskulturen, wie etwa der legendäre und oft kopierte Toyota-Weg, gründen darauf, viel Verantwortung an die Basis zu verlagern. Jedoch: Wie selbstbestimmt Sie Ihr Team auch handeln lassen – am Ende der Entscheidungsfindung muss immer klar sein, wer welche Aufgabe übernimmt und dafür geradesteht.

Die Organisation: Verantwortung und Aufgaben gemeinsam festlegen

Eng mit der Zielsetzung und Aufgabendelegation ist die Frage der Organisation verbunden. Gibt es die ideale Organisation? Vermutlich nicht. Eine Organisationsform ist wohl allenfalls für bestimmte Zwecke und in bestimmten Unternehmenskulturen als ideal zu betrachten. Zwei wesentliche Merkmale von effektiven sowie effizienten und damit wertschöpfungsoptimierten Organisationen sind

- ihre kundenorientierte Ausrichtung und
- ihre relative Schlankheit.

Zu viele Entscheidungsebenen, zu viele Meetings, zu viele eingebundene Kollegen, zu viele Aufgaben pro Mitarbeiter ... Die Liste der möglichen Verschwendungsarten ist lang. Ein Zuviel an Organisation, wodurch manche Initiative und der gebotene unternehmerische Ansatz abgewürgt werden, ist natürlich nicht wünschenswert. Ebenso selten führt das andere Extrem, ein Minimum an Organisation, zum Erfolg, sondern meist geradewegs ins Chaos.

An dieser Stelle möchte ich aber keine grundlegende Diskussion über gute und schlechte Organisation führen, sondern mich auf den für Sie unmittelbar wichtigen Punkt konzentrieren: Verantwortlichkeiten müssen klar verteilt sein. Verantwortlichkeiten sind mehr als Routineaufgaben. Wer nicht nur Routineaufgaben, sondern Verantwortlichkeiten übernimmt, ist gegenüber seinem Vorgesetzten und dem Unternehmen stärker in der Pflicht, weil seine Aufgaben übergeordnete Wichtigkeit haben. Natürlich gehen damit auch Profilierungsmöglichkeiten einher. Wer sich verantwortlich und verantwortungsfähig zeigt, empfiehlt sich für weiterführende Aufgaben.

Ich beobachte jedoch immer wieder, dass gerade komplexe Organisationen Verantwortlichkeiten nicht klar festlegen. Zwischen Organigrammen, Matrizen und Prozessgefügen fallen immer wieder Zuständigkeiten durch. Manchmal lässt sich dahinter gar eine perfide Methodik vermuten – man legt sich vorher nicht fest und überlässt die entbrennenden Macht- oder Verteilungskämpfe dem System. Wer sich als Sieger herausschält, ist der vermeintlich Beste im Team.

Für Sie als Führungskraft sind solche Spielchen eher gefährlich als nützlich, weil Sie partiell die Kontrolle aus der Hand geben (das dadurch transportierte Menschenbild und Arbeitsethos lasse ich einmal außen vor). Auch wenn im Vorfeld Konflikte drohen, weil mancher Kollege sich bei der Teamzusammensetzung vielleicht übergangen fühlt – zeigen Sie Flagge und entscheiden Sie! Legen Sie Kompetenzen und Verantwortlichkeiten fest, wenn nötig, und moderieren Sie, wenn möglich, einen Entscheidungsfindungsprozess. Kommunizieren Sie unmissverständlich, dass Sie die Entscheidung zielgerichtet umsetzen werden und erwarten, dass alle an einem Strang ziehen. Nur Klarheit führt zum Erfolg. Und wenn Sie es dabei auch noch schaffen, die Organisation in Ihrem Bereich kundenorientiert und schlank aufzustellen und diese Werte zu leben, dann kann fast nichts mehr schiefgehen.

Aufgaben verteilen, Leistung beurteilen, Talente entdecken

Ich halte also fest: Als Führungskraft sind Sie mit oder allein verantwortlich für die Verteilung von Verantwortlichkeiten und Aufgaben. Dabei stehen Sie im Spannungsfeld von mindestens zwei Faktoren, nämlich dem Organigramm beziehungsweise Prozessplan und dem Individuum.

Wahrscheinlich gibt es in Ihrem Unternehmen bereits Stellenbeschreibungen, nutzen Sie diese und entwickeln Sie sie zu einer Richtgröße für die Aufgabenverteilung und Bemessungsgrundlage der Mitarbeiterleistung. Wenn keine unternehmensweiten Stellenbeschreibungen vorhanden sind, setzen Sie kurze Aufgaben- und Zuständigkeitsdokumentationen mit Ihrem Team auf.

Neben der Kompetenz Ihrer Mitarbeiter zählen vor allem ihre Verfügbarkeit und ihr Wille, eine Aufgabe anzunehmen. Wägen Sie ab, wann und unter welchen Bedingungen Sie einem Mitarbeiter gegen dessen Willen eine Aufgabe übertragen. Wenn es zum Beispiel nur einen Spezialisten für eine wichtige Aufgabe gibt, muss dieser ans Werk gehen.

Um Mitarbeiter für Aufgaben auszuwählen, stehen Ihnen viele Wege offen: vom komplexen Management Appraisal beziehungsweise Assessment-Center bis hin zur Einschätzung durch ein kurzes, persönliches Gespräch. Entscheiden Sie nach Wichtigkeit des Vorhabens und verfügbaren finanziellen Ressourcen, welche Maßnahme Sie bevorzugen.

Wenn die Aufgabenverteilung feststeht, fördern Sie Ihre Mitarbeiter weiterhin. Geben Sie nicht nur Leistungsträgern anspruchsvolle Aufgaben, entwickeln Sie auch die Schwächeren. Das fördert die Überzeugung vom eigenen Tun jedes einzelnen Mitarbeiters und die Zufriedenheit im Team insgesamt, auch wenn sich die Leistung der Schwächeren meist nicht deutlich verbessern lässt (wie die Praxis leider oft zeigt – gern würde ich hier das Gegenteil bekunden). Denken Sie daran, dass auch Leistungsträger qualitativ und quantitativ nur begrenzt belastbar sind und ihre Motivation nicht unerschöpflich ist. Und klare Minderleister sollten von Ihnen eine ebenso klare Rückmeldung bezüglich ihrer Leistung erhalten.

Als gute Führungskraft haben Sie die Pflicht, Ihre Mitarbeiter zu entwickeln. Führen heißt, den einzelnen Mitarbeiter zur Entfaltung zu bringen! Betrachten Sie daher die richtige Aufgabenverteilung auch als Möglichkeit, Ihren Mitarbeitern Karrierewege zu eröffnen und, formell oder informell, das Talentmanagement im Unternehmen zu unterstützen.

Tipp
Wer seine Leute bewusst klein hält, kein Talent entdecken will und keinen potenziellen Leistungsträger rekrutiert, empfiehlt sich zumindest in gut geführten Unternehmen nicht für eine Topposition! Von Topführungskräften wird erwartet, dass sie das Auge, das Managementvermögen und auch die menschliche Größe besitzen, ein Topteam um sich zu scharen. Wenn Sie dazu noch eine vertrauensvolle Atmosphäre aufbauen, erleichtert das exzellente Team übrigens ganz praktisch Ihren Job. Man kann nie alles wissen und nicht jede Gefahr wittern – ein gutes Team hält Ihnen den Rücken frei!

Noch ein Wort zur Anerkennung: Die Leistung Ihres Teams müssen Sie regelmäßig messen und die Mitarbeiter beurteilen. Seien Sie dabei vorsichtig mit zu viel Lob und Anerkennung. Leicht gerät man in Versuchung, durch Lob eine gute Atmosphäre zu erzeugen und sich das Team genehm machen zu wollen. Dieser Schuss geht meist nach hinten los, denn erstens macht Lob süchtig (nutzt sich ab) und zweitens verlieren Sie an Autorität, wenn Ihr Team den eigentlichen Sinn Ihrer Anerkennungsmaßnahmen enttarnt. Ich gehöre nicht zu den Beratern, die Lob generell als manipulative Maßnahme ablehnen. Dazu haben mir schon zu viele Klienten in Coachinggesprächen versichert, sie würden eine gelegentliche Anerkennung und – jawohl – Lob erwarten. Nur eben nicht im Übermaß. Die Bewertung ist ein wichtiges Orientierungsinstrument und darf nicht inflationär positiv oder zu politischen Zwecken missbraucht werden. Loben Sie und sprechen Sie Anerkennung aus – aber nur dann, wenn wirklich jemand zu loben ist.

Leiten in der Matrixorganisation und im Projektmanagement

Die Matrixorganisation ist eine typische Organisationsform, um komplexe, meist internationale Unternehmen zu steuern. Viel ist über Sinn und Unsinn der Matrix geschrieben worden, wobei ich hier bewusst eine neutrale Position einnehme. Unbestritten ist, dass eine Matrixorganisation besonders für Führungskräfte anspruchsvoll zu handhaben ist, weil es in ihr kaum klassische Führungspositionen mit Linienverantwortung gibt. Wenn Sie Führungsverantwortung innerhalb einer Matrixorganisation tragen, dann werden Ihnen viele, wahrscheinlich sogar die meisten Teammitglieder, ausschließlich fachbezogen zugeordnet sein.

Ganz ähnlich verhält es sich übrigens mit Projektleiterpositionen, in denen Sie zwar Teams führen müssen, jedoch selten disziplinarisch durchgreifen dürfen. Das kann Ihren Führungs- und Managementauftrag erheblich erschweren, denn im Konfliktfall wird von Ihnen viel diplomatisches Geschick verlangt.

Auch Topmanager von Tochter- beziehungsweise Landesgesellschaften operieren bisweilen innerhalb einer Matrixorganisation. Die linienverantwortlich zugeordneten Mitarbeiter sind möglicherweise nicht diejenigen, mit denen der Topmanager international zusammenarbeitet. Auch crossfunktionale, meist internationale Teams für Sonderaufgaben, die sich aus höheren Managern und Topmanagern zusammensetzen, haben einen gewissen Matrixcharakter. Insofern müssen sich auch Topentscheider mit Matrixorganisationen auseinandersetzen.

Beherzigen Sie folgende Tipps als Führungsverantwortlicher innerhalb einer Matrixorganisation oder als Projektleiter:

- Kommunizieren Sie Ihre Erwartungen und Ziele besonders klar, setzen Sie wenig implizites Wissen über Ihre Erwartungshaltung und Arbeitsaufträge bei Ihrem Team voraus; manche Teammitglieder werden Sie erst im Projekt kennen lernen.
- Geben Sie Ihren Mitarbeitern Orientierung, indem Sie Meilensteine setzen; anhand der Meilensteine können Sie zugleich den Projekterfolg kontrollieren.
- Machen Sie jedem Mitarbeiter klar, für wie wichtig Sie ihn und seinen Beitrag zum Erfolg halten. Stärken Sie seine Initiative, und bleiben Sie offen für seine Ideen.
- Versuchen Sie, den Teamgeist zu stärken, indem Sie die Kommunikation unter den Teammitgliedern ermöglichen – aber bitte keine Kaffeekränzchen-Kultur einführen.
- Je nach Budget und Umfang der Mission empfiehlt sich ein Teambuilding-Event, eventuell mit externer professioneller Unterstützung.
- Behandeln Sie Ihre Ansprechpartner mit Respekt, und seien Sie vorsichtig mit der Androhung von Sanktionen, die Sie innerhalb einer Matrixorganisation meist nur schwer durchsetzen können.
- Lassen Sie sich aber nicht auf der Nase herumtanzen. Indem Sie Meilensteine setzen und Zwischenergebnisse kontrollieren, zeigen Sie Ihre Autorität, ohne autoritär aufzutreten.
- Bauen Sie, wenn möglich, immer auch Beziehungen zu den Linienvorgesetzten Ihres Matrixteams auf – im Extremkonfliktfall haben Sie zumindest die Chance, über den Linienvorgesetzten einen gewissen Einfluss auf Ihr Team zu nehmen.

Und das Wichtigste: Setzen Sie die richtigen Prioritäten, denn in einer Matrixorganisation kann man schnell den Überblick verlieren. Richten Sie Ihre Aufmerksamkeit auf das jeweils dringliche Problem, und lösen Sie dieses. Schaffen Sie eine Atmosphäre des Vertrauens, denn nur wenn Ihnen Ihr Team vertraut und umgekehrt, können Sie die Matrix und Projekte erfolgreich managen.

Leistungen und Ergebnisse effektiv kontrollieren, Mut zur Lücke zeigen

Kontrolle dient neben dem schlichten Erhalt des Unternehmens auch der Mitarbeitermotivation – wenn Sie als Vorgesetzter die Leistungen Ihres Teams nicht kontrollieren, fühlen sich Ihre Mitarbeiter alsbald vernachlässigt oder erachten ihre Arbeit als minderwertig. Kontrollieren Sie deshalb immer Zwischenergebnis und Endergebnis. Setzen Sie dabei sinnvolle Intervalle und zeigen Sie das richtige Maß an Geduld mit neuen Mitarbeitern.

Lassen Sie Ihren Mitarbeitern auch Freiräume, kontrollieren Sie den Weg der Ergebniserreichung nicht so intensiv wie das Endergebnis – es sei denn, bestimmte Vorschriften, etwa zur Betriebssicherheit, erfordern dies. Geben Sie Ihren Mitarbeitern immer auch die Chance zur Selbstkontrolle.

Nutzen Sie die volle Bandbreite an Tools, die Ihnen Ihr Arbeitgeber zur Verfügung stellt. Erwägen Sie gegebenenfalls die Neueinführung von Systemen oder Tools, wenn Sie sicher sind, relevante Kontrollinformationen mit bestehenden Systemen nicht zu bekommen. Verlassen Sie sich auch auf Stichproben, Sie werden niemals alles bis ins Detail kontrollieren können. Vielfach wird in Unternehmen eine Fülle an Informationen und Zahlen erhoben, die niemand mehr sinnvoll verarbeiten kann. Die zumeist hochkomplexen IT-Systeme, die jeden noch so marginalen Wert erfassen können, verleiten zur Informationsüberflutung. Konzentrieren Sie sich also lieber auf wenige, aber dafür wichtige Zahlen.

Tipp
Zeigen Sie sich niemals als Kontrollfreak, denn durch eine zu enge Kontrolle demotivieren Sie Ihre Mitarbeiter langfristig und unterminieren Ihre eigene Überzeugungskraft und Vorbildfunktion. Wer als Erbsenzähler oder Paranoiker wahrgenommen wird, bleibt selten lange an der Spitze, sofern er überhaupt so weit kommt.

Methoden und Organisationen pragmatisch nutzen

Wie alles in der Arbeitswelt unterliegen auch die Arbeitsmethodiken und Organisationsformen Moden. Seien es Großraumbüros, Rollcontainer- plätze, Home Office/Telearbeit, mobile Kommunikation, Teamarbeit, Projektarbeit etc. – die Liste ließe sich wohl noch endlos verlängern. Wenn Ihr Unternehmen eine bestimmte Arbeits- oder Organisationsform dogmatisch verfolgt, ist Ihr diesbezüglicher Spielraum zur individuellen Gestaltung leider sehr begrenzt. Andernfalls aber öffnen sich Ihnen viele Möglichkeiten.

Ich möchten Sie dazu anregen, über die optimale Arbeitsform in Ihrem Bereich nachzudenken und diese dann nach pragmatischen Gesichts- punkten zu gestalten. Orientieren Sie sich nicht an Trends, wenn diese für Ihr Team keinen erkennbaren Mehrwert bieten. Diskutieren Sie einen möglichen Wechsel der Organisationsform, Arbeitsmethodik oder Tools gemeinsam mit Ihrem Team. So werden die Vor- und Nachteile am bes- ten ausgelotet.

Teamarbeit versus Einzelarbeit

Schauen wir uns zur Verdeutlichung die Gegenüberstellung zweier klas- sischer, grundverschiedener Arbeitsformen an: Teamarbeit und Einzel- arbeit.

Teamarbeit (auch Gruppenarbeit zähle ich hierzu) gilt im modernen Ma- nagement in vielen Gebieten als Muss. Jedoch sollten Sie Management- methoden und -moden nie dogmatisch folgen, sondern sich von Zwängen zugunsten Ihres unmittelbaren Bedarfs lösen. Sofern Sie also die Gestal- tungsmöglichkeit haben, überlegen Sie genau die Vor- und Nachteile der Arbeitsform, die Sie wählen möchten. Nicht in jedem Arbeitsumfeld ist beispielsweise die Team-/Gruppenarbeit sinnvoll.

Die Vorteile der Team-/Gruppenarbeit: Es wird mehr Leistung durch Menge erreicht, die gegenseitige Motivation ist besser möglich, es sind vielfältigere Ansätze zur Problemlösung gegeben, und das Gesicht der leistungsschwächeren Mitarbeiter bleibt gewahrt. Bei konsequenter, ge- steuerter Ausnutzung der Gruppendynamik (Stichwort: selbstregulie- rende Kräfte) erreichen Sie meist eine qualitativ bessere Umsetzung der

Vorgaben sowie automatisch die Entwicklung (oder auch „Erziehung") aller Teammitglieder.

Die Vorteile der Einzelarbeit: Sie ermöglicht eine bessere individuelle Leistungsbeurteilung und damit Identifizierung von Leistungsträgern, individuelle Aufgaben werden schneller erledigt. Sie können einen höheren positiven Ergebnisdruck und damit einen Motivationsschub erzeugen. Auch können Sie Verantwortung eindeutig zuweisen und damit mögliches Fehlverhalten effektiv abstellen.

Ist also die klassische Team-/Gruppenarbeit, in der modernen Arbeitswelt noch immer ein probates – von vielen Experten sogar als Maß aller Dinge gefeiertes – Allheilmittel? Nein, sie ist es nicht. Übrigens: Es hindert Sie nichts daran zu experimentieren. Zwischenformen können das Beste aus beiden Systemen vereinen. So ist etwa die Bildung von Leistungsgruppen, in denen jedes Mitglied für sich selbst verantwortlich ist, ein bereits erfolgreich beschrittener Weg, etwa im Vertrieb. Auch sind Konstellationen denkbar, in denen manche Arbeitspakete von Subteams, andere von Einzelpersonen gelöst werden.

> **Tipp**
> Entscheiden Sie pragmatisch, welche Arbeitsform Sie wählen. Auch die Räumlichkeiten spielen dabei eine gewisse Rolle. Nicht immer ist etwa ein Großraumbüro sinnvoll und nicht in jeder Situation die Politik der offenen Tür. Manche Arbeit verlangt höchste Konzentration und Stille – dann sollten Sie dies ermöglichen. Wählen Sie ungeachtet aller Moden die Arbeitsform oder Arbeitsmethodik, die das beste Arbeitsergebnis verspricht.

Was ändert die Digitalisierung?

Die Digitalisierung unserer Welt hält natürlich auch am Arbeitsplatz Einzug. Trotzdem widmen wir uns den digitalen Medien und den daraus erwachsenden Möglichkeiten hier kaum. Ich bin der Meinung, dass sich durch diese Hilfsmittel der hier diskutierte Kern der Führungsaufgabe nicht ändert. Wohl droht aber die Gefahr, dass man diesen Kern nicht mehr als solchen betrachtet. Wie schnell etwa ist eine E-Mail verschickt, praktisch überall kann man sich heute erreichbar machen, und Massen-

E-Mails scheinen ja so praktisch. Diese permanente Verfügbarkeit und die simultane Kontaktierung des ganzen Teams lässt manchen Manager die Vorzüge des persönlichen Gesprächs vergessen. Die Kommunikation durch digitale Medien lässt sich nicht stoppen und oft genug schöpft sie durchaus Wert, indem sie dramatisch viel Zeit spart. Zwar verlangt sie gewisse Verhaltensregeln, besonders spezielle Höflichkeitsregeln im E-Mail-Verkehr, so etwa Smileys einzusetzen, um hart klingende Aussagen abzumildern. Aber der Kern der Führungsaufgabe bleibt. Insofern gilt es hier für Sie, die Balance zwischen gezielter Nutzung digitaler Medien (also dem digitalen Führen, wenn Sie so wollen) und dem traditionellen Weg zu erhalten. Lassen Sie sich nicht völlig vereinnahmen oder blenden von den digitalen Möglichkeiten. Ihre Führungsrolle und das Bedürfnis Ihrer Mitarbeiter nach Anerkennung und individuellem Kontakt bleiben zeitlos bestehen. Virtuelle und weitgehend digital gesteuerte Teams etwa, die sich über drei Zeitzonen und fünf Standorte verteilen, arbeiten nach meinen Einblicken eher selten effektiv.

Best Practice für Funktionsbereiche beachten

Bisher haben wir hier eher den Mikrokosmos betrachtet. Für jeden Funktionsbereich, gerade bei größeren Unternehmen, gibt es aber auch viele Best-Practice-Lösungen oder allgemein anerkannte Methodiken, die keiner Mode unterliegen. Von diesen sollten Sie sich zumindest inspirieren lassen. Insbesondere der Produktionsbereich ist zu betrachten, da es hier zahlreiche Ansätze von Lean Management beziehungsweise Lean Production gibt, die sich in vielen Unternehmen bewährt haben. Wer keine schlanke Produktion verfolgt, liegt zumindest in der Serienproduktion falsch. Kein Unternehmen kann sich hier große Verschwendung leisten, schon gar nicht auf Dauer.

Der Produktionsbereich ist zugegebenermaßen ein sehr deutliches Beispiel, jedoch im Kern ein typisches. Heute sind für jeden Funktionsbereich Best Practices oder zumindest nachweislich bewährte Methodiken und Prinzipien bekannt. Fachliteratur hierzu gibt es zuhauf, weshalb ich das Thema nicht weiter ausdifferenzieren möchte. Wichtig ist, dass Sie für die Existenz von Best Practices oder Musterlösungen im Makrokosmos Ihres Verantwortungsbereichs sensibilisiert sind und das Rad nicht unbedingt neu erfinden. Wenn größere Restrukturierungen vonnöten sind, haben Sie so außerdem eine bessere Chance, Ihre Änderungsvorschläge bei der Unternehmensleitung oder dem Aufsichtsrat durchzusetzen. Zeitlose, bewährte Konzepte sind sehr starke Argumente!

Dynamik beweisen: entscheiden, umsetzen – und reflektieren

Eine der hervorstechendsten Eigenschaften erfolgreicher Führungskräfte ist ihre Fähigkeit, Entscheidungen zu fällen, zu diesen zu stehen und sie konsequent umzusetzen.

Richtige Entscheidungen wollen sorgfältig vorbereitet sein. Verschaffen Sie sich deshalb immer einen genauen Überblick über die Problemlage und versuchen Sie, so viele Informationen wie möglich zu bekommen – und erkennen Sie die relevanten! Unvollständige Informationen sind genauso gefährlich wie falsche. Ebenso hinderlich ist eine Flut an zweitrangigen oder gar unwichtigen Informationen. Wenn Sie ein Gespür für die Relevanz entwickelt haben, unterbinden Sie rigoros Informationsmüll. Und wenn Sie glauben, das Problem erkannt zu haben, dann hinterfragen Sie es nochmals mit Bedacht. Zu oft ziehen wir vorschnelle Schlüsse und beachten ein vermeintlich unwichtiges Detail des Problems nicht. Prüfen Sie im Zweifel die Situation vor Ort, bleiben Sie nicht am grünen Tisch.

Halten Sie im Entscheidungsprozess überdies Ihre Emotionen im Zaum. Manche Entscheidungen wollen zwar auch mit Bauchgefühl getroffen werden, aber Ihren Bauch sollten Sie als letzte Instanz befragen. Wenn alle sachlichen, relevanten Parameter geprüft, alle Risiken, Alternativen sowie Konsequenzen beleuchtet sind und immer noch ein Patt besteht, dann darf der Bauch entscheiden. Tödlich hingegen sind Schnellschüsse, etwa Entscheidungen aus Wut oder im Affekt. Hitzköpfe sind selten dauerhaft erfolgreiche Führungskräfte.

Beziehen Sie bei Ihren Entscheidungen wichtige Betroffene ein, aber überlegen Sie sich genau, ob eine basisdemokratische Entscheidung nötig ist. Rufen Sie auf jeden Fall diejenigen zum Meeting, die Ihre Entscheidung maßgeblich umsetzen oder deren Zustimmung und Unterstützung Ihrer Pläne die Umsetzung erleichtern. Holen Sie die Meinungen dieser Schlüsselpersonen ein, dadurch gewinnen Sie erstens neue Informationen und schaffen zweitens eine höhere Akzeptanz für Ihre Entscheidung. Machen Sie aber stets klar, dass Sie derjenige sind, der in letzter Instanz entscheidet, geben Sie die Entscheidungsgewalt niemals aus der Hand.

Tipp
Und vor allem: Entscheiden Sie! Eine Entscheidung zu verschleppen, ist meist schlimmer, als eine falsche Entscheidung zu treffen. Falsche Entscheidungen können Sie korrigieren, nicht getroffene wird man Ihnen im Nachhinein (und zu Recht) als Tatenlosigkeit vorwerfen. Und die verzeiht man einer Führungskraft fast nie!

Verfolgen Sie die Umsetzung Ihrer Entscheidung konsequent und lassen Sie sich über den Fortschritt regelmäßig berichten. Gewähren Sie Ihrem Team dabei aber auch Freiräume, lassen Sie die Zügel jedoch niemals schleifen. Setzen Sie gegebenenfalls ein eigenes Projekt mit entsprechendem Budget und festen Meilensteinen auf. Beißen Sie sich aber nicht fest. Entscheidungen müssen durchgezogen werden, aber nicht immer ohne Kurskorrektur. Wenn Sie Ihre Entscheidung korrigieren müssen, wird man Ihnen das vielleicht kurzfristig verübeln. Aber wenn Sie starrsinnig Ihr Konzept ohne Antennen für sich ändernde Parameter durchziehen, gefährden Sie den Erfolg Ihrer Initiativen und damit langfristig Ihre Position.

Wenn Sie Ihr Ziel schließlich erreicht, die angestoßene Initiative umgesetzt haben, dann nehmen Sie sich auch die Zeit, die Ergebnisse zu reflektieren. Das sollten Sie zunächst allein tun, jedoch danach die Betroffenen einbeziehen und gemeinsam beratschlagen. Was ist gut gelaufen, was nicht? Was muss das nächste Mal besser laufen? Wie muss man was in Zukunft organisieren? Wer muss eingebunden werden? Ich beobachte immer wieder, dass Führungskräfte schlicht zu wenig reflektieren und dadurch unnötige Fehlerrisiken eingehen, sowohl im Hinblick auf das aktuelle Vorhaben als auch auf die Zukunft. Wer aber nicht reflektiert, lernt nicht dazu, stagniert und fällt schließlich zurück.

Zeigen Sie Ihrem Team Ihre Wertschätzung

Eigentlich ein banaler Hinweis, doch wird er oft genug nicht oder zu wenig beachtet: Behandeln Sie Ihr Team mit Respekt und Wertschätzung. Es ist hinlänglich bekannt, dass Macht, Verantwortung und Geld die Persönlichkeiten eines Menschen verändern, und über angebliche oder tatsächliche Neurosen der Chefs sind viele Bücher geschrieben worden.

Was also tun, wenn man sich einer gewissen Veränderung ohnehin nicht entziehen kann? Ganz einfach: Lassen Sie gewisse, vielleicht notwendige Veränderungen an sich zu, aber bleiben Sie Ihren ehrenhaften Grundsätzen treu.

Tipp
Sie dürfen sich durchaus einmal im Erfolg sonnen, aber sollte eben nicht vergessen, Ihren Unterstützern zu danken. Nehmen wir ein konkretes Beispiel: Sie dürfen sich natürlich privat einen rassigen Sportwagen kaufen, aber Sie müssen ihn ja nicht als Transportmittel zur Arbeit benutzen und auch noch neben den Kleinwagen der Untergebenen abstellen.

Anderen Dankbarkeit und Respekt zu erweisen, fördert automatisch auch die Selbstreflexion und eine gewisse Demut. Demut ist nach meiner Beobachtung noch immer eine seltene Tugend, die aber für den dauerhaften Erfolg eminent wichtig ist. Natürlich sollen Sie sich nicht mit Selbstzweifeln quälen, aber unterschätzen Sie niemals die Gefahr, die von zu großer Selbstsicherheit ausgeht. Erfolg macht schnell unvorsichtig und manchmal sogar süchtig. Auch Ihr Umfeld kann eine entscheidende Rolle dabei spielen. Wenn sich Ihre Kollegen etwa als „Masters of the Universe" sehen, dies auch ständig bekunden und sogar sehr erfolgreich agieren, fällt es schwer, sich bescheidener zu positionieren.

Und doch macht gerade der Glaube an die eigene Unverwundbarkeit und Unfehlbarkeit besonders verletzlich. Souveräne Führungspersönlichkeiten wissen um die Anfälligkeit ihrer Macht und stellen sich in den Dienst der höheren Sache, des Unternehmenserfolgs. Für sie ist es selbstverständlich, Erfolge zu teilen und Leistungen des Teams anzuerkennen.

Das ist umso wichtiger, wenn Sie zum ersten Mal Vorgesetzter sind, insbesondere wenn Ihr Team aus ehemaligen Kollegen besteht. Machen Sie jetzt nicht den klassischen Fehler und werden Sie überheblich. Freilich müssen Sie Ihrem Team Orientierung geben und Ihre Mitarbeiter beurteilen. Kommunizieren Sie, dass Sie weiterhin auf einer vertrauensvollen Basis zusammenarbeiten möchten und sich freuen, dass Sie Ihr Team bereits kennen. Sprechen Sie die für einige Ihrer Mitarbeiter sicherlich befremdliche Situation offen an, bekunden Sie Verständnis und bekräftigen Sie Ihren Willen, jedem Mitarbeiter und seinen Fähigkeiten gerecht zu werden.

Dankbarkeit und Wertschätzung zu zeigen, ist nicht nur eine Frage der Moral oder des Anstandes, sondern für Führungskräfte ganz konkret auch ein überaus wirksames Mittel der Machtabsicherung. Wenn Sie diesen Prinzipien treu bleiben, wird man Ihnen so manchen Flurschaden, den Managemententscheidungen manchmal nach sich ziehen, verzeihen.

10 Regeln für erfolgreiches Führen

1. Erfolgreiche Manager gehen mit gutem Beispiel voran.
2. Für Sie als Führungskraft ist erfolgreiches Wirken ohne die Vereinbarung von Zielen nicht möglich – binden Sie hierbei Ihr Team ein.
3. Delegieren Sie Routineaufgaben, aber immer mit System.
4. Legen Sie Verantwortung und Aufgaben gemeinsam mit Ihren Mitarbeitern fest.
5. Neben der Verteilung von Verantwortung und Aufgaben haben Sie als gute Führungskraft auch die Pflicht, Ihre Mitarbeiter zu entwickeln.
6. Setzen Sie gerade in einer Matrixorganisation die richtigen Prioritäten. Denn hier kann man schnell den Überblick verlieren.
7. Kontrollieren Sie sowohl Zwischen- als auch Endergebnis. Geben Sie Ihren Mitarbeitern aber immer auch die Chance zur Selbstkontrolle, nicht jeder Arbeitsschritt muss überwacht werden.
8. Denken Sie über die optimale Arbeits- und Organisationsform nach, und gestalten Sie diese nach pragmatischen und wirtschaftlichen Gesichtspunkten.
9. Verschleppen Sie niemals Entscheidungen. Fehlentscheidungen kann man meist korrigieren, die Folgen einer zu spät oder gar nicht getroffenen Entscheidung nur selten.
10. Zollen Sie Ihrem Team Respekt, Wertschätzung und Dankbarkeit.

Verhandeln

Verhandeln müssen Sie als Manager wie als Nachwuchstalent in vielen Situationen. Die meisten Ratgeber zu diesem Thema konzentrieren sich auf den Verkauf, und das ist ja auch der typische Anlass für eine Verhandlung. Allerdings müssen Sie als Vorgesetzter auch mit Ihrem Team – also intern – über dieses und jenes verhandeln. Sie müssen Ihre Abteilung vertreten, womöglich innerhalb des gesamten Unternehmens, oder Sie müssen gleich Ihr Unternehmen als Ganzes nach außen vertreten, etwa in bestimmten Gremien oder Verbänden. Sie werden die jeweiligen Verhandlungssituationen wahrscheinlich gar nicht immer als Verhandlung empfinden. Und doch ist jedes Gespräch, das sich um unterschiedliche Ergebnisvorstellungen dreht, eine kleine Verhandlung. Diese Situationen passieren viel häufiger und betreffen viel mehr Manager als die große transnationale Verkaufsverhandlung, die allzu oft als Musterbeispiel herhalten muss. Daher hoffe ich, dass Sie auch für die kleinen Anlässe des beruflichen Alltags durch die folgenden Tipps besser gerüstet sind. Gerade in Boom- und in Krisenzeiten gewinnen Verhandlungstechniken besondere Bedeutung. Im Boom verschenkt man leicht Potenzial, weil der Markt anzieht, ja manchmal eine regelrechte Euphorie herrscht. Wenn alles möglich scheint, neigt man auch an den falschen Stellen zur Großzügigkeit. In Krisenzeiten hingegen schlägt die Stunde der Kreativen. Natürlich wird dann generell härter verhandelt, und man sollte sich noch viel sorgfältiger auf wichtige Verhandlungen vorbereiten als im Boom. Hierfür habe ich die klassischen Verhandlungsregeln aufbereitet. Jedoch gibt am Ende oft nicht nur der Preis, sondern auch manch anderer Parameter (Qualität, Funktionalität, Verfügbarkeit, Flexibilität, Zahlungsmodell) den Ausschlag. Erfolgreich verhandeln in Krisenzeiten bedeutet, intelligente Angebote und Geschäftsmodelle zu konzipieren, überzeugend anzubieten und sich schließlich durchzusetzen.

Das Verhandlungsziel vorher festlegen

Der Grundstein für eine erfolgreiche Verhandlung ist eine gute Vorbereitung. Gerade bei komplexen Problemen oder Konstellationen ist es umso wichtiger, das Verhandlungsziel klar zu formulieren. Natürlich ist es auch möglich, mehrere Ziele beziehungsweise Teilziele zu definieren. Legen Sie also frühzeitig fest, welche Teilziele und welches Gesamtziel Sie am Ende der Verhandlung erreichen wollen. Setzen Sie sich Minimal- und Maximalziele, daraus ergibt sich Ihr Spielraum für Kompromisse.

Tipp
Schreiben Sie Ihr Konzept auf, damit Sie Ihre Ziele buchstäblich nicht aus den Augen verlieren. Was man niederschreibt, wird automatisch intensiver bedacht. Vielleicht finden Sie diesen Rat trivial, jedoch zeigt sich in der Praxis immer wieder, dass Verhandler wichtiges Potenzial durch eine überhastete und damit schlechte Vorbereitung verspielen.

Legen Sie eventuell auch Scheinziele fest, die Sie zwar in die Verhandlungsmasse einbringen, auf deren Erreichung Sie aber verzichten können. So können Sie in verfahrenen Situationen scheinbar ehrenhafte Angebote machen, die aber in Wirklichkeit für Sie kein Opfer sind. Zugleich sammeln Sie durch Ihren nach außen demonstrierten guten Willen moralische Pluspunkte und setzen damit Ihren Verhandlungspartner unter Druck. Will er sein Gesicht wahren, muss auch er sich bewegen, Ihnen entgegenkommen. Bleibt er hart, hat er sich und seine wahren Ziele demaskiert.

Absichten und Ziele der Gegenseite einschätzen

Eine Verhandlung kann nur dann erfolgreich verlaufen, wenn Sie neben Ihren eigenen auch die Ziele und Standpunkte Ihres Gegenübers möglichst genau kennen. Allerdings wird Ihnen die Gegenseite in Verhandlungen kaum vorab mitteilen, worauf sie tatsächlich hinaus will. Dies ist Teil der Strategie: Ziele, welche die Gegenseite nicht kennt, können nicht von dieser bekämpft oder ausgebremst werden. In dieser Konstellation stehen zwar das Thema beziehungsweise der Gegenstand der Verhandlung im Raum, nicht aber jedes konkrete Ziel der beiden Parteien. Um erfolgreich zu verhandeln, müssen Sie sich in Ihre Verhandlungspartner hineinversetzen, um deren Ziele möglichst präzise vorherzusehen.

Tipp
Und wieder gebe ich Ihnen den Rat zu visualisieren, diesmal die
Konstellation der Beteiligten. Zeichnen Sie ein Schaubild, in dem
Sie Ihre Standpunkte den bekannten und wahrscheinlichen Stand-
punkten Ihrer Verhandlungspartner gegenüberstellen. Ihnen dürfte
jetzt sehr schnell klar werden, wo Sie stehen, ob Sie Verbündete
haben, und wenn ja, bei welchen Themen oder Zielsetzungen. Auch
können Sie so besser einschätzen, welchen Ihrer Ziele Sie gute oder
schlechte Chancen einräumen müssen und welche Abstriche Sie unter bestimmten Bedingungen werden machen müssen. Legen Sie
auf Basis dieser Gegenüberstellung Ihre Verhandlungsstrategie fest.

Die Verhandlungsmasse

Wir haben bereits die Möglichkeit erwähnt, aus taktischen Gründen
Scheinziele zu kommunizieren. Ähnlich verhält es sich mit der Verhandlungsmasse, also dem Gegenstand einer Verhandlung. Legen Sie vorab
Ihre Verhandlungsmasse fest, setzen Sie sich und Ihrem Verhandlungspartner in Ihrem Verhandlungskonzept Grenzen. Erfolgreiche Verhandler lassen nicht über alles mit sich reden. Wenn möglich, gleichen Sie
die Verhandlungsmasse mit Ihren Verhandlungspartnern in der
Frühphase der Verhandlung ab, zeigen Sie Initiative und Dynamik. So
haben Sie zugleich eine gute Chance, die weitere Agenda (man könnte
auch sagen: die Dramaturgie) der Verhandlung zu bestimmen und
dadurch eigene Impulse zu setzen.

Überlegen Sie, was innerhalb der Verhandlungsmasse für Sie besonders
wichtig ist, setzen Sie Prioritäten. Halten Sie eine Reserve bereit, sozusagen eine Scheinmasse, die Sie einbringen und ohne Gesichtsverlust
abgeben können. Das Prinzip Scheinmasse korrespondiert mit dem bereits erwähnten Mittel der Scheinziele: Jedes Scheinziel braucht eine
Scheinverhandlungsmasse.

Der Verkauf eines Immobilienportfolios

Nehmen wir an, Sie möchten sich von einem Immobilienportfolio trennen und haben einen (einzigen) potenziellen Käufer für die meisten Objekte gefunden. Wenn Sie diesen groß angelegten Immobilienverkauf vollziehen, möchten Sie natürlich alle Objekte und diese zum höchstmöglichen Preis veräußern. Ebenso natürlich werden Ihre Verhandlungspartner in jedem Falle so wenig wie möglich bezahlen wollen, sie werden über den Gesamtpreis verhandeln wollen. Als erfahrener Verkäufer wissen Sie das selbstverständlich und verlangen für das Portfolio zunächst den hohen Preis X, wobei dieser Komplettverkauf zum Preis X Ihr Scheinziel ist: Sie wissen genau, dass dieser Preis unrealistisch ist. Ihr wahres Ziel ist der Verkauf der A-Objekte zum Preis Y und der B-Objekte zum Preis Z. Ihre Scheinmasse sind dabei die schlechteren Immobilien, vielleicht solche mit einem gewissen Sanierungsbedarf oder in ungünstigerer Lage. Im Zuge der Verhandlung können Sie also einige dieser B-Objekte mit einem kräftigen Preisnachlass anbieten oder gar als Dreingabe hervorzaubern, ohne dass der Käufer zu genau die Hintergründe erkennt. Dem Käufer kommen Sie dadurch in punkto Preis entgegen, ohne dabei Ihr Gesicht zu verlieren und von Ihren wahren Absichten abzurücken. Kommt das Geschäft zustande, hat der Käufer das Gefühl, erfolgreich verhandelt zu haben, und Sie haben Ihre B-Objekte zu höchstwahrscheinlich passablen Konditionen mit verkauft. Hätten Sie die B-Objekte von Anfang an isoliert betrachtet, wären Sie vielleicht am Ende darauf sitzen geblieben, nebst Unterhaltskosten.

Serviceleistungen rund um Investitionsgüter

Manches technische Produkt wird von erfolgreichen Verkäufern zu einem deutlich niedrigeren Preis verkauft, wenn der Kunde zugleich einen umfassenden Servicevertrag akzeptiert. Während also der Käufer den Kaufpreis des Produkts herunterhandelt, bringt der Verkäufer ein Servicepaket zum Ausgleich ins Spiel. Umgekehrt mag der Verkäufer auch erst das teure Rundum-sorglos-Paket anbieten. Wenn dem Käufer dieses zu teuer ist, kann der Käufer sukzessive Leistungen abspecken, wodurch der absolute Preis sinkt, aber eben auch weniger Leistungen verkauft werden. Wenn der Deckungsbeitrag des Kernprodukts annähernd gewahrt bleibt, ist das für beide Seiten ein gutes Geschäft. Der Verkäufer hat sein Gesicht gewahrt, und der Käufer bezahlt weniger.

Vermutlich würden diese beispielhaften Verhandlungen in der Praxis nicht 1:1 so ablaufen – aber ich möchte Ihnen hier auch nur den grundlegenden Mechanismus verdeutlichen. Und der ist immer gleich: Ein professioneller Käufer will verhandeln und nicht das erstbeste Angebot akzeptieren. Und wer geschickt verhandelt, kann so manchen Ladenhüter losschlagen und so manches anspruchsvolle Ziel durchsetzen.

Große Schlachten gewinnt man nie allein

Eine Verhandlung ist oftmals ein psychologisches Machtspiel, und Macht will erkämpft sein. Gehen wir also einmal davon aus, dass Sie eine besonders harte Verhandlung vor sich haben.
Überlegen Sie im Vorfeld genau, ob Sie Argumente, Beweise oder gar Druckmittel für die Annahme von Angeboten benötigen und wann Sie diese ins Feld führen können. Alle Informationen sollten Sie sich von verlässlichen Quellen und treuen Gefolgsleuten besorgen. Überlegen Sie weiterhin, welche Meinungsverstärker oder Verbündete Sie brauchen. Bei sehr komplexen Verhandlungen empfiehlt es sich meist, Co-Verhandler oder Unterhändler ins Rennen zu schicken. Ziehen Sie in diesen Fällen immer Vertrauenspersonen und ausgewiesene Spezialisten hinzu, die beispielsweise durch besonders glaubwürdige Gutachten oder Einschätzungen Ihre Verhandlungsposition stärken.

Tipp
Natürlich sollte eine Verhandlung möglichst in einer entspannten Atmosphäre verlaufen, selbst wenn eine Seite inhaltlich aggressiv verhandelt. Ihr Unterstützungsteam sollte also möglichst keine Drohkulisse darstellen, sondern Ausdruck Ihrer Professionalität sein und Kompetenz ausstrahlen.

Extremstrategie: Schnell ans Ziel oder ins Aus

Mit der Extremstrategie wenden Sie eine Taktik an, die für Ihren Verhandlungspartner nicht akzeptabel ist, vielleicht sogar zum Horrorszenario wird. Folglich gehen Sie davon aus, dass Ihre absichtlich übertriebene Zielsetzung oder Ihr übertriebenes Szenario auf Ablehnung stößt. Ihre wirklichen Ziele setzen Sie dann in einem durch Sie angeregten Kompromiss durch, der Ihr tatsächlicher Totalerfolg sein wird. Erfahrungsgemäß wird man sich bei stark abweichenden Positionen in der Mitte treffen, weshalb die Extremstrategie für Sie erhebliches Erfolgspotenzial birgt.

Achten Sie jedoch darauf, dass das von Ihnen gezeichnete Extrembild nicht völlig übertrieben ist und daher als Taktik entlarvt wird oder sich die Stimmung aufgrund heftigster Ablehnung gegen Sie richtet. Denken Sie hier auch an das Umfeld Ihrer Verhandlungspartner und an die Betroffenen des Verhandlungsergebnisses. Wenn Sie von diesen Seiten zuviel Gegenwind bekommen, ist nichts gewonnen. Zudem ist die Extremstrategie nicht nur bei Ihnen beliebt (weil äußerst wirksam, wenn sie funktioniert), weshalb Ihr Verhandlungspartner bereits sensibilisiert sein mag. Planen und gestalten Sie folglich Ihr Extrembild geschickt, denn eine Entlarvung kann Ihre Position entscheidend schwächen.

Tipp
Die Extremstrategie ist umso wirksamer, je konkreter, glaubwürdiger und damit realistischer Ihr Extrembild gezeichnet ist. Sie funktioniert nach dem gleichen Mechanismus wie die Syntheseformel in der Argumentationstechnik (siehe Seite 229): Man baut These und Antithese auf, die beide Parteien jeweils ablehnen, und zieht daraus die konsensfähige Synthese. Bieten Sie Ihrem Gegenüber also am Ende ein – wenn auch künstlich erzeugtes – Win-Win-Ergebnis an. Dadurch wahren beide Seiten ihr Gesicht und man geht mit einem guten Gefühl auseinander.

Nachhaltigkeit durch Win-Win-Strategie

Es nützt nichts, wenn Sie eine Verhandlung gewinnen, dabei aber verbrannte Erde hinterlassen. Streben Sie in Verhandlungen daher möglichst Nachhaltigkeit und Ausgleich an. Das funktioniert am besten, indem Sie Win-Win-Ergebnisse erzielen.

Peilen Sie eine Lösung an, die beide Seiten einbindet und Vorteilsnahmen nicht einseitig gewährt. So setzen Sie am ehesten einen Interessenausgleich um, der zu einem einvernehmlichen und für die Zukunft tragfähigen Ergebnis führt. Machen Sie aber keine Geschenke, sondern fordern Sie für jedes Ihrer Angebote eine Gegenleistung. Seien Sie hierbei kreativ und legen Sie die Ausgleichsbemühungen und Gegenangebote nicht unbedingt nach dem Prinzip „Gleiches mit Gleichem vergelten" aus. Bringen Sie gegebenenfalls auch alternative Kompensationsmöglichkeiten ins Spiel, die bisher nicht zur Debatte oder auch nur auf der Agenda standen. Mit wohl kalkulierten Überraschungen können Sie punkten. Überlegen Sie, was Ihrem Verhandlungspartner gefallen könnte – und zugleich Ihre Zielerreichung unterstützt.

Ein wirklich ausgeglichenes Win-Win-Ergebnis wird es in den meisten Fällen nicht geben. Wer nach Win-Win-Prinzipien verhandelt, zielt auf einen gewissen Ausgleich ab, jedoch kann dieser selten nach neutralen Gesichtspunkten erreicht werden. Ein Verkäufer etwa, der zum für ihn bestmöglichen Preis verkauft, sitzt immer einem benachteiligten Kunden gegenüber. Das ist streng genommen kein Win-Win-Ergebnis, auch wenn der Kunde sich gut fühlt. Und umgekehrt gilt das Gleiche: Der exzellente Preisdrücker hinterlässt einen Verkäufer, der seine Ziele nicht ganz erreicht hat. Auch wenn er mit dem Ergebnis dennoch zufrieden ist. Win-Win bleibt auf sachlicher Ebene oft Wunschdenken (auch wenn einige Konfliktratgeber das Gegenteil behaupten) – aber nicht auf emotionaler. Lassen Sie sich also nicht entmutigen. Wichtig ist Ihre positive Grundhaltung. Wenn Sie Ihr Gegenüber auch als Partner und nicht nur als Gegner betrachten, haben Sie schon einen wichtigen Schritt zu einer tragfähigen Ergebnisfindung vollzogen. Wenn beide Seiten zufrieden sind, ist das auch eine Art Win-Win-Ergebnis.

Hart oder weich verhandeln?

Ihnen bieten sich nur zwei grundsätzliche Stile der Verhandlungsführung an: Sie können hart oder weich verhandeln. Diese beiden Stile bestimmen die Haltung der Verhandler zueinander und die daraus abgeleiteten Angebote, Mittel und Argumente.

Hart verhandeln bedeutet, dass Sie Ihre Ziele um jeden Preis durchsetzen möchten und Ihr Gegenüber eher als Gegner denn als Partner betrachten. Wenn Sie hart verhandeln, visieren Sie nahezu kompromisslos die Durchsetzung der eigenen Verhandlungsziele an. Das Risiko liegt auf der Hand: Sie riskieren den Abbruch der Verhandlungen, und Sie hinterlassen aller Voraussicht nach verbrannte Erde. Hart verhandeln sollte also nur, wer nicht auf ein Folgegeschäft mit der Gegenpartei angewiesen ist und mit der Gegenpartei in Zukunft keine Verbindung mehr pflegen muss oder möchte.

Weich verhandeln bedeutet, den Verhandlungspartner eher als Freund zu betrachten, sein Anliegen zu respektieren und Raum für einen Interessenausgleich zu schaffen. Ein weicher Verhandlungsstil fördert Win-Win-Ergebnisse und ist daher immer die nachhaltigere Methode. Aber Achtung: Beim weichen Verhandlungsstil steigt die Gefahr, statt echter nur faule Kompromisse zu schließen, weil man sich partout nicht wehtun möchte. Das ist fast so schlimm wie das Überrollen der anderen Seite als harter Verhandler. Inkonsequenzen sind unbedingt zu vermeiden, da ein auf Dauer tragfähiges Verhandlungsergebnis so nicht zu erreichen ist. Faule Kompromisse führen mittel- bis langfristig unweigerlich zu Missstimmungen, die übervorteilte Partei wird die Zusammenarbeit letztlich infrage stellen oder gleich aufkündigen. Unterschätzen Sie nicht die schleichende, anhaltende Wirkung inkonsequenter und schlecht ausgearbeiteter Lösungen oder das Gespür der Verhandlungspartner wie auch der Betroffenen für Ungerechtigkeiten. Gute weiche Verhandler agieren sehr wohl geradlinig und konsequent.

Weich verhandeln sollte, wer mit den Verhandlungspartnern noch längere Zeit Geschäfte machen möchte oder mit ihnen anderweitig beruflich verbunden bleibt.

Antennen für Akzeptanzsignale entwickeln

In der Hitze des Gefechts besteht die Gefahr, Akzeptanzsignale des Gegenübers zu übersehen. Akzeptanzsignale bieten immer die Chance, einen Punkt oder die ganze Vereinbarung abzuschließen. Sie können körpersprachlich ausgedrückt werden, etwa durch ein Nicken, ein Lächeln oder offene Gesten sowie durch Zustimmungslaute. Genauso gut können Akzeptanzsignale aber auch ausgesprochen werden. („Ich verstehe, das hört sich gut an…" „Da wäre ich nicht abgeneigt." „Ein vernünftiger Vorschlag …")

Darüber hinaus kann ein Akzeptanzsignal in einem Gegenangebot verpackt sein. Prüfen Sie Gegenvorschläge deshalb immer ernsthaft, hier könnte die Lösung liegen. Wie oft verharrt man in den eigenen Denkmustern, konzentriert sich nur auf sein eigenes Angebot und seine eigenen Lösungsmuster! Durch diese Haltung vergibt man wertvolle Chancen, die Verhandlung zu einem für beide Seiten guten Ende zu bringen. Bleiben Sie also offen für Vorschläge, wobei Sie nie vergessen sollten, dass Akzeptanzsignale auch Taktik sein können.

Tipp
Denken Sie zudem daran, dass Akzeptanzsignale kulturell sehr verschieden sein können. Gerade in einer globalisierten Welt gilt: Bereiten Sie sich besonders gut vor, wenn Sie in einem für Sie fremden Kulturkreis verhandeln.

Toter Punkt? Neues Angebot

Verhandlungen können immer in eine Sackgasse geraten: Man kann sich nicht annähern, hat irgendwann einen toten Punkt erreicht, nichts geht mehr, es droht der Abbruch. Den Weg in die Sackgasse mag man auch aus taktischen Gründen eingeschlagen haben, um Zugeständnisse zu erringen. Zumeist aber ist ein Verhandlungspartner tatsächlich am Ende seiner Möglichkeiten angekommen oder fühlt sich persönlich angegriffen, wenn er die Verhandlungen blockiert. Selten begeben sich Verhandlungsparteien, die ehrlich an einer Lösung interessiert sind, willentlich in die Sackgasse. Und dennoch können sie dort landen.

Nun haben Sie die Chance, die Verhandlung wieder in Gang zu bringen. Wenn Sie die Initiative übernehmen, gewinnen Sie neben dem tatsächlichen Vorteil der Chancenwahrung auch ein moralisches Plus, weil Sie Konsens- und Kommunikationsbereitschaft zeigen. Das wird Ihre Stellung für die weitere Verhandlung stärken. Doch Vorsicht, auch hier gibt es eine Grenze: Lassen Sie sich nicht vorführen, etwa wenn die Verzögerung der Verhandlung reine Taktik der Gegenseite (und nicht etwa tatsächliche Ratlosigkeit) ist. Bei drohendem Gesichtsverlust müssen Sie die Gegenseite unmissverständlich darauf hinweisen, dass Sie dieses Spiel so nicht spielen werden.

Um aus der Sackgasse zu kommen, bieten sich Ihnen folgende Möglichkeiten an:

- weitere Angebote beziehungsweise Ersatzangebote machen
- das Angebot modifizieren, also beispielsweise zusätzliche Serviceleistungen ins Spiel bringen, Mengenvariationen anbieten, neue Produktfunktionalitäten ermöglichen oder Produkte vereinfachen, Serviceleistungen flexibilisieren, flexible Preis- beziehungsweise Zahlungsmodelle konzipieren, Natural- statt Preisrabatte anbieten (zum Beispiel ein Stück umsonst bei vier gekauften) etc.
- mit einem kompletten Ausstiegsszenario drohen, was Ihr Verhandlungspartner keinesfalls möchte
- den strittigen Punkt an das Ende der Verhandlung legen
- die Verhandlung vertagen, bis man sich mit klarem Kopf wieder zusammensetzen kann

Tipp
Seien Sie kreativ und machen Sie weitere Angebote oder modifizieren Sie die im Raum stehenden. Gerade in Krisenzeiten oder besonders harten Wettbewerbssituationen können Sie durch eine sinnvolle Abwandlung Ihres Angebots und intelligente Geschäftsmodelle den entscheidenden Vorsprung erlangen.

Ihr Verhandlungspartner ist unnachgiebig? Signalisieren Sie, dass Sie die unnachgiebige Position Ihres Verhandlungspartners zur Kenntnis nehmen, aber diesen Punkt später noch einmal gesondert erörtern möchten. So verschaffen Sie sich Luft, um weitere Punkte zu klären. Am Ende lässt sich dann der strittige Punkt meist deutlich einfacher lösen.

Sie können auch ein komplettes Ausstiegszenario zeichnen, das der Verhandlungspartner voraussichtlich nicht zulassen will. Achtung: Dieser Ansatz demonstriert zwar Stärke, seien Sie aber darauf gefasst, dass Ihr Gegenüber die Verhandlung womöglich tatsächlich und unwiderruflich platzen lässt. Da ist es oft besser, Sie vertagen die Verhandlung und geben so allen Beteiligten Gelegenheit, Ärger abzulassen und sich zu beruhigen.

Bei aller Fachkompetenz – das Herz gewinnt

Viele der in der Geschäftswelt anerkannten – und folglich von Trainern und Beratern propagierten – Verhandlungstechniken und Strategien betonen und fokussieren sehr stark die Sachebene. Das ist insoweit legitim, als in Verhandlungen grundsätzlich Ergebnisse auf Faktenbasis angestrebt werden sollten. Allerdings nehmen an einer Verhandlung Menschen teil – und Menschen sind nun einmal bestimmt von ihren Emotionen und ihrer Persönlichkeit. Eine geschickte Ansprache der Emotionen Ihres Verhandlungspartners lässt so manchen Sachaspekt in den Hintergrund treten und kann durchaus als Schlüssel zum Erfolg dienen.

Als erfolgreiche Verhandler können Sie die Persönlichkeit Ihres Gegenübers einschätzen und sich entsprechend auf ihn einstellen. Sie bedienen das Ego Ihres Verhandlungspartners äußerst erfolgreich durch Komplimente, Lob etc., wobei sie nicht plump, sondern subtil vorgehen. Sie schmeicheln Ihrem Ansprechpartner und begründen Ihr Lob glaubwürdig. Sie schaffen dadurch rasch eine persönliche Vertrauensbasis. Natürlich wird eine Verhandlung im Kern auf die Sache abzielen, die Verhandlungsziele wollen schließlich erreicht werden. Doch Sie werden Vorteile gewinnen, wenn auch die Chemie zwischen Ihnen und Ihrem Verhandlungspartner stimmt. Haben Sie beide erst einmal Gemeinsamkeiten oder eine Basis auf persönlicher Ebene gefunden, verläuft die Verhandlung und schlussendlich die weitere Geschäftsbeziehung garantiert erfolgreicher.

Die menschliche Note und das persönliche Vertrauen sind in manchen Kulturen, etwa in Lateinamerika oder im Orient, eine Grundvoraussetzung, um überhaupt in eine tiefere Verhandlung einzutreten. Doch egal, in welchem Land Sie sich befinden, die Faustregel lautet immer: Das Herz gewinnt!

10 Regeln für erfolgreiche Verhandlungen

1. Der Grundstein für eine erfolgreiche Verhandlung ist eine sorgfältige Vorbereitung.
2. Eine Verhandlung kann nur dann erfolgreich verlaufen, wenn Sie neben Ihren eigenen auch die Ziele Ihres Gegenübers möglichst genau kennen.
3. Legen Sie vorab Ihre Verhandlungsmasse fest, setzen Sie sich und Ihrem Verhandlungspartner Grenzen.
4. Bei sehr komplexen Verhandlungen empfiehlt es sich meist, Co-Verhandler oder Unterhändler ins Rennen zu schicken. Ziehen Sie in diesen Fällen immer Vertrauenspersonen und ausgewiesene Spezialisten hinzu.
5. Geradlinig verhandeln? Die Schocktherapie führt schnell zum Ziel oder ins Aus.
6. Streben Sie in Verhandlungen möglichst immer Nachhaltigkeit und Ausgleich an.
7. Hardliner haben selten langfristigen Erfolg, bleiben Sie offen für Impulse.
8. Achten Sie auf Akzeptanzsignale bei Ihrem Gegenüber.
9. Kreative Angebote helfen, den toten Punkt zu überwinden. Gegebenenfalls hilft auch eine Auszeit in der Verhandlung.
10. Egal, in welchem Land Sie sich befinden: Im Zweifel gewinnt immer das Herz über die Sache! Schaffen Sie Vertrauen und eine persönliche Basis.

Konflikte erfolgreich lösen

Ein großer Teil meiner Beratungsarbeit resultiert aus Konfliktsituationen, in denen sich unsere Klienten befinden. Wobei Konflikte bekanntlich zum Leben gehören und a priori auch nichts Schlechtes sind. Schlecht ist allenfalls Tatenlosigkeit angesichts bestehender Konflikte. Bewältigte Konflikte hingegen eröffnen Horizonte und bieten fast immer neue Chancen.

Steigen wir mit der Position vieler meiner Klienten ein: Ärger mit dem Chef, den Kollegen oder den Untergebenen vergiftet das Klima und macht die Arbeit zur Hölle. Viele meiner Ansprechpartner haben bereits die Konsequenzen gezogen und bewerben sich um eine andere Stelle - auch Topmanager. Hier wird von mir nicht die Konfliktlösung (allenfalls die persönliche Konfliktbewältigung), sondern vielmehr die Bewerbungsbegleitung als Konsequenz des Konflikts verlangt. Manchmal resultiert aus der gewählten Konfliktlösung – dem Weggang – Erklärungsbedarf gegenüber potenziellen neuen Arbeitgebern, aber jeder dieser Fälle muss einzeln betrachtet werden, in diesem Buch kann ich dazu keine Patentrezepte bieten.

Doch in dem meisten Fällen ist kündigen keine Lösung. Sie müssen den Konflikt vor Ort lösen. Aber mit welcher Strategie? Vor allem die offene Kommunikation, das ehrliche Gespräch über die wahren Ursachen bietet die Möglichkeit einer Konfliktlösung. Voraussetzung hierfür ist allerdings der Wille beider Konfliktparteien, eine für beide Seiten akzeptable Lösung herbeizuführen. Ist dieser Vorsatz nicht oder nicht mehr vorhanden – hat sich also zumindest eine der Konfliktparteien bereits entweder in die innere Emigration oder aber in eine Position uneinsichtiger Rechthaberei begeben –, lässt sich der Konflikt kaum noch vernünftig lösen. Eine wichtige Frage ist auch, ob der konfliktträchtige Aspekt einer Situation sach- oder personenbezogen ist. Oft lassen sich sachbezogene Konflikte schneller lösen, weil der Konfliktgegenstand fassbar und der Konflikt durch die mögliche Abstellung des Störfaktors vorübergehender Natur ist. Wird der Konflikt gelöst und der Konfliktgegenstand dadurch aus der Welt geschafft, herrscht in der Regel wieder Frieden. Selbst wenn eine Lösung aufgrund einer unverrückbaren Sachlage unmöglich ist, fällt die Akzeptanz der Situation den Beteiligten leichter. Sie müssen sich quasi einer höheren Macht unterwerfen und nicht der anderen Konfliktpartei.

Bei personenbezogenen Konflikten, die sich häufig um bestimmte Verhaltensweisen oder Charaktereigenschaften der beteiligten Personen drehen, ist ein dauerhafter Burgfrieden meist schwerer zur erreichen. Menschen zu ändern ist fast unmöglich, Verhaltensweisen zu modifizieren schwierig. Die Natur des Menschen ist eben komplex. Da menschliches Verhalten situationsbezogen und folglich dynamisch ist, meint man nur allzu voreilig, es ließe sich zum eigenen Vorteil lenken und nachhaltig ändern. Tritt die gewünschte Veränderung nicht ein, unterstellt man der anderen Konfliktpartei gern Mutwilligkeit – doch das ist oft eine Fehleinschätzung. Manche Menschen können einfach nicht aus ihrer Haut.

Die erfolgreiche Konfliktlösung ist also vielschichtig. Die folgenden Tipps und Regeln haben sich in der Praxis bewährt und sollen Ihnen als Richtlinie dienen.

Ursachen und Standpunkte ermitteln

Ganz gleich, ob es Meinungsverschiedenheiten mit Vorgesetzten, Kollegen der gleichen Hierarchiestufe oder Untergebenen gibt: Fragen Sie sich immer zuerst, worum es im Konflikt genau geht: Dient ein Disput möglicherweise dazu, unliebsame Kollegen anzuschwärzen, Konkurrenten im Wettbewerb um die nächste Hierarchiestufe auszuschalten oder sie zumindest bei Vorgesetzten schlecht, zum Beispiel inkompetent, aussehen zu lassen (vielleicht sogar Sie selbst)? Oder ist ein Konflikt eher spontan dadurch entstanden, dass sich zum Beispiel ein Team uneinig ist in der Strategie einer Problemlösung?

Tipp
Machen Sie sich also genau klar, worum es im Konflikt geht und welchen Standpunkt Sie vertreten (Betroffener, Schlichter oder Zeuge). Es mag banal klingen, ist es aber nicht: Wenn Sie beide Faktoren nicht präzise kennen, werden Sie keine hilfreiche Strategie entwickeln und zu keiner Konfliktlösung kommen können. Versuchen Sie auch, den Standpunkt des Konfliktgegners zu ermitteln. Versetzen Sie sich in seine Lage: Was sind seine Ziele, was treibt ihn an? Worauf wird er sich möglicherweise in der Konfliktlösung einlassen? Halten Sie Ihre Einschätzung schriftlich fest.

Erst wenn Sie Ihren Standpunkt genau abgesteckt haben, können Sie für sich bestimmen, wie weit Sie von diesem abrücken und in welche Richtung Sie sich bewegen wollen. Überlegen Sie sich eventuell auch Teilziele, die Sie erreichen wollen. Schwierige Konfliktlösungen ziehen sich nicht selten über mehrere Verhandlungsrunden hin. Durch Teilziele schaffen Sie sich einen roten Faden, an dem Sie sich orientieren können und der Ihnen zusätzlich Sicherheit bietet.

Nie ohne persönlichen Kompromiss-Spielraum

Optimal läuft es, wenn Sie Ihre Ziele uneingeschränkt durchsetzen, ohne dabei verbrannte Erde zu hinterlassen. Leider dürfte diese komfortable Lösung in den meisten Fällen nicht zu erwarten sein, denn sonst befänden Sie sich gar nicht erst in einer ernsten Konfliktsituation. Allenfalls die aus Missverständnissen resultierenden Konflikte lösen sich dergestalt in Luft auf – herzlichen Glückwunsch, dann können Sie das Kapitel jetzt überspringen.

Andernfalls müssen Sie sich Alternativen überlegen: Wie weit können Sie von Ihrem Standpunkt zur Lösung des Konflikts abrücken? Welche Kompromisse können oder wollen Sie eingehen? Halten Sie Ihre Alternativen schriftlich fest, und denken Sie darüber nach. Erst wenn Sie ganz sicher sind, welche Konsequenzen Sie bei welcher Option zu erwarten haben, treffen Sie Ihre Wahl. Wer seinen eigenen Spielraum nicht erkennt, wird auch keinen Konflikt zur eigenen Zufriedenheit lösen.

Lassen Sie sich nicht aus der Ruhe bringen

Ihr Gegenüber ist ein Hitzkopf oder eine "Zerbera"? Auch wenn es schwerfällt, lassen Sie sich nicht von Ihren Emotionen treiben. Die besten Karten hat immer derjenige, der in der Diskussion ruhig bleibt. Wutausbrüche und Schreianfälle mögen vielleicht im ersten Moment einschüchternd wirken, letztlich jedoch untergraben sie Ihr Ansehen und Ihre Seriosität. Reagieren Sie auf Provokationen der Gegenseite kühl und äußerlich unbeeindruckt. Denn wer seinen Emotionen freien Lauf lässt, kann nicht klar denken und vergibt wichtige Chancen zur Konfliktlösung.

Bleiben Sie höflich

Zusätzlich zur Demonstration innerer Ruhe sollten Sie die Regeln der Höflichkeit beachten. Wenn Sie den guten Ton wahren, haben Sie bereits einen wesentlichen Schritt zur Deeskalation und somit zur Konfliktlösung getan. Durch höfliches Verhalten signalisieren Sie gleichzeitig einen gewissen Respekt und sorgen dafür, dass sich negative Emotionen nicht so schnell hochschaukeln. Gleichzeitig unterstützen Sie sich selbst dabei, Ihre Haltung und Selbstachtung zu wahren. Das Gespräch oder die Diskussion wird in einer angenehmeren, der Konfliktlösung zuträglichen Atmosphäre verlaufen.

Tipp
Weisen Sie Ihr Gegenüber nicht gleich demonstrativ auf Ihr höfliches Verhalten hin. Dadurch setzten Sie ihren Konfliktpartner unnötig unter Druck oder entblößen ihn als Grobian. Erst wenn die Stimmung zu eskalieren droht, können Sie auf Ihre Vorbildrolle hinweisen und dadurch hoffentlich wieder Ruhe in das Gespräch bringen.

Vorsicht vor dem Basta-Prinzip

Ich spreche hier bewusst vom Konflikt-*Partner*. Auch wenn Sie die andere Partei nicht leiden können: Versuchen Sie, sie zumindest für die Konfliktlösungssituation als Mensch mit allen typischen Ecken und Kanten zu begreifen und zu achten. Sie müssen Sie sich ja nicht gleich auf emotionaler Ebene verbrüdern oder anbiedern. Es geht vielmehr darum, dem anderen zu vermitteln, dass man seine Persönlichkeit und seine Werte respektiert, ihn ernst nimmt.

Das Provozieren von Gesichtsverlust, Bloßstellung und Erniedrigung ist eine typische schmutzige und unfaire Taktik, wenn die Konfliktlösung in Kampf auszuarten droht. So lösen Sie den Konflikt nicht, Sie beseitigen ihn nur – und das allenfalls temporär. Diesen Ansatz nenne ich den Basta-Ansatz. Wer sich vom Basta-Ansatz überfahren fühlt, wird kaum von der Lösung überzeugt sein.

Gesichtsverlust gehört zum Schlimmsten, was in einer Konfliktlösungssituation passieren kann. Wer sein Gesicht verliert, wird wahrscheinlich seinerseits zum unfairen Guerilla-Kampf übergehen und Ihnen den zugefügten Gesichtsverlust – sofort oder später – heimzahlen. Der nachhaltigen Konfliktlösung sind Sie damit ferner denn je.

Persönlichkeit des Gesprächspartners beachten

Wenn Sie Ihren Konfliktpartner und seine Persönlichkeit kennen, dann machen Sie sich diesen strategischen Vorteil zunutze. Sie müssen kein Psychologe sein, um ihn einzuschätzen. Ist Ihr Gegenüber beispielsweise eher aggressiv oder eher ruhig, sehr aktiv an der Lösung interessiert oder sehr redegewandt und doch inhaltlich nichtssagend? Ich kann Ihnen hier leider keine ausführliche Typologie anbieten, möchte Ihnen aber dennoch beispielhaft einige Klassiker vorstellen: den Choleriker, Paranoiker und Phlegmatiker.

- Der *Choleriker* zeichnet sich durch seine überaus leichte Reizbarkeit aus, die durchaus in Wutanfälle oder Geschrei ausarten kann. Ihn sollten Sie nicht zusätzlich reizen, etwa durch bissige Kommentare oder Zynismus. Wenn er dennoch schreit, dann lassen Sie ihn schreien – sofern Sie die Haltung bewahren, wird auch er wieder ruhiger werden. Dann verhandeln Sie weiter.
- Der *Paranoiker* fühlt sich ständig bedroht und ist überaus misstrauisch. Bei diesem Typ empfiehlt es sich, kontinuierlich beruhigend auf ihn einzuwirken. Betonen Sie, dass es Ihnen nicht darum geht, ihm etwas wegzunehmen oder ihm zu schaden. Nur wenn er sich halbwegs sicher fühlt, wird er sich einer Konfliktlösung öffnen.
- Der *Phlegmatiker* demonstriert nach außen hin Beherrschtheit, Trägheit, ja fast schon Gleichgültigkeit. Er sitzt Probleme aus, bleibt unbeweglich. Hier müssen Sie Dynamik in den Lösungsprozess bringen. Machen Sie ihm Angebote, drücken Sie sich verbindlich, unmissverständlich und zielgerichtet aus. Spielen Sie ihm den Ball zu, so oft es geht – und fordern Sie den Rückpass. Damit versetzen Sie ihn in Bewegung, und er wird sich irgendwann äußern müssen. Dann haben Sie einen Ansatzpunkt, von dem aus Sie die nächste Verhandlungsrunde starten können.

Streben Sie eine ausgleichende Lösung an

Gehen Sie zunächst davon aus, dass sich ein Konflikt immer so lösen lässt, dass beide Seiten damit leben können. Streben Sie also eine Lösung an, die beide Seiten einbindet und Vorteile nicht einseitig vergibt. Versuchen Sie herauszufinden, welchen Kompromiss Ihr Konfliktpartner akzeptieren kann. Beharren Sie nicht felsenfest auf Ihrem Standpunkt, sofern sich ein Lösungsvorschlag noch innerhalb Ihres Kompromissrahmens bewegt. Bewirken Sie, dass beide Seiten inhaltlich aufeinander zugehen.

Tipp
Einen perfekten Interessenausgleich wird es in den wenigsten Fällen geben. Dennoch lohnt es sich, zumindest eine gewisse Kompromissbereitschaft zu signalisieren beziehungsweise die Konfliktparteien dazu aufzufordern. Lösungen, zu denen beide Seiten beitragen, sind deutlich tragfähiger als Lösungen nach dem Basta-Prinzip.

Angebote machen, Alternativen ins Spiel bringen

Viele Menschen scheuen sich davor, Farbe zu bekennen. Sie sezieren zwar in der Analysephase den Konflikt und die ihnen entstandenen Nachteile, nennen aber bei der Lösungserarbeitung nicht gern als Erste Ross und Reiter. Zu groß ist ihre Angst, etwas vorschnell preiszugeben oder sich (noch weiter) angreifbar zu machen. Das können Sie – ob als Beteiligter oder Schlichter – ausnutzen. Setzen Sie Impulse, indem Sie konkrete Lösungsangebote unterbreiten. Dadurch reagieren Sie nicht nur, sondern Sie ergreifen die Initiative. Angebote signalisieren Entgegenkommen und Ihren Willen zur Konfliktlösung. Sie verschaffen sich dadurch einen moralischen Vorteil und setzen Ihr Gegenüber sanft unter Druck, sich ebenfalls zu bewegen.

Bringen Sie auch Alternativen ins Spiel, bleiben Sie flexibel. Es ist immer wieder überraschend, welche Lösungsansätze sich ergeben, wenn zumindest eine Seite offenbleibt. Plötzlich stehen Leistungen und Gegenleistungen im Raum, an die keiner vorher so richtig gedacht hat. Manchmal hatten beide Seiten auch völlig unterschiedliche Vorstellungen davon, was dem anderen wichtig ist. Solche Fehlannahmen und Vorurteile verlängern die Lösungsfindung deutlich. Halten Sie sich das immer vor Augen, und gehen Sie unvoreingenommen an die Lösung heran.

Halten Sie die erzielte Lösung schriftlich fest

Gerade bei schwierigen oder sich lange hinschleppenden Problemen empfiehlt es sich, die endlich erzielte Lösung festzuhalten. Insbesondere wenn Sie davon ausgehen, dass sich die andere Konfliktpartei nicht an die getroffenen Vereinbarungen halten wird, sollten Sie die Lösung niederschreiben, etwa in einem Protokoll. In ganz schwerwiegenden Fällen kann sogar ein Vertrag geschlossen werden, den beide Parteien unterschreiben. Brechen Sie bei komplexen Problemfällen die meist ebenso komplexe Lösung in systematische Handlungsschritte herunter, um die Umsetzung und Einhaltung zu erleichtern.

Wenn es keine Lösung gibt – Konfliktakzeptanz

Wenn sich ein Konflikt nicht lösen lässt, muss man ihn akzeptieren und Regeln aufstellen, um mit der Situation umzugehen. Laufen Sie nicht endlos einer Konfliktlösung hinterher, die unerreichbar ist. Wägen Sie ab, ob eine tragfähige Lösung des Konflikts realistisch scheint. Falls nicht, verhandeln Sie Regeln für einen erträglichen Status quo.

Als letzte Möglichkeit bleibt schließlich immer noch der Wechsel in ein anderes Team oder gleich in ein anderes Unternehmen. Insbesondere Mobbingopfer haben so gut wie keine Chance in ihrem alten Umfeld. Auch wenn Mobbing kein normaler Konfliktfall und kaum mit unseren hier dargelegten Schritten lösbar ist, kann es hier doch Pate stehen für eine seriöse Konsequenz. Wer zu neuen Ufern aufbricht, ist keinesfalls der Verlierer in einem Konflikt oder zwingend konfliktscheu. Im Gegenteil: Der Wechsel des Umfelds löst nicht selten Blockaden und setzt neue, positive Energien frei.

Konfliktsituationen und wie Sie mit ihnen umgehen

Ihnen werden Fehler vorgeworfen, die andere begangen haben:

Wenn Sie wiederholt für Fehler Ihrer Kollegen verantwortlich gemacht werden, sollten Sie eine günstige Gelegenheit abwarten und Ihren Chef ruhig, aber bestimmt darauf ansprechen. Sagen Sie, dass die vorgefallenen Fehler nicht in Ihrem Zuständigkeitsbereich entstanden sind. Vorsicht jedoch bei direkter Beschuldigung Ihrer Kollegen: Auch wenn Sie die Kollegen, welche die Fehler begangen haben, genau bestimmen können, stehen Sie vielleicht am Ende als „Petzer" da. Dann verlieren Sie schnell an Ansehen. Halten Sie sich in der Schuldzuweisung also eher bedeckt, bleiben Sie, solange es geht, vage. Ihrem Chef muss klar sein, dass es Ihnen einzig darum geht, die eigene Leistung ins richtige Licht zu rücken und nicht darum, die Kollegen zu belasten.

Ihr Chef tadelt Sie als besserwisserischen Nörgler:

Machen Sie Ihrem Vorgesetzten klar, dass Nörgelei nun wirklich nicht in Ihrer Absicht liegt, sondern Sie lediglich wichtige Verbesserungsvorschläge anbringen möchten. Mit diesen deutlichen Hinweisen auf tatsächliche Probleme in der täglichen Arbeit möchten Sie nämlich erreichen, dass diese ihm und Ihren Kollegen bewusst werden und dann alle gemeinsam eine Lösung realisieren können. Diesen Argumenten kann sich ein souveräner Vorgesetzter nur schwer entziehen, er kann Ihnen allenfalls unglückliches Kommunikationsverhalten, eine zu direkte Art vorwerfen. Dann kommen Sie ihm in diesem Punkt entgegen, geloben Sie Besserung und überlegen Sie tatsächlich, ob Sie Ihre Kritik nicht etwas geschickter anbringen können. Entwickeln Sie ein Gefühl dafür, wann Ihre Vorschläge bei Ihrem Vorgesetzten wirklich erwünscht sind.

Sie leisten mehr als andere, werden aber schlechter bezahlt:

Dies ist eine typische Konfliktsituation in Teams, die über kein festes System zur Leistungserfassung und -vergütung verfügen. Der Konflikt geht zwar nicht unbedingt von Ihrem Vorgesetzten aus, Sie müssen ihn aber mit Ihrem Vorgesetzten klären. Das Schlimmste, was Ihnen zunächst passieren kann, sind mangelnde

Ressourcen. Wenn kein Geld vorhanden ist - gerade in Krisenzeiten durchaus wahrscheinlich -, kann keines verteilt werden. Gehen wir aber davon aus, dass eine Gehaltserhöhung grundsätzlich möglich ist. Hier kommt es stark auf Ihre Argumentation an: Sie müssen belegen, dass Ihre Leistung tatsächlich besser ist als die Ihrer Kollegen. Wenn dies ad hoc nicht möglich ist, überlegen Sie, wie Sie mit Ihrem Vorgesetzten eine Leistungsüberwachung für sich installieren können. Dann hat Ihr Vorgesetzter zumindest über Sie selbst relativ objektive Daten. Wie die Leistung Ihrer Kollegen in Relation dazu gemessen wird, steht freilich auf einem anderen Blatt. Sie sollten aufpassen, nicht am Ende für ein gruppenweites Leistungsdiagnosesystem verantwortlich gemacht zu werden, das eigentlich keiner will. Dann haben Sie im Team einen schweren Stand. Überlegen Sie also vorher, wie Ihre Kollegen reagieren würden, wenn Ihr Chef sie mit der Einführung einer gruppenweiten Leistungserfassung konfrontieren würde. Stellen Sie diese erst dann zur Diskussion, wenn Sie sich eines zumindest halbwegs positiven Feedbacks sicher sein können.

Sie sind unzufrieden mit Ihrem Aufgabengebiet:

Dieser Konflikt ist dann relativ leicht zu lösen, wenn genügend Beschäftigungsalternativen zur Verfügung stehen. Bitten Sie Ihren Vorgesetzten schlichtweg um eine neue Position innerhalb des Teams oder der Gruppe (möglicherweise wird sich der Konflikt dann auf Ihre Kollegen übertragen, wenn keiner mit Ihnen tauschen möchte). Wenn er ablehnt, müssen Sie versuchen, ihn mit Argumenten zu überzeugen. Spielen Sie zum Beispiel die Karte „Unterforderung". Machen Sie Ihrem Chef klar, dass Sie an anderer Stelle noch mehr leisten könnten und für das Unternehmen noch deutlich wertvoller sein könnten (als Sie es ohnehin schon sind). Möglicherweise genügt es Ihnen aber schon, wenn sich Ihre Arbeitsbedingungen oder Ihre Arbeitsumgebung verändert. Dann sollten Sie das Ihrem Chef offen sagen und darum bitten, die entsprechenden Modifikationen durchzuführen. Sind Sie allerdings deshalb unzufrieden, weil Ihnen Ihre Arbeit keinen Spaß macht, dann sollten Sie das nicht unbedingt offen kundtun. Arbeit wird auch in der sogenannten Spaßgesellschaft in erster Linie als Pflichterfüllung gesehen.

Ihre Leistungsbeurteilung fällt zu schlecht aus:

Dieser Punkt ist besonders heikel, wenn bereits ein Leistungsbeurteilungssystem existiert. Wenn Sie wirklich im Recht sind, dürfte dieses System Mängel aufweisen. In diesem Fall sollten Sie Ihrem Chef klarmachen, dass das System Sie benachteiligt und ihm idealerweise auch gleich Verbesserungsvorschläge unterbreiten. Alternativ können Sie ihm auch Beweise präsentieren, die Ihre wahre Leistung dokumentieren. Das wird in vielen Fällen zwar schwierig sein, jedoch nicht unmöglich. Gibt es bei Ihnen im Unternehmen noch kein Leistungsbeurteilungssystem, versuchen Sie, die Ursachen für die schlechte Leistungsbeurteilung zu finden. Möglicherweise hegt Ihr Chef persönliche Animositäten gegen Sie. Dann sollten Sie herausfinden, woran das liegt, insbesondere wenn Sie dadurch gravierende Nachteile wie starke Einkommenseinbußen erleiden. Überlegen Sie, ob sich die Ursache abstellen lässt oder nicht und ob sie mit der gegenwärtigen Situation notfalls leben können. Falls nicht, werden Sie sich dem Einflussbereich Ihres Chefs entziehen müssen – notfalls durch eine drastische Maßnahme wie den Wechsel des Arbeitgebers.

Ihr Kollege bezichtigt Sie eines Fehlers, den Sie nicht begangen haben:

Hier sollten Sie Ruhe bewahren, aber sofort reagieren. Stellen Sie die Situation richtig, indem Sie Ihren Kollegen über den wahren Sachverhalt aufklären. Sollten bereits andere von Ihrem vermeintlichen Fehler erfahren haben, stellen Sie die Angelegenheit nur dann richtig, wenn sie gravierend war. Andernfalls ist es besser, die Sache auf sich beruhen zu lassen und nicht unnötig aufzublähen. Lassen Sie aber auf keinen Fall etwas Schwerwiegendes auf sich sitzen, für das Sie nicht verantwortlich sind, nur um des lieben Friedens willen. Sonst laden Sie Ihre Kollegen geradezu ein, Sie auch für die Zukunft als Sündenbock zu missbrauchen, oder Ihr Vorgesetzter zweifelt an Ihrer Kompetenz. Dadurch gefährden Sie langfristig Ihre Karriere.

Ihr Kollege spinnt Intrigen gegen Sie:

Intrigen sind ein besonders hartnäckiges und gleichzeitig karrieregefährdendes Problem. Sie zeichnen sich dadurch aus, dass man sie nicht oder erst sehr spät erkennt. Man befindet sich sozusagen im verdeckten Konflikt mit dem Intriganten, ohne sich dessen bewusst zu sein. Ist die Intrige einmal enttarnt, löst sich der Konflikt meist automatisch auf, weil der Intrigant schlagartig sein Gesicht verliert. Allerdings können Sie nicht davon ausgehen, dass Ihnen die Enttarnung gelingt. Oft werden Sie zwar ahnen oder sogar wissen, was vor sich geht. Doch das heißt noch lange nicht, dass Sie Ihrem Kollegen die Intrige wirklich nachweisen können. Ihnen bleiben dann im Prinzip nur zwei Möglichkeiten: Sie können eine Gegenintrige starten und sich auf zermürbende, karrieregefährdende Grabenkämpfe einlassen. Am Ende behalten Sie vielleicht wirklich die Oberhand, sind aber mit Sicherheit kräftemäßig angeschlagen. Diesen Weg halten Sie nur durch, wenn Sie über eine bärenstarke psychische Konstitution und ein gehöriges Maß an Abgebrühtheit verfügen. Die zweite Möglichkeit ist der Rückzug in ein anderes Team oder ein anderes Unternehmen. Auch auf diese Weise können Sie neue Chancen wahrnehmen und letztlich als Sieger aus dem Konflikt hervorgehen.

Ihr Kollege ist Ihnen gegenüber unverschämt:

Schlechtes Benehmen ist immer ein Ärgernis. Artet es gar in Unverschämtheit aus, ist es besonders schwer erträglich, weil man sich unmittelbar attackiert fühlt. Sprechen Sie daher offen mit Ihrem Kollegen, dass Sie sein Auftreten und seinen Tonfall verletzend und unangemessen finden. Bitten Sie ihn, sich Ihnen gegenüber anders zu verhalten. Haben Sie keine Hemmungen, das Thema anzusprechen, denn vielleicht erleben Sie eine positive Überraschung: Manche Menschen sind sich Ihres negativen Verhaltens oder Ihrer Wirkung nach außen nicht bewusst. Sie sind zum Beispiel schlichten Gemüts, wenig feinfühlig oder ganz einfach Brachialrhetoriker, aber im Grunde doch gutmütig. Einmal auf ihr Verhalten angesprochen, sind sie ganz erstaunt über ihre Außenwirkung und geben sich aufrichtig Mühe sich zu ändern. Liegt jedoch tatsächlich Absicht vor, so sollten Sie versuchen, im Gespräch die Hintergründe herauszufinden. Überlegen Sie sich dann Lösungsstrategien. Wenn persönliche Animositäten der Grund sind, versuchen Sie, den Kontakt mit Ihrem Kollegen auf ein Minimum zu beschränken. Geben Sie sich nicht unterwürfig, überreagieren Sie aber auch nicht. Bleiben Sie kongruent, handeln Sie im Einklang mit Ihrer Persönlichkeit. Möglicherweise hat Ihr Kollege aber auch Sie einmal als unverschämt oder abweisend empfunden – reflektieren Sie in diesem Zusammenhang Ihr eigenes Verhalten. Wenn Ihr Kollege das Gefühl hat, Sie mögen ihn nicht, wird er sich Ihnen gegenüber wahrscheinlich ebenfalls abweisend verhalten. Sie werden daraufhin zwangsläufig denken, dass er Sie tatsächlich noch nie gemocht hat, und werden sich aufgrund seiner Haltung Ihnen gegenüber immer abweisender verhalten. So schaukeln sich die Animositäten, die auf einem einfachen Missverständnis oder einem Augenblick gegenseitiger Spannung beruhen, immer weiter hoch. Auch in diesem Fall ist es höchste Zeit für ein klärendes Gespräch, das den Konflikt lösen wird.

Sie müssen immer einen Teil der Arbeit Ihres Kollegen erledigen:

Im Team gibt es immer Kollegen, die sich auf Kosten anderer ausruhen. Sie überdecken damit beispielsweise Kompetenzmängel, Unsicherheit und Desinteresse oder sie frönen schlicht ihrer Faulheit. Das geht solange gut, wie sich die anderen Teammitglieder das gefallen lassen. Eventuell können Sie Ihre Situation aber sogar zu Ihrem Vorteil nutzen, wenn Sie die Arbeit, die Ihr Kollege geflissentlich Ihnen überlässt, übernehmen. Es ist gut möglich, dass Ihr Vorgesetzter auf Sie als besonders fleißigen und tatkräftigen Mitarbeiter aufmerksam wird. Achten Sie aber darauf, dass Ihre Tätigkeit einem gewissen Anspruch genügt oder von Wichtigkeit ist. Andernfalls machen Sie sich schnell zum Lakaien, und wenn sich das im Team herumspricht, wird man Sie verstärkt ausnutzen. Thematisieren Sie den Missstand im Zweifelsfall unter vier Augen mit Ihrem Kollegen und bringen Sie Ihren Ärger über die unberechtigte Mehrarbeit zum Ausdruck. Ihr Kollege wird reagieren müssen, er wird beispielsweise sagen, die Zuteilung der Arbeit sei nicht klar geregelt oder er müsse seinerseits für andere nacharbeiten. Versuchen Sie – notfalls im Team –, eine Regelung zu treffen, wie jeder seine Arbeit verrichten kann, ohne dass der andere mehr arbeiten muss. Da in den meisten Fällen eine Stellenbeschreibung existiert, haben Sie hier eine neutrale Referenz. Sollte keine Einigung im persönlichen Gespräch möglich und die

Arbeit wichtig sein, bleibt als letzte Möglichkeit, den Teamleiter über die definitive Zuteilung der Arbeit entscheiden zu lassen.

Einer Ihrer Mitarbeiter teilt Ihnen mit, dass seine Kollegen Fehler machen:

Hier liegt der Konflikt in der Frage, ob Sie der Sache nachgehen sollen oder nicht. Messen Sie der Aussage Ihres Mitarbeiters keine Bedeutung bei, so begeht Ihr Team möglicherweise gehäuft Fehler, für die man später Sie zur Verantwortung ziehen wird. Sie gefährden also durch Untätigkeit eventuell Ihre eigene Position. Gehen Sie auf Ihren Mitarbeiter ein, wird er sich möglicherweise von diesem Zeitpunkt an zu wichtig nehmen, sich für Ihren persönlichen Vertrauten oder gar Adjutanten halten. Das würde langfristig Unruhe und vielleicht sogar Zwietracht in das Team bringen. Sie sollten daher zunächst einmal bestimmen, wie gravierend die Fehler sind, von denen Ihr Mitarbeiter berichtet. Nicht alle Fehler wiederholen sich, und folglich müssen nicht alle Fehlerquellen umgehend abgestellt werden. Sind die Fehler in der Tat gravierend, so müssen Sie handeln und die Fehlerquellen beseitigen, selbst wenn Ihnen das Verhalten Ihres Untergebenen (Stichwort „Petzer") zuwider ist. Sind sie es nicht, so können Sie die Fehler im Prinzip ignorieren. In jedem Fall sollten Sie Ihrem Mitarbeiter aber klarmachen, dass Sie es zwar gutheißen, wenn er mitdenkt und Sie informiert. Allerdings sollte dies auf wirklich wichtige Fälle beschränkt bleiben und vor allem nicht (zukünftig) in eine Brandmarkung seiner Kollegen ausarten. Sagen Sie ihm das behutsam, aber deutlich. Machen Sie sich Gedanken, wie Sie die Organisation Ihres Teams so verändern können, dass sich die Kollegen auch gegenseitig kontrollieren und informieren. Führen Sie gemeinsam mit Ihren Mitarbeitern ein verbessertes Qualitätsmanagement ein.

Sie müssen ständig die Arbeit Ihres Mitarbeiters nachbessern:

Hier hilft nur ein klärendes Gespräch unter vier Augen. Finden Sie heraus, warum Ihr Mitarbeiter so schlechte Arbeit abliefert. Bleiben Sie dabei taktvoll, gleiten Sie nicht sofort in die Privatsphäre ab – möglicherweise leidet Ihr Mitarbeiter tatsächlich unter persönlichen Problemen und ist deshalb im Job vorübergehend unkonzentriert. Auf die direkte Ansprache persönlicher Probleme

wird ein Mitarbeiter wahrscheinlich deutlich empfindlicher reagieren als auf eine rein berufsbezogene. Finden Sie im Laufe des
Gesprächs behutsam die Ursachen für seine schlechte Leistung
heraus. Liegen die Gründe dann auf dem Tisch, sollten Sie gemeinsam mit Ihrem Mitarbeiter nach Lösungswegen suchen. Achten Sie bei der Umsetzung der Lösung darauf, dass Ihr Mitarbeiter
sein Gesicht wahren kann. Motivieren Sie ihn, halten Sie ihm nicht
länger seine Fehler vor, sondern fördern Sie seine Bemühungen
und Stärken.

In Ihrem Team gibt es ständig Spannungen:

Ein gefährlicher Zustand, denn hier steht mittel- bis langfristig
Ihre Autorität und Leistungsstärke als Vorgesetzter auf dem Spiel.
Sie sollten die Situation also unbedingt bereinigen. Zunächst bietet sich die Einberufung eines Teammeetings an, in dem Sie offen
die Probleme, so wie Sie sie sehen, darlegen. In der folgenden
Diskussion werden Sie im günstigen Fall ein offenes Feedback Ihrer Mitarbeiter bekommen und nach Abgleichung der jeweiligen
Position gemeinsam eine Lösung erzielen. Allerdings kann es auch
passieren, dass Ihr Team mauert, weil kein Teammitglied etwas
vermeintlich oder tatsächlich Negatives preisgeben möchte. Zu
tief sitzt möglicherweise die Angst, sich dabei in ein schlechtes
Licht zu rücken und Karrierenachteile in Kauf nehmen zu müssen.
Sollten Sie also kein aufschlussreiches Feedback bekommen, so
empfiehlt es sich, bei größeren Teams (ab zehn Mitarbeitern) auf
einen anonymen Fragebogen zurückzugreifen. Gut konzipiert,
kann er durchaus brauchbare Informationen liefern. Ansonsten
bleibt Ihnen auch die Möglichkeit, Einzelgespräche zu führen.

Ihre Mitarbeiter entwickeln ein zu starkes Eigenleben:

Wenn Ihre Mitarbeiter ein Eigenleben entwickeln, ist das nicht
grundsätzlich negativ. Es kann zu mehr Motivation der Mitarbeiter
und somit zu mehr Kreativität, Effektivität und Leistung führen.
Gefährlich wird es dann, wenn das Eigenleben Ihres Teams Ihre
Position als Führungskraft untergräbt und überdies kein positiver
Effekt, also beispielsweise eine Leistungssteigerung, zu erkennen
ist. In diesem Fall müssen Sie als Führungskraft eingreifen. Überlegen Sie möglichst neutral, warum sich Ihre Mitarbeiter von

Ihnen entfernen. Binden Sie sie möglicherweise nicht in Ihre Entscheidungen ein? Zeigen Sie in anderen Konfliktsituationen mit Ihrem Team keine Führungsstärke? Gibt es möglicherweise innerhalb des Teams ein Mini-Team, das sich abgekoppelt hat und die Verselbstständigung vorantreibt? Treten Sie vielleicht Ihrem Team gegenüber arrogant auf? Sie müssen hier kritisch gegenüber sich selbst sein. Seien Sie ehrlich – so schwer es fällt, alles andere führt zu keiner Klärung. Wenn Sie zu dem Schluss kommen, dass der Fehler tatsächlich bei Ihnen liegt, dann werden Sie Ihr Führungsverhalten ändern müssen. Ihre Mitarbeiter müssen Sie hierzu nicht unbedingt befragen, lassen Sie lieber Ihr verändertes Verhalten Wirkung entfalten. Sollte die Ursache aber bei Ihren Mitarbeitern liegen, dann führen Sie ein offenes Gespräch mit dem Team oder einzelnen Mitgliedern, die sich abgekoppelt haben. Klären Sie die Situation, sagen Sie offen, dass es so nicht weitergeht. Forschen Sie gemeinsam nach den Ursachen, finden Sie gemeinsam eine Lösung. Wenn Sie unentschlossen oder unsicher sind, führen Sie unter Wahrung der Anonymität eine Befragung des Teams durch. Sie werden höchstwahrscheinlich brauchbare Informationen erhalten.

Einer Ihrer Mitarbeiter versucht, sich auf Kosten eines anderen Kollegen bei Ihnen zu profilieren:

Hier gibt es wohl nur eine Lösung, sobald Sie das Manöver durchschaut haben. Bringen Sie deutlich Ihre Abneigung gegenüber seinem Verhalten zum Ausdruck und sagen Sie dem Mitarbeiter, er möge es ab sofort unterlassen. Zeigen Sie ihm, dass es ihm keine Vorteile bringt, sich auf Kosten anderer zu profilieren, und dass Sie sein Verhalten durchschauen. Gehen Sie nicht entschlossen gegen solche Übergriffe vor, verlieren Sie über kurz oder lang die anderen Teammitglieder – insbesondere jenes, auf dessen Kosten sich der konfliktauslösende Mitarbeiter profiliert. Auch die Motivation und die Leistung des Teams sinken.

10 Regeln für ein erfolgreiches Konfliktmanagement

1. Fragen Sie sich immer zuerst, worum es in dem Konflikt genau geht. Ist alles offensichtlich oder gibt es verdeckte Ursachen?
2. Legen Sie einen persönlichen Rahmen für Kompromisse fest.
3. Lassen Sie sich nicht aus der Ruhe bringen, auch wenn die anderen Beteiligten Stimmung machen.
4. Bleiben Sie höflich.
5. Respektieren Sie Ihre Konfliktpartner.
6. Beachten Sie die Persönlichkeitsstruktur Ihres Gesprächspartners, überlegen Sie, wie er auf welches Angebot reagieren wird.
7. Streben Sie eine ausgleichende Lösung an.
8. Machen Sie konkrete Angebote, und bringen Sie Alternativen ins Spiel.
9. Halten Sie die erzielte Lösung schriftlich fest.
10. Wenn sich ein Konflikt nicht lösen lässt, muss man ihn akzeptieren und Regeln aufstellen, um mit der Situation zukünftig umgehen zu können. Sorgen Sie dafür, gegebenenfalls mit einem neutralen Kollegen oder Ihrem Vorgesetzten.

Krisen erfolgreich meistern

Jedes unternehmerische Handeln ist unweigerlich mit Risiken verbunden, die im schlimmsten Fall zu einer existenzbedrohenden Krise führen können. Doch nur selten kommt eine solche Krise aus heiterem Himmel. Meist gibt es im Vorfeld Warnsignale, die auf das drohende Unheil hinweisen. Diese gilt es im Rahmen eines erfolgreichen Krisenmanagements rechtzeitig zu erkennen, um schnell und adäquat gegensteuern zu können.

Vom Entscheider zum hilflosen Zuschauer

Daniel N. arbeitet als Bereichsleiter eines mittelständischen Maschinenbauunternehmens. Die Geschäfte laufen seit Jahren sehr gut, alle Zeichen stehen auf weiteres Wachstum. Doch plötzlich gerät der Hauptmarkt für die Produkte, die USA, in eine schwere Krise. Alle Manager im Unternehmen werden davon überrascht. Daniel hat eine solche Situation auch noch nicht erlebt. Man einigt sich im Management darauf, abzuwarten – so schlimm würde es schon nicht kommen. Doch es kommt schlimmer. Zwar hätte das Unternehmen die Umsatzausfälle in den USA allein durchaus kompensieren können, jedoch gelten die USA als weltweiter Leitmarkt, sodass nach und nach immer mehr Märkte betroffen sind. Daniel erkennt, dass gehandelt werden muss, aber er hat noch nie restrukturieren, geschweige denn Mitarbeiter entlassen müssen. Der Geschäftsführung geht es ähnlich. Man zaudert und hofft, irgendwie davonzukommen. Schließlich kennt man die meisten Kollegen schon sehr lange. Als Hauptmaßnahme trennt man sich von Leiharbeitern, das geht schnell und bringt zumindest kurzfristig Entlastung. Daniel graust es davor, Einschnitte vorzunehmen, außerdem machen die beiden Geschäftsführer keinen weiteren Druck. Und Daniel seinerseits wird die Geschäftsführung nicht weiter antreiben. Alle Seiten verharren in einer Art Schockstarre. Die Belegschaft ist verunsichert, der Flurfunk ist aktiver denn je, aber die Geschäftsführung veröffentlicht keine regelmäßigen Bulletins. Die Unternehmensspitze ist genauso (wenig) sichtbar wie sonst auch. Irgendwann geraten wichtige Kunden des Unternehmens vollends ins Schlingern. Sie können ihre Rechnungen nicht oder nur teilweise bezahlen. Dann geht alles sehr schnell: Daniels Unternehmen bekommt Liquiditätsprobleme, und leider leisten die Banken auch keine Unterstützung. Einige Banken sind sogar überrascht von der eingetretenen Schieflage, über die Daniel mitberichten muss. Es ist zu spät, Daniels Unternehmen muss Insolvenz anmelden. Daniel kann plötzlich nur noch hoffen, dass es für ihn eine Perspektive nach einem erfolgreichen Insolvenzverfahren gibt. Die beiden Geschäftsführer wurden bereits ihres Amtes enthoben. In einem hat Daniel aber Glück: Die Entlassung der Mitarbeiter übernimmt der Insolvenzverwalter für ihn. Alle anderen Entscheidungen – die bis vor Kurzem noch Daniel für das Unternehmen und sich selbst getroffen hat – allerdings auch. Daniel ist nur noch Zuschauer.

Ruhe bewahren – kein Aktionismus!

Auch wenn die Zeiten für das Unternehmen noch so unruhig sind: Sie müssen ruhig bleiben und Souveränität beweisen. Viele neigen in einer Krisensituation zu Schnellschüssen, um Aktion und Handlungsfähigkeit zu demonstrieren, verfallen dann allerdings meist in blinden Aktionismus. Doch damit erreicht man selten zielführende Ergebnisse und macht sich obendrein noch angreifbar. Also heißt die Devise: Ruhe bewahren und überlegt handeln. Als Topmanager agieren Sie meist ohnehin gemeinsam mit Ihren Kollegen in der Geschäftsführung oder im Vorstand beziehungsweise in enger Abstimmung mit dem Beirat oder Aufsichtsrat. Wenn Sie kein Vertrauen zu diesen Kollegen haben, dann besprechen Sie die Lage mit einem guten Freund oder einem kompetenten Ansprechpartner aus Ihrem Bekanntenkreis. Ein solches Sparringsgespräch eröffnet zumeist neue Horizonte oder zumindest eine neue Perspektive.

Machen Sie aber unmissverständlich klar, dass Sie sich als Herr der Lage sehen und entscheidungsfähig sind. Gönnen Sie sich vor bedeutenden Entscheidungen einen Spaziergang, oder treiben Sie Sport. Etwas Abstand ist jetzt besonders wichtig, um den Kopf freizubekommen. Denn wenn sie entschieden haben, müssen Sie Ihren Plan durchziehen.

Die Situation präzise analysieren

Krise ist nicht gleich Krise. Manche kommen mit Getöse und betreffen eine ganze Branche oder gar die ganze Wirtschaft. Andere offenbaren sich schrittweise, und ehe man sich's versieht, steckt das Unternehmen und Sie selbst als Topmanager mittendrin. Fast immer zeigen sich Krisen in nackten Zahlen, schlechten Zahlen.

Ist eine Schieflage eingetreten, verschaffen Sie sich als erstes einen detaillierten Überblick – so schnell und gut es geht. Finden Sie heraus, was passiert ist und wie es dazu kommen konnte. Kümmern Sie sich um die wesentlichen Dinge selbst, beziehungsweise verlassen Sie sich ausschließlich auf Vertrauensleute. Denken Sie aber immer daran, dass auch mehr Kollegen oder Mitarbeiter Teil des Problems sein könnten, als Ihnen womöglich lieb ist. Das gilt insbesondere für Krisen, die auf Betrugsfälle oder sonstige interne Unregelmäßigkeiten zurückgehen.

Generell gilt: Erst analysieren, dann handeln. Holen Sie sich bei Bedarf Hilfe von externen Experten, gerade wenn Sie internen Ansprechpartnern nicht trauen können. Steuern Sie jegliche externe Unterstützung dabei minutiös, versuchen Sie unnötigen Wirbel zu vermeiden. Handeln Sie gezielt, konsequent, aber zunächst noch diskret.

> **Tipp**
> Verlassen Sie sich nicht nur auf Zahlen, sondern auch auf Ihre Erfahrung und Ihr Bauchgefühl. Intuition ist auch in der Krise gefragt, solange sie nicht überhandnimmt. Wenn alle Zahlen und Fakten auf dem Tisch liegen und sich kein eindeutiger Weg anbietet, dann kann Ihre Intuition das Zünglein an der Waage sein.

Analysephasen dürfen nicht zu lange dauern, manchmal bleiben Ihnen vielleicht nur wenige Tage. Gehen Sie das Krisenmanagement offensiv an, zaudern kann Sie als Topmanager den Kopf kosten!

Die Hauptrisiken identifizieren

Kein Krisenplan ohne Risikoeinschätzung. Versuchen Sie auch in unübersichtlichen Situationen zunächst die Hauptrisiken zu identifizieren. Vielleicht nutzt das Unternehmen gute Werkzeuge zur Risikoeinschätzung (manche Krisen werden schlicht durch höhere Gewalt verursacht), vielleicht aber auch nicht. Verlassen Sie sich im Zweifel auf Ihre Erfahrung und Intuition.

Befragen Sie besonders erfahrene Manager, auch solche, die nicht an Sie berichten. Verschaffen Sie sich vor Ort ein Bild der Lage, wodurch Sie zudem Präsenz zeigen. So sammeln Sie wichtige Pluspunkte. Nur ein schlechter Manager verschanzt sich hinter dem Schreibtisch oder bleibt im Hauptquartier.

Die Hauptrisiken ergeben sich aus der jeweiligen Situation und der Aufstellung des Unternehmens. Droht eine Liquiditätskrise? Springen wichtige Kunden ab? Kann ein Produkt nicht rechtzeitig vermarktet werden, oder muss es zurückgerufen werden? Leiten Sie aus der Risikosituation die unmittelbaren und langfristigen Folgen ab, wenn nicht oder falsch gehandelt wird. Und schon haben Sie in Grundzügen Ihren Masterplan zur Lösung der Krise.

Aktionen priorisieren

Verheddern Sie sich nicht in Kleinigkeiten. Krisenmanagement bedeutet rasches und entschlossenes Handeln. Nur zu oft erkennen Manager nicht das Gebot der Stunde, sie sind einfach zu sehr im Tagesgeschäft und ihren gewohnten Denkmustern verhaftet. Machen Sie sich bewusst, dass eine Krise eine außerordentliche Situation ist, in der alle Augen auf Sie gerichtet sind und Sie Profil zeigen müssen. Begreifen Sie das als Chance!

Tipp

Wenn Sie die Hauptrisiken Ihres Verantwortungsbereichs ermittelt haben, steht bereits Ihr Gerüst für den Lösungsplan. Prüfen Sie noch einmal genau, ob Sie die richtigen Prioritäten gesetzt haben. Was muss kurzfristig bedacht werden, was mittelfristig? Müssen Sie zuerst mit den Finanziers sprechen, den Kunden oder den Mitarbeitern? Was muss offiziell kommuniziert werden, was nicht? Wo liegen die Stellhebel, um die Situation zu stabilisieren? Finanzen? Produktion? Service? Kommunikation? Gibt es sonstige kritische Punkte? Wenn Sie sich entschieden haben, legen Sie los, vergeuden Sie keine Sekunde.

Masterplan erstellen, nicht zu viel versprechen

Wenn der Maßnahmenplan steht, heißt es loslegen. Je nach Lage ist damit zu rechnen, dass der Kurs zur Bewältigung der Krise mehrmals angepasst werden muss. Das bedeutet im Umkehrschluss: Versprechen Sie nicht zu früh zu viel. Wer zaudert, macht sich ebenso angreifbar wie jemand, der Ankündigungen nicht einhält. Sie gefährden dadurch Ihre Position in zweierlei Hinsicht: Erstens untergraben Sie Ihre Autorität und machen sich unglaubwürdig. Besonders schlimm kann sich das auswirken, wenn Sie im Medieninteresse stehen. Jedes Wort, jeder Schritt von Ihnen wird nun analysiert. Medien vergessen nicht, Medien erfassen den Moment, und Medien leben nicht zuletzt von schlechten Nachrichten. Freilich wird niemand von Ihnen hellseherische Fähigkeiten erwarten – und Krisenmanagement bedeutet zumeist auch, den Schritt ins Ungewisse zu wagen. Tödlich wäre es, sich zu verstecken, denn zumindest existenzielle Krisensituationen verlangen den Chef an der (Medien-)Front. Also seien Sie gewappnet, gehen Sie ein wohl kalkuliertes Risiko ein.

Die zweite Gefahr großsprecherischer oder leichtsinniger Ankündigungen liegt im internen Vertrauensverlust. Ihre Mitarbeiter werden verunsichert, glauben womöglich nicht mehr an Ihren Kurs. Unsicherheit erzeugt Minderleistung, schon allein dadurch verspielen Sie wichtiges Potenzial in der Krise. Und wenn die Krise doch gemeistert wird, bleiben Sie als vergleichsweise unsouveräner Manager in Erinnerung. Die Gefahr, dass man Sie bei nächster Gelegenheit ablöst oder Ihren Vertrag nicht verlängert, ist groß.

Beherrschung und Besonnenheit lautet deshalb die Devise. Erliegen Sie nicht der Versuchung, als Retter glänzen zu wollen. Das ist zwar menschlich, aber abgerechnet wird bekanntlich am Schluss.

Seien Sie ehrlich, beschönigen Sie nichts

Unmittelbar an die vorherige Regel schließt sich der Appell an Ihre Ehrlichkeit an. Beschönigen Sie die Lage nicht, sondern sagen Sie Ihren Mitarbeitern offen, was aller Voraussicht nach auf sie zukommt. Natürlich sollten Sie strategisch denken und den größtmöglichen Erfolg anstreben. Daraus folgt auch, dass nicht jeder aus der Belegschaft alles wissen muss. Allerdings sollten Sie Unehrlichkeit vermeiden, strategische Kommunikation ist kein Freibrief für Lügen.

Wenn Sie die Krisensituation am Anfang herunterspielen, kommt es am Ende unter Umständen umso dicker. Ein gesunder Optimismus ist allerdings erlaubt, ja geboten. Optimismus ist notwendig, um die Mitarbeiter zu motivieren und den Rettungsprozess überhaupt erst richtig in Schwung zu bringen.

Tipp
Verschleiern Sie nicht den Ernst der Lage, sondern stellen Sie die Situation realistisch dar. Betonen Sie gegebenenfalls, dass es berechtigten Anlass zu Hoffnung gibt und Sie mit den Mitarbeitern diese Chance nutzen wollen.

Kommunikation verstärken – aber strategisch und nach Plan

In der Krise müssen Sie noch mehr kommunizieren als sonst. Kommunikation schafft Transparenz, Sicherheit und bringt zudem strategische Vorteile. Wer kommuniziert, ist aktiv und präsent. Die motivierende und positive Wirkung auf Mitarbeiter und Kunden ist nicht zu unterschätzen.

Allerdings muss auch die Kommunikation strategisch gesteuert werden. Nichts ist peinlicher als eine unkoordinierte Kommunikation, die Sie vielleicht sogar zwingt zurück zu rudern. Überlegen Sie also genau, wem Sie was über welche Medien mitteilen. Nicht jeder muss alles wissen, schon allein deshalb, weil zu viel Information verwirrt. Gerade in der Krise müssen aber alle Mitarbeiter besonders effektiv und konzentriert arbeiten. Jede Ablenkung stört und schafft schlimmstenfalls Verunsicherung.

Denken Sie daran, dass E-Mails und schriftliche Bulletins weitergeleitet werden und daher Bestand haben können. Prüfen Sie Ihre Worte und Aussagen also sorgfältig. Auch Auftritte vor der versammelten Belegschaft und erst recht in den Medien wollen geübt sein, überlassen Sie dabei nichts dem Zufall. Denn wer schlecht kommuniziert, zerschlägt manchmal mehr Porzellan als jemand, der gar nicht kommuniziert. Gehen Sie Ihre Kommunikation genauso systematisch und konsequent an wie alle anderen Maßnahmen – sie ist ein wesentlicher Teil des Krisenmanagements.

Einen engen Dialog mit den wichtigsten Geschäftspartnern aufbauen

Natürlich stehen Sie mit Ihren Geschäftspartnern – Kunden, Zulieferern, Banken etc. – geschäftsmäßig ohnehin in kontinuierlichem Kontakt. Doch auch hier ist in Krisenzeiten erhöhtes Engagement gefragt, denn Ihre Partner werden wahrscheinlich verunsichert sein. Sie müssen sich jetzt als Herr der Lage präsentieren und versichern, dass Sie die Dinge im Griff haben.

Sprechen Sie ernsthafte Probleme oder sich abzeichnende Widrigkeiten offen an – sofern diese nicht der Geheimhaltungspflicht unterliegen –, aber ohne Panik zu verbreiten. Arbeiten Sie gegebenenfalls mit Szenarien (maximal drei), in denen Sie jeweils die Konsequenzen für oder Anforderungen an den Geschäftspartner benennen. Priorisieren Sie auch hier Aktionen, lassen Sie sich nicht von Emotionen leiten. Natürlich ist die Versuchung groß, Zulieferer im Preis zu drücken oder die Zahlungsmodalitäten zu Ihren Gunsten zu ändern. Und in Maßen ist das in Krisenzeiten durchaus sinnvoll. Denken Sie aber auch daran, dass Sie langfristig im Geschäft bleiben wollen. Übertreiben Sie es also nicht.

Zeigen Sie aber auch in der umgekehrten Situation Stärke. Macht zu verlieren, ist für viele Manager eine mehr als unschöne Erfahrung. Ein souveräner Manager jedoch erkennt, wenn die Karten neu gemischt werden, und handelt zum Wohle des Unternehmens. Stellen Sie also Eitelkeiten in Krisengesprächen zurück, und signalisieren Sie Kooperationsbereitschaft. Für Unterwürfigkeit gibt es hingegen keinen Anlass. Veranlassen und akzeptieren Sie schlichtweg das Notwendige.

Tipp
Bedienen Sie die Informationswünsche der Geschäftspartner, wann immer es möglich ist. Informierte Partner sind meist gelassener und kooperativer, sie werden Ihren Rettungskurs eher unterstützen. Stimmen Sie mit Ihren Partnern die Informationsbedürfnisse ab, und legen Sie gemeinsam einen Kommunikationsplan fest. Passen Sie diesen im Laufe des Prozesses gegebenenfalls immer wieder an.

Mitarbeiter einbinden, Verantwortung verteilen, Taskforce bilden

Jetzt ist die Zeit gekommen, in der Sie verstärkt Mitarbeiter Ihres Vertrauens einsetzen müssen. Natürlich sollte deren Kompetenz unbestritten sein, und Sie müssen sich vollkommen auf Ihr Team verlassen können. Spezielle Einsatzbereiche, in denen außergewöhnliches Fachwissen gefragt ist, sollten die entsprechenden Fachleute übernehmen. Wenn Sie diesen nicht vertrauen oder diese nicht einschätzen können, weil Sie sie nicht gut kennen, dann können Sie immerhin einen Vertrauten als Projektkoordinator installieren.

Bilden Sie für die dringlichsten oder erfolgskritischsten Aufgaben gegebenenfalls eine Taskforce, die sich vornehmlich oder sogar ausschließlich mit der Lösung dieser Probleme befasst. Wenn es hart auf hart kommt, muss alles andere warten. Setzen Sie auf ein eingespieltes Team im engsten Managementkreis.

Vielleicht werden Sie erstaunt sein, wie stark sich junge Kollegen oder zuvor eher unauffällige Mitarbeiter plötzlich einbringen. Verantwortung übertragen zu bekommen, spornt viele an, sie können sich jetzt im

Ernstfall bewähren. Setzen Sie also auch auf junge, hungrige Leute. Solange das Kernteam sich vertraut und überwiegend aus erfahrenen Managern besteht, riskieren Sie nicht viel. Machen Sie jedem Mitarbeiter klar, welche Verantwortung er trägt, wie wichtig sein Beitrag in der aktuellen Lage ist, und bringen Sie Ihre Wertschätzung zum Ausdruck. Denn Krisenmanagement bedeutet immer auch außergewöhnliche Belastungen, was die Arbeitszeit und -menge betrifft.

Vorsicht ist jedoch geboten, wenn Altgediente Teil des Problems sind. Leisten Sie sich keine falschen Sentimentalitäten! Wenn Sie Grund haben anzunehmen, dass die wesentlichen Mitverursacher der Krise nicht umdenken (können), dann haben diese Kollegen nichts im Krisenteam zu suchen. Im Gegenteil, es könnten sogar härtere Maßnahmen geboten sein. Wenn sich eine Trennung nicht durchsetzen lässt, dann müssen Sie den Betroffenen neue Aufgaben zuweisen, bei denen sie keinen weiteren Schaden anrichten können.

Vertrauen schaffen, Zuversicht ausstrahlen

Bleiben Sie stets zuversichtlich und strahlen Sie Souveränität aus. An der Spitze gelten Symbole und Eindrücke mehr als das Sezieren von Zahlen. Gefragt ist eher die große Geste, jedenfalls in der Kommunikation nach außen und zu den Mitarbeitern. Aber selbst im engsten Managementkreis müssen Sie als Motor wirken und Flagge zeigen. Das motiviert und schafft das in der Krise so wichtige Vertrauen.

Wenn Sie den Optimismus und den Glauben an die Rettung verlieren, dann können Sie die Aktion auch genauso gut abbrechen und sich geschlagen geben. Niemand verlangt von Ihnen Schönfärberei, auch dürfen Sie natürlich nicht als Träumer dastehen. Aber ein Manager im Kriseneinsatz, der von vornherein von Zweifeln zernagt ist, wird sein Team nicht motivieren können. Halten Sie also das Ruder fest in der Hand, und blicken Sie gemeinsam mit Ihrem Team nach vorn.

10 Regeln für ein erfolgreiches Krisenmanagement

1. Bewahren Sie Ruhe und verfallen Sie nicht in blinden Aktionismus.
2. Verschaffen Sie sich einen detaillierten Überblick – so schnell und so gut es geht.
3. Versuchen Sie auch in unübersichtlichen Situationen, zunächst die Hauptrisiken zu identifizieren.
4. Verheddern Sie sich nicht in Kleinigkeiten, Krisenmanagement bedeutet rasches und entschlossenes Handeln.
5. Erstellen Sie einen Masterplan, aber versprechen Sie Ihrem Team, den Aktionären, Kunden etc. nicht zu viel.
6. Seien Sie ehrlich, beschönigen Sie nichts.
7. In der Krise müssen Sie noch mehr kommunizieren als sonst. Wer schweigt, beschleunigt den Niedergang.
8. Auch bezüglich des Dialogs mit wichtigen Geschäftspartnern ist in schwierigen Zeiten erhöhtes Engagement gefragt.
9. Setzen Sie verstärkt Mitarbeiter Ihres Vertrauens ein, und bilden Sie für besonders dringliche Probleme eine Sondereinsatztruppe (Taskforce).
10. Bleiben Sie stets zuversichtlich und strahlen Sie Souveränität aus. Ihre Vorbildfunktion in Ihrer Rolle als Krisenmanager ist erfolgskritisch.

Rhetorik, Auftritt und Kommunikation

Rhetorik und Auftreten sind Klassiker aus dem Rüstzeug-Koffer für erfolgsorientierte Manager und Nachwuchskräfte. Topmanager sind heute fast alle diesbezüglich geschult. Je höher die Position, desto wichtiger werden bekanntlich die repräsentativen Aufgaben. Besonders in unserer Informations- und Mediengesellschaft genießt die Kernkompetenz Rhetorik höchste Priorität. Es arbeiten immer mehr Menschen in Teams, es wird per Video weltweit konferiert und Briefings, Motivationsgespräche sowie Kurzpräsentationen beim Teammeeting oder Jour fixe stehen bei Managern wie auch bei Nachwuchskräften auf der Tagesordnung. Wer hier versagt, hat es schwer, sich zu behaupten und wird unter Umständen als Führungskraft nicht mehr anerkannt. Er kommt womöglich gar nicht erst zu höheren Weihen, weil er sich vorher – buchstäblich – eben nicht entsprechend zu Wort gemeldet hat. Wer nach oben will, muss auftreten und präsentieren können. Doch auch in der alltäglichen Kommunikation gibt es so manche Stolperfalle zu überwinden. Wer zu eckig kommuniziert, kommt nicht an.

Der souveräne Auftritt, die richtige Rhetorik – die nun folgenden Tipps geben Ihnen hoffentlich wichtige Anhaltspunkte oder rufen wesentliche Erfolgsregeln nochmals in Ihr Gedächtnis. Es gibt bekanntlich mehr als genügend Rhetorikratgeber. Daher habe ich nur jene Regeln für Sie ausgesucht, welche die häufigsten Knackpunkte behandeln – sozusagen die „Evergreens".

Wie bei keinem anderen Kapitel in diesem Buch gilt hier: üben, üben, üben. Nehmen Sie an einem entsprechenden Seminar teil. Suchen Sie gezielt Präsentationssituationen im wirklichen Berufsleben, die Sie meistern müssen, schwimmen Sie sich frei. Fangen Sie besonders als Berufseinsteiger klein an, etwa im Rahmen Ihres Teams oder eben außerhalb auf einem Seminar. Dort kann nicht viel schiefgehen. Alle höheren Kader und Topmanager, die heute als Auftrittsprofis überzeugen, sind so gestartet!

Bitte recht freundlich!

Nach meiner Beobachtung machen sich noch immer zu wenige Manager Gedanken über ihre Außenwirkung. Aber auch und gerade junge Berufstätige oder Absolventen wissen oft erstaunlich wenig über die Mechanismen der erfolgreichen Kommunikation. Entweder sie sind unbewusst gute Kommunikatoren und haben Erfolg oder aber sie merken irgendwann, dass sie nicht gut ankommen. Kollegen ziehen sich zurück, sie werden nicht für weiterführende Aufgaben vorgeschlagen, sie sind in der Teamarbeit isoliert. Und häufig wissen die Unglücklichen nicht genau, warum. Wenn sie fachlich unbestritten kompetent sind, muss es wohl am Auftreten liegen, das zumindest ahnen sie.

Dabei muss niemand ein formvollendeter Kommunikator und Conferencier sein. Oft genügt es, ein paar grundsätzliche Mechanismen der erfolgreichen Kommunikation zu kennen, praktisch zu üben und zu beherzigen.

Die häufigsten Kommunikationsstörer

- **Störfaktor Du-Botschaften**

  - „Du hast mir die Dokumente nicht gegeben."
  - „Sie haben mir das nicht gesagt."
  - „Sie haben mich nicht verstanden!"

  Lösung: Ich-Botschaften

  - „Ich habe die Dokumente nicht erhalten."
  - „Diese Information ist irgendwie bei mir nicht angekommen."
  - „Ich habe mich wohl missverständlich ausgedrückt."

- **Störfaktor falsche Annahmen, Unterstellungen**

  - „Das ist doch klar ..."
  - „Das weiß man doch ..."
  - „Das macht man doch so ..."

  Lösung: Subjektivität betonen, eigene Position hinterfragen, rückfragen

  - „Ich jedenfalls denke, dass dies klar ist. Oder sehe ich das falsch?"

- „Gehe ich von falschen Annahmen aus?"

- **Störfaktor Befehlston**

  - „Machen Sie das jetzt!"
  - „Gib mir sofort die Liste!"

  Lösung: bitten, Freude bekunden, erklären, sich einbeziehen
  - „Ich bitte Sie, die Liste noch heute zu bearbeiten."
  - „Ich freue mich, wenn ich das Ergebnis heute noch bekomme."
  - „Es wäre sehr gut, wenn wir – durch deinen Einsatz – heute fertig würden. Der Kunde wartet."
  - „Ich weiß, ich verlange viel von dir, aber ich bleibe dafür morgen bis abends hier."

- **Störfaktor ungebetenes Lob**

  Kurios, aber wahr: Wenn Sie nicht gerade der Vorgesetzte sind, kommt Lob nicht immer gut an. Mancher Kollege mag sich fragen: Was bildet der sich ein, dass er sich anmaßt, mich zu beurteilen?

  Lösung: situationsgerechtes Lob

  Jeder freut sich über Anerkennung. Loben Sie Ihren Kollegen also dann, wenn es wirklich angebracht ist und dem Kollegen vielleicht aus der Patsche hilft. Es passiert oft genug, dass ein Teammitglied in der Kritik steht. Ein ehrliches, nicht übertriebenes Lob kann genau der richtige Balsam für die geschundene Seele sein und die Position des Kollegen wieder stärken. Auch können Sie Ihr Lob durch Quasi-Entschuldigungen gefälliger machen: „... wenn ich das mal so sagen darf ..." Oder: „... wenn ich mir dieses Urteil erlauben darf ..."

- **Störfaktor negative Ausdrucksweise**

  Ungeschickte Gesprächspartner verwenden häufig negative Phrasen („... können nicht ..." „... nicht mehr als ..." „Wir haben nur ..." „... sind nicht in der Lage ..." „... können kaum ..."). Für sie ist das berühmte Glas immer halb leer.

  Lösung: positive Ausdrucksweise

Versuchen Sie, positive Ausdrücke zu verwenden: „Wir haben schon (so viel) ..." „Bis auf ... haben wir alles ..." „... können wir einen Zwischenerfolg vermelden ..." „...werden wir es auch noch schaffen ...". Also ist Ihr Glas ab jetzt immer mindestens halb voll!

● **Störfaktor schlechtes Zuhören**

Kommunikation bedeutet nicht nur reden, sondern auch zuhören. Das vergisst man leicht. Natürlich ist es unhöflich, nur selbst zu reden und dem anderen nicht zuzuhören. Aber dieses Verhalten bringt noch einen ganz anderen Nachteil mit sich: Leute, die nicht zuhören, bekommen entscheidende Informationen nicht mit!

Lösung: aktives und effektives Zuhören

Gute Zuhörer hören mit mindestens zwei Ohren: Sie achten auf den Inhalt und auf die emotionale Verfassung ihres Gesprächspartners. Auf der Sachebene verhindern Sie durch effektives Zuhören Missverständnisse, Sie klären ab, ob Sie das Gesagte richtig verstanden haben:

● „Verstehe ich Sie richtig, wenn Sie sagen, dass ..."
● „Lassen Sie mich kurz zusammenfassen ..."
● „Zur Sicherheit noch einmal: Ich habe verstanden, dass ..."

Auf der Gefühlsebene fühlen Sie sich in den Gesprächspartner ein, interpretieren seine Gefühlslage und schaffen eine zwischenmenschliche Basis:

● „Sie waren sicher sehr gekränkt durch diesen Vorfall."
● „Ich kann verstehen, dass Sie verärgert sind. Ich wäre es auch."
● „Ich sehe, Sie sind guter Laune, also waren Sie mit dem Ergebnis ganz zufrieden?"

AIDA gilt noch immer

Der erfolgreiche Auftritt hängt entscheidend davon ab, ob Sie den Rahmen, den Anlass und Ihre Zuhörer angemessen bedienen. Fragen Sie sich vor Ihrem Auftritt, Ihrer Präsentation, Ihrem Meeting: Was wollen Sie bei wem erreichen? Wollen Sie eine Entscheidung herbeiführen, informieren, motivieren oder warnen? Wollen Sie das Verhalten Ihrer Mitarbeiter ändern? Präsentieren Sie eine Musterlösung Ihres Unternehmens auf einem Kongress? Findet Ihr Meeting Montag früh oder Freitagnachmittag statt? Welche Vorteile sollen Ihre Gesprächspartner erkennen?

Von diesen Parametern hängt entscheidend ab, wie lange und detailliert Ihre Präsentation, Ihr Auftritt sein darf, wie sachlich oder emotional und welche Medien zum Einsatz kommen sollten. Gleichwohl ist so mancher meiner Klienten auf der Suche nach einem Grundgerüst für die erfolgreiche Präsentation. Leider gibt es keine Ideallösung für alle Fälle, aber immerhin liegt jeder gelungenen Präsentation der gleiche Mechanismus zugrunde: die AIDA-Formel.

Die AIDA-Formel ist das kleine Einmaleins der erfolgreichen Präsentation. Der Begriff ist die Abkürzung für Attention–Interest–Desire–Action und fasst den Spannungsbogen der Präsentation zusammen:

- Aufmerksamkeit für das Problem
- Interesse für die Lösung
- Wunsch, die Lösung umzusetzen
- Aktion – die Lösung wird umgesetzt

Die AIDA-Formel ist als Richtlinie anzusehen, die individuell angepasst werden muss: Bei Routinepräsentationen wissen Ihre Kollegen meist um die Problemlage beziehungsweise das Projekt, also gestalten Sie die Präsentation dramaturgisch eher ruhig. Wenn Sie zu reißerisch auftreten, machen Sie sich eher lächerlich, als dass Sie mitreißen. Bei Großpräsentationen einer neuen Lösung, etwa vor dem Topmanagement, für die viel Überzeugungsarbeit geleistet und vielleicht auch ein großes Budget gewonnen werden muss, bieten Sie alle rhetorische Kunst auf.

Ein typischer AIDA-Aufbau

- Aufmerksamkeit für das Problem erregen:

  - Kurze Darstellung der Problematik und ihrer Folgen für das eigene Unternehmen.
  - Auflistung der wichtigsten daraus resultierenden Wettbewerbsnachteile.

- Interesse für die Lösung wecken:

  - Betonen, dass es nun eine Lösung gibt („hierfür gibt es jetzt eine Lösung" ... „damit ist jetzt Schluss" ... „vergessen Sie ab sofort diesen Nachteil, denn...").

- Darstellung der Lösung und ihrer funktionalen Vorteile.
- Darstellung der Lösung und ihrer betriebswirtschaftlichen Vorteile.

- Wunsch, die Lösung umzusetzen, bei den Kollegen beziehungsweise Ansprechpartnern erzeugen:

  - Auflistung der wichtigsten Vorteile gegenüber den Wettbewerbern.
  - Betonen und erklären, dass die Lösung einfach, kostengünstig und ohne besonderes Risiko umsetzbar ist.

- Aktion zur Umsetzung der Lösung anregen:

  - Aufzeigen, wie die Lösung umgesetzt werden kann, ggf. erste Aufgabenverteilung vorschlagen.
  - Konkrete Lösungsschritte, Arbeitsabläufe, Projektpartner etc. benennen.
  - Darstellen, wie einfach die Lösung umzusetzen ist.

Ihr Auftritt soll natürlich einen positiven Eindruck hinterlassen. Allerdings empfehlen wir Ihnen, Risiken nicht zu verschweigen. Möglicherweise ist die von Ihnen vorgestellte Lösung gar nicht so einfach umzusetzen, wie suggeriert. Dann sollten Sie das klarstellen. Andernfalls wird Ihre Aktion zum Bumerang. Stellen Sie aber dennoch die Lösung so positiv wie möglich dar, denn manches, was im Vorfeld als Problem erscheint, klärt sich in der Umsetzungsphase. Und um die Umsetzung zu starten, müssen Sie eben erst einmal das Feuer entzünden, da heißt es: „Butter bei die Fische!"

Kurze Sätze mit einfachen Wörtern formulieren

Kurze Sätze erleichtern Ihren Zuhörern die Informationsaufnahme. Außerdem fällt Ihnen so das spontane Formulieren leichter, denn nicht zuletzt lebt Kommunikation von Spontaneität. Doch Vorsicht: Ihre Ausführungen sollten zwar präzise sein, jedoch nicht gerade in Telegrammstil ausarten. Und was für den Satzbau gilt, das gilt auch für die Wortwahl: Vernebeln Sie Ihre Aussagen nicht durch lange oder komplizierte Wörter. Verben zum Beispiel können monströse Substantive wirksam

auflösen. Dabei signalisieren sie obendrein Dynamik, weil sie eine Aktion betonen – sogenannte statische Verben wie „sein" oder „stehen"
einmal ausgenommen. Entsprechend dämmen sie den zu häufigen Ge-
brauch von Substantiven, ich nenne das Phänomen „Hauptwörteritis",
effektiv und elegant ein. Allerdings sollten Sie diesen Rat nicht dogmatisch befolgen. Kurze Substantive sind allemal besser als umständliche
Beschreibungen. Zur Verdeutlichung:

- Es bedarf einer großen Anstrengung seitens des Managements.

  Besser: Das Management muss sich deutlich anstrengen.

- In Ermangelung von ...

  Besser: mangels

- Unter Zuhilfenahme von ...

  Besser: mit

- Unter Ausnutzung von ...

  Besser: durch

Tipp
Etwas anders liegt der Fall bei reinen Fachbegriffen, die situationsbezogen angewendet werden müssen. Fachbegriffe sind fast immer
mit einer konkreten Bedeutung belegt. Hier müssen Sie sehr genau
abwägen, ob Sie nicht besser in der eher schwerfälligen, aber stan-
dardisierten und daher unmissverständlichen Fachsprache verbleiben.

Nur bewusst von der Standardsprache abweichen

Modewörter und vorbelastete Begriffe können leicht zu Stolperfallen werden, weil sie – je nach Zuhörerschaft und Situation – unseriös wirken. Besonders politisch, gesellschaftlich oder fachlich belegte beziehungsweise „vorbelastete" Begriffe sollten Sie sehr vorsichtig und gezielt einsetzen, um Missverständnisse, Fehltritte oder sogar einen Gesichtsverlust zu vermeiden. Halten Sie sich deshalb immer vor Augen, wie sich Ihr Publikum zusammensetzt und zu welchem Anlass Ihre Zuhörer zusammengekommen sind. Ein informelles Teammeeting erlaubt eine wesentlich laxere Rhetorik als eine Sitzung mit der Geschäftsführung.

Achten Sie auch darauf, ob bei Ihren Wörtern grundsätzlich eine Wertung mitschwingt. Ist jemand arrogant oder selbstbewusst? Ist er ein Tausendsassa oder ein Gaukler? Sprechen Sie von einem Kohlekraftwerk oder von einer Dreckschleuder? Wenn Redner die Wertung ihrer Worte nicht hinreichend beachten, ziehen sie ungewollt Ärger auf sich oder werden missverstanden.

Übrigens: Viel hilft nicht immer viel! Wenn Sie zu viele Superlative gebrauchen (größte, tollste, beste, schnellste), nutzt sich der heraushebende Effekt schnell ab, und Sie erscheinen im Laufe des Vortrags immer unglaubwürdiger.

Informationen durch plastische Beispiele verdeutlichen

Allzu trocken darf Ihr Vortrag vor einem größeren Publikum, insbesondere einem heterogenen Publikum, selbst bei einem fachspezifischen Thema nicht sein. Denken Sie bei einem entsprechenden Vortrag immer daran, dass sich auch ein veritabler Technokrat über eine gelegentliche Auflockerung freut. Doch wie kann man harte fachliche Informationen gerade für Nichtfachleute leichter verständlich machen? Am besten durch Illustrationen: Nutzen Sie Vergleiche und Beispiele, erzählen Sie kleine Anekdoten und Geschichten, verwenden Sie eine bildhafte Sprache:

- „Der Vulkan brach mit einer solchen Wucht aus, dass seine Kuppe wegflog wie ein Sektkorken aus der Flasche."
- „Jedes ungefilterte Dieselfahrzeug stößt einen unsichtbaren Schwarm aggressiver Mikropartikel aus, die sich wie Miniinsekten sofort auf den Weg in alle Winkel ihrer unmittelbaren Umgebung machen. Ich hoffe, Sie stehen dann nicht gerade am Straßenrand, Ihre Lunge würde sich freuen!"
- „Die Veränderung reißt wie eine Lawine alle eingefahrenen Strukturen um. Und unsere Leute drohen darunter zu ersticken."
- „Unsere Testpatienten berichteten vor der Behandlung von einem pochenden Schmerz, als würde jemand sie alle zwei Sekunden mit einem riesigen Gummihammer auf den Kopf schlagen."

Zuhörer aktiv ansprechen

Zuviel „man" verträgt kein Gespräch und erst recht kein Vortrag. Besser ist, wenn Sie Ihre Zuhörer mit „Sie" oder „Ihr" direkt ansprechen. Wenn Sie sich mit einschließen („Wir"), erzeugen Sie eine persönlichere Atmosphäre und ein Gemeinschaftsgefühl, das gerade für Motivationsreden sehr wichtig ist. Vermeiden Sie auch eine allzu unpersönliche Ausdrucksweise („Es wird verlangt, dass ...") – so verschenken Sie wertvolle Möglichkeiten, Dynamik zu erzeugen. Natürlich müssen Sie hier das richtige Maß finden. Wenn Sie zu persönlich werden, zu viel behaupten oder belehren beziehungsweise Ihre Meinung ständig in den Vordergrund rücken, wirken Sie schnell unseriös.

Eher langsam sprechen und richtig betonen

Grundsätzlich gilt, dass man fast nie zu langsam, sondern eher zu schnell spricht. Halten Sie sich das – besonders als notorischer Schnellredner – bei Ihrem Vortrag stets vor Augen, denn mit dem richtigen Sprechtempo geht auch die richtige Betonung einher, die es Ihnen wiederum ermöglicht, Ihre Aussagen zu variieren und so die Aufmerksamkeit Ihrer Zuhörer zu wecken. Pausen sind ebenfalls wichtig, damit Ihre Zuhörer Zeit haben, die Informationen zu verarbeiten. Besonders wichtigen Aussagen dürfen Sie übrigens nach einer Pause durchaus (mit fester Stimme) wiederholen. Das verleiht dem Gesagten zusätzliches Gewicht, ohne dass es affektiert oder unsicher wirkt.

Darüber hinaus ist die Wiederholung eine vortreffliche Methode, den roten Faden zu behalten. Jeder hat mal einen kurzen Blackout, doch die Wiederholungsmethode kaschiert ihn so gut, dass Ihre Zuhörer es nicht merken werden.

Tipp
Mit Pausen können Sie zudem den Sinn Ihrer Aussagen verändern, wodurch Sie bei entsprechender Übung einen Überraschungseffekt erzielen. So bleibt Ihnen die Aufmerksamkeit des Publikums sicher.

Ohne Worte: Nutzen Sie die Macht des Blickkontakts

Eigentlich eine triviale Erkenntnis und doch wird sie immer wieder vernachlässigt: Der Blickkontakt ermöglicht Ihnen einen direkten, nonverbalen Kontakt zu Ihrem Publikum. Gleichzeitig können Sie durch den Blickkontakt die unmittelbare Reaktion Ihrer Zuhörer prüfen. Gerade in einer größeren Runde wird sich niemand so leicht zu einem spontanen Kommentar hinreißen lassen, weshalb Sie die Reaktionen allein aufgrund des körpersprachlichen Verhaltens ermitteln und bewerten müssen. Diese Kontrolle ist für Sie enorm wichtig, um bei Bedarf entsprechend darauf reagieren zu können. Natürlich sollten Sie nicht in die Runde starren oder sich nur eine bestimmte Person als Kontakt aussuchen. Lassen Sie Ihren Blick gelegentlich schweifen, sodass Sie jedem Zuhörer das Gefühl geben, persönlich in die Kommunikation eingeschlossen zu sein.

Was oft vergessen wird: Sie können Ihre Aussagen durch Ihre Mimik untermauern und ihnen besonderen Nachdruck verleihen. Das ist die eigentliche Kunst des Blickkontakts, die jedoch nur selten gezielt genutzt wird. Üben Sie aber vorher vor dem Spiegel, welches Minenspiel wie wirkt, damit Sie nicht arrogant erscheinen, Missverständnisse hervorrufen oder als verhinderter Komödiant enden. Dann nämlich verkehrt sich der Vorteil des Blickkontakts ins Gegenteil.

Den Kopf ansprechen, den Bauch füttern

Sie sollten Ihre Aussagen immer argumentativ und somit glaubwürdig begründen. So untermauern Sie Ihre Seriosität und erhöhen gleichzeitig Ihre Wirkung bei Ihren Zuhörern und Gesprächspartnern. Zwar ist eine mit Verve vorgetragene Behauptung oftmals wirkungsvoller als langweilig oder schüchtern vorgetragene Fakten, aber brenzlig wird es dann, wenn Sie die Karten auf den Tisch legen, also Ihre Aussage beweisen müssen. Nun droht Gesichtsverlust. Halten Sie daher das Risiko überschaubar und setzen Sie, wo immer möglich, Argumente ein, zum Beispiel mit folgenden Argumentationstechniken:

● **Syntheseformel:**

  ● *These*: „Wir arbeiten nicht kundenorientiert genug und sollten daher den gesamten Kundenprozess restrukturieren. Unser Team kann seine Wirkung einfach nicht entfalten und umsetzen."
  ● *Antithese*: „Unser Kundenmanagement als Prozess funktioniert, wir haben nur die falschen Leute an der Front."
  ● *Synthese*: „Wir starten eine Mitarbeiter- und Kundenbefragung mit dem Ziel, punktuelle, zielgenaue Prozessverbesserungen und Mitarbeiterqualifizierungen vorzunehmen."

● **Fakten-Aufzählung:**

  ● *Argument und Appell*: „Um unsere Führungsposition zu sichern, müssen wir stärker in die Automation investieren."
  ● *Fakt 1*: „Für viele unserer Maschinen sind längst deutlich leistungsfähigere Nachfolgemodelle erhältlich, die Konkurrenz hat sie teilweise schon."
  ● *Fakt 2*: „Unsere Maschinen sind relativ alt und erzeugen immer höhere Wartungskosten."
  ● *Fakt 3*: „Die Lohn- und Lohnzusatzkosten an unseren Produktionsstandorten sind im Vergleich sehr hoch. Nur durch einen höheren Grad an Automation und damit eine höhere Produktivität bleiben wir vorn."

● **„Wenn-dann-weil"-Formel**

- *„Wenn* wir im konkret betrachteten Geschäftsbereich weiterwachsen wollen, *dann* werden Sie als Vertriebsleiter Ihre Mannschaft entsprechend neu ausrichten müssen, *weil* alle Wettbewerber uns zahlenmäßig klar überlegen sind, sie haben das deutlich größere Team."
- *„Nur wenn* Sie sich bis Ende der Woche entscheiden, (*dann*) werden wir mit dem Projekt rechtzeitig starten, *weil* wir nur so lange unsere Ressourcen parat halten." (Durch die Verwendung von „nur" steigern Sie den Druck auf Ihr Gegenüber zusätzlich.)

Emotionale Angriffe als letztes Mittel

Auch die nüchternsten Menschen haben eine emotionale Seite. Bekanntlich schlägt das Herz im Zweifel immer den Verstand (im wahrsten Wortsinn). Wenn es also ums Ganze geht und auch die Gegenseite mit harten Bandagen kämpft, dann dürfen und müssen Sie attackieren – zum Beispiel, indem Sie Ihr Gegenüber moralisch ins Unrecht setzen. Dadurch werden Sie bewusst polemisch, was in der Regel zu heftigen Reaktionen des Beschuldigten führt. Ihr Kommunikationspartner wird (hoffentlich nur verbal) zurückschlagen, wahrscheinlich innerlich blockieren und es Ihnen (später) heimzahlen. Vielleicht wird er sogar die Sitzung verlassen. Polemisierer polarisieren. Womöglich sind auch Ihre Kollegen von Ihrem emotionalen Parforceritt nicht begeistert. Schätzen Sie also die Wirkung einer unfairen Rhetorik auf die eigenen Leute vorher ab. Wenn Sie sich isolieren, ist nichts gewonnen. Das gilt auch für die folgenden Vorschläge:

- „Wenn Ihnen die Zukunft des Projekts, ja der ganzen Firma am Herzen läge, würden Sie/würden Sie nicht ...“
- „Durch Ihr Verhalten setzen Sie das Wohl des ganzen Werkes aufs Spiel ...“
- „Der Einzelne sollte seinen Egoismus zügeln und öfter einmal an den Erfolg des Ganzen denken. Den sehe ich nämlich akut bedroht, wenn bestimmte Leute hier so weitermachen."
- „Interessanter Vorschlag – sicher, eine unprofessionelle Lösung hat zumeist kurzfristigen Erfolg."
- „Es wundert mich nicht, dass Sie als notorischer Bedenkenträger das Vorhaben kritisch sehen und damit wieder einmal den Erfolg des ganzen Teams gefährden."

* „Typisch, dass Sie wieder querschießen, man ist das ja von Ihrem Fachbereich inzwischen gewohnt. Hauptsache, Ihnen geht es gut. Was für das Unternehmen zählt, ist Ihnen ja egal."

Tipp
Denken Sie daran: Wenn Sie mit manipulativen Techniken zum Ziel kommen, haben Sie die Beteiligten überredet oder getäuscht, nicht aber überzeugt! Wenn die so angestoßenen Aktionen ins Stocken geraten oder sich die Betroffenen wieder gesammelt haben, sind Sie schnell in der Defensive. Entscheiden Sie deshalb bewusst, ob und wann eine Manipulation das beste Mittel ist.

Angriffe abwehren – souverän abtreten

Sie sind eher ein friedfertiger Typ? Dann glauben Sie hoffentlich nicht, dass Sie vor Angriffen der anderen Diskussionsteilnehmer gefeit sind. Im Gegenteil, gerade ruhige Menschen müssen häufig als Ventil für den Frust anderer herhalten oder man versucht, sie unterzubuttern. Zeigen Sie Flagge!

Sie müssen gar nicht einmal besonders schlagfertig sein, um fiese Angriffe abzuwehren. Es ist schon viel gewonnen, wenn Sie sich nicht aus der Ruhe bringen lassen, zum Beispiel so:

* „Machen Sie sich um mich mal keine Sorgen …"
* „Soso, das sagt ja gerade der Richtige …"
* „Einer muss ja meine Rolle spielen und einen klaren Kopf bewahren …"
* „Offenbar soll ich hierzu den Sidekick geben, dann gönne ich Ihnen mal den einen Lacher."

Halten Sie vor einem größeren Publikum – ab 10 bis 15 Personen – einen Vortrag, empfehlen sich folgende Techniken:

* *Überhören*: Dadurch wirken Sie souverän und entschlossen. Allerdings müssen Sie bei gehäuften Zwischenrufen irgendwann reagieren, sonst wirken Sie ignorant, und das kratzt wiederum an Ihrer Kompetenz.

- *Weitergeben*: Wenn Sie ganz sicher sind, dass das Publikum auf Ihrer Seite steht, dann geben Sie den Einwand oder die Frage einfach weiter („Was ist denn Ihre Meinung dazu?"). Eine Einschränkung: Die Methode eignet sich nicht für Verkaufspräsentationen, denn zu Ihrem Produkt oder Service müssen Sie Rede und Antwort stehen können.

- *Gegenfrage*: Diese Taktik klappt nur, wenn Sie auch unter Stress eine freundliche Ausstrahlung behalten, denn schnell wirken Gegenfragen aggressiv, müssen aber gewandt und schlagfertig sein: „Wie darf ich Ihren Einwurf verstehen?" „Können Sie die Frage bitte präzisieren?" „Was genau meinen Sie damit?" „Haben Sie denn schon einmal ...?" „Sie haben bestimmt noch nicht ...?"

- *Bekräftigung*: Wenn es zu Ihrer Persönlichkeit passt, können Sie Ihren Standpunkt mit Vehemenz verteidigen. („Nein, eben nicht/eben doch ..." „Alle Fakten/Studien/Ergebnisse sprechen dagegen/dafür, dass ...") Passen Sie aber auf, dass Sie nicht zu emotional werden, das wirkt nicht souverän.

- *Würdigende Abgrenzung*: Geben Sie dem Einwerfer recht, aber formulieren Sie danach Ihre eigene Meinung: „Aus Ihrer Sicht haben Sie bestimmt recht/müssen Sie das sagen/mag das zutreffen, gleichwohl sollten wir/ändert es nichts daran, dass .../ können wir nur..."

Sie können also mal die Rolle des Moderators, mal die des unbeirrbaren Meinungsführers spielen. Richten Sie sich bei der Wahl Ihrer Mittel im Zweifel nach der Unternehmenskultur. In manchen Unternehmen wird zum Beispiel der interne Wettbewerb gefördert, in anderen ist man sehr auf Harmonie bedacht.

Beenden Sie Ihren Auftritt immer mit einem Appell oder einem klaren Fazit. Natürlich müssen Sie dem Anlass gerecht werden. Eine Vorstandspräsentation ist etwas anders gelagert als ein Statusmeeting im Team oder der Vortrag auf einem Kongress. Wichtig ist immer, dass Ihr Auftritt nicht gegen Ende abflacht oder Sie gar das Ende kurz vorher ankündigen („Jetzt sind es nur noch zwei Folien, dann haben Sie es geschafft ..."). Souveräne Präsentatoren hinterlassen eine klare Aussage und damit einen bleibenden, dynamischen Eindruck.

10 Regeln für einen überzeugenden Auftritt

1. Machen Sie sich auch Gedanken über Ihre Erscheinung, Ihre Außenwirkung - nicht nur über Ihre Worte und Argumente.
2. Nutzen Sie die AIDA-Formel, um einen Spannungsbogen zu erzeugen.
3. Sprechen Sie in kurzen, einfachen Sätzen.
4. Modewörter, vorbelastete oder belegte Begriffe und Superlative können leicht zu Stolperfallen werden. Setzen Sie diese sparsam und gezielt ein.
5. Verdeutlichen Sie trockene Informationen durch eingängige Beispiele. Das berühmte Bild sagt mehr als tausend Worte.
6. Sprechen Sie Ihre Zuhörer und Gesprächspartner direkt an, fordern Sie auf, stellen Sie Fragen.
7. Achten Sie auf Ihr Sprechtempo, die Betonung und Pausen.
8. Nutzen Sie die Macht des Blickkontakts.
9. Überzeugen Sie durch Beispiele, Beweisführung und Argumentation. Werden Sie konkret.
10. Scheuen Sie, wenn Sie hart attackiert werden, auch vor emotionalen Angriffen nicht zurück („schwarze Rhetorik"). Bedenken Sie jedoch stets deren Wirkung und setzen Sie emotionalisierende Parolen nur sehr dosiert ein. Ihre Autorität muss stets gewahrt bleiben!

Ausblick: Jenseits der Karriereplanung – Verantwortung des Topmanagements

Sie haben in diesem Buch den beruflichen Erfolg von mindestens zwei Seiten kennen gelernt: einerseits die grundsätzlichen, manchmal schwer fassbaren zeitlosen Erfolgsprinzipien und andererseits sehr konkrete Regeln. Insbesondere durch Letztere mag der Eindruck entstanden sein, dass Karrieremachen einem Gerangel gleicht und zum beruflichen Erfolg vor allem Ellenbogen gehören. Leider ist das in vielen Fällen tatsächlich so, aber es gibt auch Hoffnung.

Schauen wir zum Schluss noch einmal bei Egon Zehnder nach, in seinem Essay *Karriereplanung*. Er hielt seinerzeit von Karriereplanung im engeren Sinne gar nichts. Für ihn stand die exzellente Erfüllung der Aufgaben im Zentrum für das eigene Fortkommen. Das gilt heute auch noch, jedoch muss man in vielen Unternehmen lauter auf sich aufmerksam machen als noch vor Jahrzehnten. Bezeichnend ist, dass Egon Zehnder die Ermöglichung des Aufstiegs, die Förderung von Talenten vor allem als Aufgabe des etablierten Managements sieht. Auch das ist heute per definitionem noch gültig, wird aber längst nicht überall gelebt.

Wo laute Ellenbogen-Karrieristen Konjunktur haben, stimmt auch etwas mit dem Management nicht. Substanz und eine gesunde Erfolgskultur sehen folgendermaßen aus: „Der beste Garant für ein sicheres Vorwärtskommen ist harte, zweckgerichtete, zuverlässige Arbeit, ist optimale Erfüllung der gestellten Aufgabe, ist Erfolg im Beruf. Wenn schon geplant werden muss, dann bitte nicht für sich selber, sondern für die Firma. Setzt sie sich durch, wird sich der Verantwortliche auch durchsetzen. Keine Angst: Wer sich bewährt, fällt auf. Und er wird mit Sicherheit zu neuen Aufgaben gerufen – vielleicht eher, als ihm lieb ist, und mit Sicherheit schneller, als er das geplant hätte.

Dabei kommt es kaum darauf an, wie die gestellte Aufgabe erfüllt wird. Sicher kennt jedes Unternehmen gewisse geschriebene oder ungeschriebene Regeln, die beachtet sein wollen. Es kann aber niemals darum gehen, den persönlichen Stil eines Vorgesetzten zu imitieren. Viel wichtiger ist es, seinen eigenen Stil zu entwickeln im Einklang mit der Entwicklung der eigenen Persönlichkeit. Es ist durchaus möglich, dass zu einem späteren Zeitpunkt eine Führungspersönlichkeit mit einem spezifischen Stil gesucht wird – und wenn der Betreffende nicht er selber war, sondern stets anderen Vorbildern nachgeeifert hat, riskiert er, künftighin stets eine bestimmte Rolle spielen zu müssen – oder die Karriere aufzugeben. Ehrlich währt am längsten, das gilt auch in dieser Frage.

Keine Karriereplanung für sich selber also! Aber das heißt noch lange nicht, dass Management-Talente unsystematisch gefördert werden sollen, im Gegenteil! Sorgfältiges Management Development, Karriereplanung für seine Untergebenen, ist nach wie vor eine der vornehmsten Aufgaben des Chefs. Wenn die eben ausgeführten Grundsätze konsequent befolgt werden, wenn also der kommende Mann selber sich kaum um seine eigene Karriere kümmert, so hat er Anspruch darauf, dass jemand anderes das für ihn tut, seine Leistungen verfolgt, neue Möglichkeiten eröffnet.

Im Zusammenwirken beider Prinzipien – ‚Ich kümmere mich nicht um meine Karriere, sondern um die Karriere der anderen' – ergeben sich für alle Beteiligten nur Vorteile! Der Nachwuchsmann kann sich um seinen Job kümmern, der Mann an der Spitze kann die Nachwuchsleute aufgrund seines besseren Überblicks optimal einsetzen und das Unternehmen profitiert von einem ungeteilten Engagement beider für ihre jeweils wichtigste Aufgabe.

Je komplexer die Wirtschaft wird – und es sieht ganz danach aus, dass sie noch komplexer wird – desto wichtiger wird die optimale Allokation der kostbaren Ressource ‚Management-Talent'. Verlieren wir keine Zeit mit ihrer Ver-Planung!"

Lassen wir uns von diesem Ideal inspirieren und fördern wir eine neue, ehrliche und solide Erfolgskultur! Sie wird auf persönlicher Ebene und für das Unternehmen die höchste Wertschöpfung und größten Erfolge bringen.

Quellen

Folgende Essays von Dr. Egon P. S. Zehnder wurden verwendet:

Der Weg zur Spitze, Band I:
Krisen krönen Karrieren (14. Oktober 1980), S. 1-6
Mut als Merkmal des guten Managers (10. November 1980), S. 7-12
Manager mit Privatleben? (11. März 1981), S. 29-34
Seine Grenzen kennen (10. Juni 1981), S. 45-50

Der Weg zur Spitze, Band II:
Führung mit Fairness (10. März, 1982), S. 9-14
Ethik im Management (1. Juli 1982), S. 29-36
Mut zur Unpopularität (19. Oktober 1982), S. 44-48
Im Wertwandel (11. Januar 1983), S. 55-60

Der Weg zur Spitze, Band III:
Führen mit Computer? (10. Mai 1983), S. 1-6
Sich verständlich machen (21. Juli 1983), S. 11-16
Regeln für Mächtige (8. September 1983), S. 17-22
Karriereplanung (25. Oktober 1983), S. 23-26
Unternehmer Pilot (6. März 1984), S. 45-50

Der Weg zur Spitze, Band IV:
Einzelgänger (28. November 1984), S. 11-16
Der Wert des Chefs (24. Juli 1985), S. 43-46

Informationen über das Unternehmen Egon Zehnder International (EZI):

Strategic Review at Egon Zehnder International
(Nanda, Ashish/Morrell, Kelley, Harvard Business School, 2. August 2004)

Egon Zehnder International: Managing Professionals in an Executive Search Firm
(Harvard Business School, 5. Juni 2000)

Sozialistische Internationale
(brandeins, 4/2003)

Egon Zehnder International: Implementing Practice Groups
(Harvard Business School, 28. April 1998)
Egon Zehnder International
(Harvard Business School, 21. Oktober 1997)

Darüber hinaus gibt Egon Zehnder inzwischen regelmäßig Meldungen in eigener Sache heraus und hält in der Schweiz sogar eine jährliche Pressekonferenz zum Jahresergebnis ab. Aus den kommunizierten Zahlen lässt sich ableiten, dass Egon Zehnder inzwischen die weltweit größte partnergeführte, auf das Topsegment spezialisierte Personalberatungsgesellschaft sein dürfte.

Weitere Quellen:

Die Leaderspoint-Berater werden von Journalisten regelmäßig zu Karriere- und Erfolgsthemen befragt, zumeist finden alle Stellungnahmen Eingang in die Medien.

Daher weisen wir als weiterführende Lektüre und Quellenangaben auf folgende Artikel hin, an denen teils Leaderspoint-Berater, teils auch andere Berater sowie Journalisten mitgewirkt haben, und deren Aussagen Eingang in dieses Buch gefunden haben:

Wenn der Chef sich mit fremden Federn schmückt
(SPIEGEL Online, 28.06.2016)

Rauf auf die Podien: Weibliche Redner sind immer noch selten
(Sueddeutsche.de, 03.03.2016)

Bei Gerüchten um Stellenstreichungen früh aktiv werden
(Focus Money Online, 24.09.2015)

Fragen im Vorstellungsgespräch
(UNICUM, 07-08.2015 // 33. Jahr)

Sind Arbeitszeugnisse noch zeitgemäß? Ja!
(Human Resources Manager, April/Mai 2015)

Karriereplanung: Lieber Headhunter, ich wäre dann so weit
(SPIEGEL.de, 09.08.2012)

Quantität statt Qualität: Die Bewerbungsfehler der Profis
(sueddeutsche.de, 01/2012)

Interne Kommunikation – wirksame Umsetzung ist Chefsache
(Bankmagazin, 5/2010)

Mitarbeiter brauchen Perspektiven
(Bankmagazin, 1/2009)

99 Tipps für mehr Erfolg im Job
(wiwo.de, 22.12.2008)

Öfter mal was Neues
(Frankfurter Allgemeine Zeitung, 2./3.8.2008)

Mit höchster Anerkennung
(Süddeutsche Zeitung, 11.5.2007)

Der Karrierecode
(WirtschaftsWoche, Nr. 21, 22.5.2006)

Persönliche Note
(WirtschaftsWoche, Nr. 17/15.4.2004)

Die entscheidenden Regeln für die Karriere
(Wirtschaftswoche, Nr. 29, 11.7.2002)

Über den Autor

Dr. Thorsten Knobbe (*1970) studierte Sprachen und Betriebswirtschaftslehre in Deutschland und Großbritannien. Nach seinem Zweiten Philologischen Staatsexamen promovierte er an der Universität Siegen in den Kommunikationswissenschaften. Frühe Berufserfahrung sammelte er als Berater bei den PMM Management Consultants Düsseldorf (zunächst Ausgründung und Headhunting-Partner von KPMG, zuletzt Tochterfirma der seinerzeit weltgrößten, aus den USA stammenden Personal-beratung TMP) und als Gründer einer der ersten Karriere-websites in Deutschland. Aus dieser ist die heute führende Karriereberatungsgesellschaft TK Leaderspoint Group hervorgegangen, deren Managing Partner Dr. Knobbe ist.

Privat lebt Dr. Knobbe mit seiner Familie im östlichen Ruhrgebiet.

Kontakt:
www.leaderspoint.de